RÉFLEXES, ÉMOTIONS, INSTINCTS

MANUELS ET TRAITÉS DE PSYCHOLOGIE ET DE SCIENCES HUMAINES

JEAN PAULUS
Professeur à l'Université de Liège

RÉFLEXES, ÉMOTIONS, INSTINCTS

Deuxième édition

PIERRE MARDAGA, ÉDITEUR
2, GALERIE DES PRINCES, BRUXELLES

DU MÊME AUTEUR
Chez le même éditeur

Les fondements théoriques et méthodologiques de la psychologie, 1965 (épuisé)

La fonction symbolique et le langage, 3ᵉ édition, 1977.

1ʳᵉ édition 1973

© Pierre Mardaga, Bruxelles, 1973
2, Galerie des Princes, Bruxelles
37, rue de la Province, Liège
D. 1978-0024-8

INTRODUCTION

Nous avons esquissé ailleurs (1965) une théorie du comportement et de ses niveaux, liés aux structures du Système Nerveux, étagées dans la phylogénie. Au SN diffus des cœlentérés fait suite, à partir des annélides, un SN central, partagé, d'une part, en neurones et fibres, centres et nerfs, et, de l'autre, en régions segmentaire et supra-segmentaire, chaîne longitudinale et ganglions de tête (ou cerveau). Du système segmentaire relèvent les conduites locales ou *réflexes*, des centres supra-segmentaires les conduites globales, les unes, de diffusion restreinte, de type *émotionnel*, les autres universelles, de nature *instinctive*. Cet équipement inné suffit à maintes espèces animales. Chez les plus évoluées (céphalopodes, insectes, vertébrés et surtout mammifères), l'expérience individuelle enrichit le patrimoine de l'espèce, et l'apprentissage le donné héréditaire. C'est à l'apprentissage que préside le cortex des vertébrés, cerveau récent superposé aux ganglions de la base.

Peu en honneur chez les psychologues académiques, dominés le plus souvent par des vues monistes, cette notion de *niveaux d'organisation* s'est imposée, en revanche, en psychologie comparée (MAIER et SCHNEIRLA, 1951 ; HARLOW, 1951 ; DETHIER et STELLAR, 1961), non moins que, dans une toute autre voie, en psychopathologie, science des « oscillations de l'esprit » (H. JACKSON, JANET, FREUD).

La vie de relation, on le sait, répond à la formule, explicite ou implicite chez les maîtres les plus divers (McDougall, Woodworth, Freud, Lewin, Thurstone, Cattell) :

$$S \to I \to R$$

Sous S sont rangés les *facteurs externes*, responsables de la *Stimulation*, sous I (l'*Individu*) les *facteurs internes*, constitutifs de la *Motivation*. De leur rencontre résulte la conduite ou *Réponse*. Stimulation et Motivation opèrent en proportion variable. Entre les cas extrêmes du *Stimulus motivant* et des réactions *spontanées* émises *in vacuo*, s'étale la gamme des conduites où, le stimulus étant présent, son seuil d'efficacité croît ou décroît à l'inverse de la motivation (Tinbergen, 1951).

On entend par *Stimulus* toute modification mécanique, physique, chimique de l'environnement (secondairement des muscles et des viscères) alertant l'un quelconque des récepteurs de l'animal. On verra, cependant, qu'à mesure que croît la complexité des conduites, ce qui meut l'animal, c'est, non plus un stimulus isolé, mais la constellation de stimuli qui composent une *situation* ou un *objet* : nourriture à ingérer, proie à poursuivre, partenaire à approcher; voie ouverte vers le but, obstacle, détour, outil; succès, échec, interférence, conflit.

La motivation, quant à elle, se définit à trois niveaux :

a) *Au niveau biochimique*, humoral ou hormonal, en particulier dans le cas de conduites assurant l'homéostasis, la survie de l'espèce, le soin des jeunes.

b) *Au niveau neurophysiologique*, essentiellement *central*, et secondairement *périphérique* lorsqu'interviennent à titre d'*emergency mechanisms* des stimuli interoceptifs (faim, érection sexuelle) ou proprioceptifs *(preparatory set)* (Stellar, 1954).

c) *Au niveau psychologique*. C'est à ce stade qu'il est parlé de *tendances* et de *capacités (propensities, abilities)*. A ceux qu'inquiéterait l'usage de tels *constructs*, nous dirions avec Hebb (1958, p. 460) que « nulle psychologie ne peut éviter de recourir à des *variables intermédiaires* ou *concepts dispositionnels*, lesquels font référence, non à une structure ou activité spécifique opérant de façon spécifiée dans un lieu spécifique du SN, mais à une propriété de fonctionnement de l'ensemble du système, révélée par le comportement et mettant en jeu des interactions d'unités nerveuses tellement complexes qu'il serait impossible de les spécifier dans le détail. Il est rigoureusement impossible de rendre compte du comportement le plus simple chez le mammifère pris comme un tout sans recourir à de tels concepts. *Motivation, apprentissage, intelligence, trouble émotionnel* — nous pouvons espérer raffiner ces notions ou les remplacer par de meilleures, mais il est impossible de se passer de termes de ce genre au niveau *molaire* de l'analyse ».

Reste à commenter la *réponse*. Purement motrice aux origines, elle se charge progressivement de conscience, soit protopathique, soit épicritique, et il n'est pas rare que, chez l'homme, elle s'intériorise complètement en activité mentale, « les structures neurales l'emportant dès lors sur les muscles et les os » (HARLOW, 1951, p. 122).

Les chapitres qui suivent tentent un bref inventaire des conduites humaines classées par niveaux, expliquées par le double jeu de leurs causes externes et internes, enfin évoquées dans les formes complexes que, sur la base d'orientations innées, leur impose l'apprentissage, soit culturel, soit individuel.

CHAPITRE I

LES RÉFLEXES

Conduites les plus anciennes des êtres vivants et modes élémentaires de la *vie de relation*, les réflexes ne s'observent à l'état pur — non compliqués par des influences supra-segmentaires — qu'aux niveaux les plus humbles du règne animal (cœlentérés), ou, s'il s'agit de formes plus évoluées, après transsection de la moelle. L'expérience de la *grenouille décérébrée* est classique à cet égard. Suspendu par la bouche à un crochet, l'animal répond au pincement des orteils par un retrait de la patte, et, à une solution acidulée appliquée sur la cuisse, par un *grattage* qu'effectue la patte indemne. L'avantage de ces conduites est évident. Il s'agit de réflexes *nociceptifs* soustrayant le vivant à une action dommageable du milieu. A l'extrême opposé s'inscrivent les réflexes *accommodateurs* par quoi l'organisme accueille un stimulus favorable. Exemple : la succion du nouveau-né au contact du sein.

1. — Caractères des réflexes

Parmi les caractères distinctifs du réflexe, relevons les suivants :

1. C'est une conduite purement *motrice*, exclusive de composante mentale. Ce qui le montre, c'est que, chez l'homme dont la moelle est isolée par accident ou *myélite transverse*, des réflexes parfois très compliqués continuent de se produire (érection et éjaculation), en l'absence de toute conscience. Bien entendu, dans un SN intact, tant la stimulation que la réponse sont enregistrées par le cortex sous forme de *sensations*. Celles-ci ne jouent cependant aucun rôle causal. Instruisant le sujet sur le processus en cours, elles lui permettent seulement de l'inhiber ou de le contrôler.

2. Le réflexe est une conduite *locale*, liée en principe au système segmentaire, quoique la loi de télencéphalisation puisse masquer cet aspect original. « Si on pouvait sectionner la moelle en autant de tronçons qu'il y a de nerfs périphériques qui en dépendent, tout en conservant intacte la circulation de chacun de ces segments médullaires, chacun de ces tronçons serait capable de fonctionnement. Chacun de ces tronçons permettrait à la partie correspondante de l'organisme de répondre par une contraction musculaire à une excitation portée sur sa surface sensible »[1]. Si la moelle est intacte, cependant, l'excitation augmentant d'intensité gagne les tronçons voisins et éventuellement l'ensemble du système. D'où des réponses, non seulement homo-, mais hétérolatérales et, de segmentaires qu'elles étaient, s'étendant progressivement vers le haut jusqu'à intéresser tout l'organisme *(irradiation)*. Les réflexes élémentaires, comme le *retrait*, font place alors à des séquences complexes : *grattage, succion, mastication, locomotion*, soutenues d'ailleurs elles-mêmes par des excitations régulatrices[2].

3. Le réflexe est, de toutes les conduites, celle dont le déroulement est le plus exactement déterminé et prévisible. « Un acte réflexe est une réaction composée de mouvements bien déterminés à une stimulation externe également bien déterminée. Le mouvement que l'on observe, plus ou moins compliqué, est toujours le même quand la stimulation elle-même reste identique. Il dépend de la

contraction à un certain degré de certains muscles plus ou moins nombreux et d'une succession régulière de ces contractions dans un certain ordre. Dans l'ouvrage de MM. von Monakow et Mourgue, *Introduction biologique à l'étude de la neurologie et de la psychopathologie*, 1928, ces contractions successives dans un ordre bien réglé sont comparées à une mélodie. Il y a, dans le fonctionnement de l'organisme des *mélodies cinétiques* qui montrent une organisation des mouvements dans l'espace et dans le temps. On pourrait comparer cette organisation à celle qui se manifeste dans la mise en marche d'un disque de phonographe » [3].

4. Il résulte de là que, quoique souvent décrit en termes exclusifs de *stimulus-réponse*, le réflexe, bien loin d'exclure les facteurs internes, en dépend, comme toute autre conduite, pour la plus large part. Inscrit potentiellement dans les centres nerveux, il n'est que *libéré* par le stimulus [4]. Sa constance pour un stimulus donné n'est, d'ailleurs, que relative. Suspendu, atténué ou exalté aux phases *réfractaire, subnormale* et *hypernormale*, il subit l'influence, soit dynamogénique, soit inhibitrice des agents biochimiques (adrénaline, strychnine, bromure) ou centres nerveux sus-jacents. Son seuil s'élève, son temps de réaction s'allonge, son amplitude décroît jusqu'à s'annuler dans les états de relaxation et de sommeil. Il s'exalte, au contraire, en cas de tension neuro-musculaire, d'effort physique ou mental, d'émotion, voire de névrose [5]. Enfin la fatigue, l'adaptation et l'habituation suspendent le réflexe lors d'excitations trop répétées.

5. Du point de vue de la vie de relation, le réflexe peut être défini comme *conduite à consommation immédiate*, n'impliquant ni intention, ni enchaînement de moyens en vue d'une fin. A la *phase de latence* où le mécanisme monté dans les centres nerveux est prêt à s'actualiser, succède sans transition la *phase de consommation* qui, déclenchée par le stimulus, modifie celui-ci, soit qu'elle l'accueille, soit qu'elle l'écarte. Cette modification, favorable à l'individu, n'est, cependant, ni conçue ni voulue par lui. Si finalité il y a, elle réside dans le plan de la nature, et résulte du jeu combiné de la mutation et de la sélection.

2. — Les trois classes de réflexes

On distingue trois classes de réflexes, nommés traditionnellement *extéro-*, *proprio-* et *intéroceptifs*, d'après le champ de sensibilité qui leur correspond : tégument, muscles, viscères. Cependant, comme il arrive que la stimulation de l'un des territoires déclenche une réaction intéressant un autre (par exemple : l'odeur d'une nourriture, une salivation), peut-être vaudrait-il mieux parler de réflexes *extéro-*, *proprio-* et *intérofectifs*.

Les réflexes *extéroceptifs*, déclenchés en règle par la sensibilité du même nom, mettent en branle le SN central et la musculature striée. Ils sont les seuls qui, en rigueur de termes, intéressent la vie de relation, les seuls aussi auxquels s'appliquent pleinement les caractères énumérés plus haut. Dépendant des mêmes systèmes central et strié, mais n'excluant pas des influences sympathiques ou parasympathiques, les réflexes *proprioceptifs* répondent à la sensibilité musculaire, et façonnent l'organisme dans un sens tonique et postural, sans effet direct sur le monde extérieur. Enfin, les réflexes *intéroceptifs* ont pour sièges les viscères, glandes et vaisseaux, et pour agents les systèmes végétatifs et fibres lisses. En commun avec les réflexes proprioceptifs, ils revêtent un caractère *tonique*, contrastant avec les réactions *cloniques* ou *phasiques* des muscles striés.

LES RÉFLEXES EXTÉROCEPTIFS

Signalons parmi eux, suivant les régions intéressées [6] :

Tégument en général : *Réflexe nociceptif*, déjà cité, et son contraire, par lequel « l'organisme tend à se presser contre tout objet avec quoi il lui arrive d'entrer en contact » [7].

Région buccale : *Succion, morsure, mastication, déglutition, éructation.*

Voies respiratoires : *Toux* et *éternuement*, lors de l'excitation du larynx ou des voies nasales.

Main :	*Agrippement* (chez le nouveau-né), *saisie, préhension.*
Pied :	*Réflexe plantaire : extension* ou *flexion* des orteils lors de l'excitation de la plante du pied [8].
Récepteur olfactif :	*Renifler, flairer.*
auditif :	*Dresser l'oreille* (en désuétude chez l'homme et remplacé par des mouvements de la tête).
visuel :	*Réflexe palpébral* ou *cornéen* ou *clignement.*
	Réflexe pupillaire (commandé par le SN végétatif, le symp. constrictant, le parasymp. dilatant la pupille).
	Réflexe ciliaire (ou d'accommodation du cristallin, réglée par le parasymp.).
	Réflexes de fixation, poursuite et *convergence.*

Accompagnés de conscience dans un SN intact, les réflexes extéroceptifs sont passibles, en général, d'*inhibition* et d'*imitation* volontaire, le cortex alertant alors, par la voie pyramidale, l'*efferent common path.* Le retrait, la toux, l'éternuement, le clignement peuvent être arrêtés ou retardés dans une mesure variable, suivant l'intensité du stimulus. Rien n'empêche, d'autre part, de simuler par exemple une toux [9].

Les mouvements des membres, des mains, des lèvres, de la langue et des globes oculaires passent entièrement, chez l'adulte, sous le contrôle de la volonté, l'action du stimulus n'étant, pour les produire, ni suffisante, ni nécessaire [10]. Ce qui s'y substitue, c'est — apparemment suivant le mécanisme du *réflexe conditionnel* et de son dérivé, le *réflexe psychique* — la représentation mentale et corticale du mouvement [11]. Il semble que, si rien n'y fait obstacle, celle-ci se traduise automatiquement en réalisation effective, et ce n'est pas sans raison qu'il a été parlé du *pouvoir idéo-moteur* des idées, particulièrement apparent dans les états de distraction, de suggestion, d'impulsion, de turbulence et d'agitation émotionnelle. Dans cette hypothèse, l'intervention volontaire n'aurait d'autre rôle que d'inhiber les mouvements jugés importuns ou laisser se produire, sans plus, ceux qui sont de mise [12]. Quant à l'*efficace* spontanément attribuée au vouloir en ce second cas, « loin d'être une donnée primitive, (elle) ne serait qu'un produit secondaire, résultant de l'intimité de la liaison entre le désir et l'impression causale proprement dite qui l'accompagne ou lui succède » [13].

Les remarques qui précèdent visent essentiellement les cas où ce qui était originellement un réflexe, par ex. : la toux, est reproduit tel quel par la volonté. Il s'en faut cependant que ceci épuise la question de la motricité volontaire.

Observons d'abord que, chez les vivants à cortex très développé, comme les dauphins, les anthropoïdes et l'homme, les séquences motrices innées et stéréotypées des animaux inférieurs font place à d'innombrables unités réduites, activées séparément par le système pyramidal, et combinables de mille manières en séquences construites de neuf. Celles-ci tendent, par la répétition, à s'automatiser. Elles s'apparentent alors, par maints de leurs caractères : économie, efficience, grâce, inconscience relative, aux automatismes innés dont elles ont pris la place [14]. Faire sa toilette, se vêtir, manger, ouvrir ou fermer une porte à clé, suivre un itinéraire familier, écrire, dactylographier, jouer d'un instrument, nager, skier : autant d'actes qui s'effectuent chez l'adulte de façon en quelque sorte *réflexe*, quoiqu'il ait fallu pour les fixer pas mal d'effort conscient, et qu'à la moindre déconvenue, la conscience puisse toujours les reprendre en charge [15].

A cette sorte d'*enfilage* de réactions discrètes (Lorenz) s'oppose le processus contraire par lequel une réaction globale est dissociée en ses composantes, une seule d'entre celles-ci étant finalement retenue. On peut apprendre, par exemple, à remuer le pavillon de l'oreille ou à mouvoir séparément les orteils. De telles acquisitions ne sont possibles que si l'attention se fixe sur les régions intéressées, au cours des réactions d'ensemble où elles prennent place. A nouveau, le fait de conscience concomitant du mouvement (ou son rappel mnémonique) servira, apparemment, d'excitant conditionnel pour celui-ci [16].

Enfin à côté du *respondent behavior* dont il a été question jusqu'à présent, il faut faire place à l'*operant behavior* (Skinner), c'est-à-dire aux manifestations motrices *spontanées*, émises sous la seule action des facteurs internes. Incoordonnées et de pure décharge à l'origine, elles se font graduellement adaptatives et instrumentales, sous l'effet du *trial and error*, de la *discrimination*, du *renforcement* et de la *loi de l'effet*. Ainsi, des mouvements convulsifs des bras chez le nouveau-né, est-il passé beaucoup plus tard aux gestes réglés et adaptés de préhension. Ceux-ci, une fois acquis, se rangent à nouveau sous contrôle volontaire.

En tout état de cause s'impose le principe formulé par Woodworth et Sherrington : *la volonté veut le résultat objectif, la nature se charge de l'exécution*. La *nature*, ce sont les circuits nerveux préformés, sur lesquels jouent conditionnement et renforcement.

LES RÉFLEXES PROPRIOCEPTIFS OU MYOTATIQUES

Ce sont ceux des muscles striés, répondant à leur propre étirement par une contraction compensatrice. Monosynaptiques et fondés sur l'interaction de deux neurones : récepteur musculaire et motoneurone spinal, ils assurent que le muscle tire en permanence sur ses attaches et garde à l'état de repos une tension légère, dite *tonus*. Il s'agit d'un tétanos de fréquence basse.

Parmi les sous-produits du réflexe myotatique prennent place les *réflexes tendineux* (patellaire ou rotulien, achilléen, bicipital). Tout le monde sait que la percussion du tendon rotulien provoque une extension de la jambe sur la cuisse. A l'élongation des fibres musculaires produite par le choc fait suite une contraction qui l'annule : non plus tétanos, mais secousse brève répondant à excitation brève.

L'ensemble des contractions toniques répandues dans l'organisme constitue le *tonus neuromusculaire*. Son rôle est : 1º de préparer au mouvement, les contractions cloniques s'inscrivant sur un fond de contractions toniques et variant en énergie proportionnellement à celles-ci; 2º de régler le mouvement en cours d'exécution, comme on le voit *a contrario* dans l'ataxie locomotrice du *tabès* où sont lésées les voies de la sensibilité profonde [17]; 3º d'assurer la posture et l'équilibre *(tonus postural)*. Ici interviennent cependant, comme on peut s'y attendre dans une réaction globale de l'organisme, des influences suprasegmentaires (labyrinthe, noyau rouge, cervelet, corps striés).

Du *tonus musculaire*, défini comme il vient d'être dit, on distinguera le *tonus fusorial*, sous-jacent au premier, mais ne se reflétant en lui qu'au-delà d'un certain seuil. Tandis que l'un se mesure à l'électromyogramme, les menues fluctuations de l'autre ne se trahissent que dans la variabilité des réflexes tendineux [18].

Le tonus musculaire consiste, comme on l'a vu, en une tension légère des *fibres contractiles* du muscle, commandée — suivant fibre α de gros calibre — par le motoneurone, sous le double effet, d'une part, des messages proprioceptifs périphériques, et, d'autre part, des influences suprasegmentaires s'exerçant par la voie pyramidale suivant les modifications de l'environnement et de la motricité volontaire.

Le tonus fusorial a son siège dans des composantes spéciales du muscle, dispersées parmi les fibres contractiles ordinaires : les fuseaux. Ceux-ci contiennent, à côté de récepteurs proprioceptifs, des *myofibrilles* s'apparentant par leur viscosité et leur mode de contraction à la musculature lisse. Elles sont innervées par des fibres γ de petit calibre et conduction lente, dont les neurones d'origine, isolables dans les cornes ventrales de la moelle, sont soumis à l'influence extrapyramidale de la substance réticulée.

Le tonus fusorial de base provoque une décharge constante des propriocepteurs, qui s'intensifie lorsqu'augmente — sous influences suprasegmentaires — la tension des myofibrilles contrastant avec une tension moindre des fibres contractiles. L'étirement de celles-ci stimule les propriocepteurs, tandis qu'ils réduisent ou suspendent leurs messages lors de la contraction musculaire qui diminue l'effet d'étirement [19].

C'est par l'entremise du système réticulo-fusorial que la vigilance, l'attention expectante, l'effort musculaire ou mental, l'émotion et l'anxiété, d'une part, la relaxation et le sommeil [20] de l'autre, influencent — passé un certain seuil et *via* les propriocepteurs et motoneurones — le tonus musculaire proprement dit, ainsi que la réactivité de l'organisme à l'environnement. Ajoutons qu'un parallélisme lâche s'établit — notamment dans l'émotion — entre la mise en alerte fusoriale et l'activation sympathique (révélée par RPG), le rythme cardiaque, enfin la *réaction d'arrêt* bioélectrique du cerveau. Il s'agit là d'une des grandes régulations du niveau d'activité de l'organisme, étendant ses effets dans la double direction des systèmes central et végétatif, en même temps que, vers le haut, elle entretient la vigilance corticale.

Modifiables par l'émotion, le conditionnement, voire le renforcement [21], les tensions toniques restent largement subconscientes et échappent de ce fait à l'emprise volontaire. Les *méthodes de relaxation* visent à promouvoir celle-ci par la prise de conscience des tensions à réduire [22]. Les progrès sont hâtés lorsqu'aux sensations proprioceptives trop vagues, on joint des indicateurs sonores ou visuels (oscilloscopie) [23].

Contractures et névralgies, crampe des écrivains, tremblement, irrégularités respiratoires, asthme, bégaiement : autant d'objectifs pour ces méthodes qui interviennent aussi dans l'*accouchement sans douleur* et l'*art de voir* [24]. Elles s'appliquent, enfin, à maintes manifestations émotionnelles ou végétatives, commandées par voie intéroceptive : troubles cardiaques et circulatoires (hypertension, vasoconstriction ou dilatation, accrocyanose, céphalées), dysfonctionnements digestifs ou intestinaux, sexuels, gynécologiques, etc.

LES RÉFLEXES INTÉROCEPTIFS

Ils affectent les viscères, les vaisseaux et les glandes et sont commandés par les fibres sympathiques ou parasympathiques, branchées sur la musculature lisse ou le tissu sécrétoire. Totalement inconscients (sinon dans leurs résultats : salivation, accélération cardiaque, érection, etc.), ils échappent tant à l'inhibition qu'à l'emprise volontaire, à l'exception, toutefois, de la respiration, de la défécation et de la miction (commandée d'ailleurs, ces dernières partiellement, par fibres striées).

Maints facteurs psychiques peuvent cependant les affecter : l'émotion, comme on le verra par la suite, le conditionnement, le renforcement, le réflexe psychique, la suggestion [25].

> Exemples de conditionnement intéroceptif : la salivation et sécrétion de suc « psychique » à la vue ou l'odeur d'un aliment; la nausée et le vomissement causés par les préparatifs d'une piqûre de morphine ou par une injection de liquide physiologique, pris pour de la morphine; la miction provoquée chez l'adulte par la vue d'un urinoir et chez le bébé par le bruit de l'urination; la phagocytose et formation d'anticorps sous l'effet d'un excitant antérieurement associé au vaccin (Metalnikov).
>
> Plus étonnants, et, en un sens, révolutionnaires, sont les faits de *renforcement* et *conditionnement* instrumental mis en lumière par N. Miller et ses collaborateurs dans le cas de réactions végétatives :

salivation, rythme cardiaque, pression artérielle, contractions stomacales ou intestinales, modifications vaso-motrices périphériques ou profondes (estomac, rein, avec — dans ce dernier cas — des variations dans la quantité d'urine), fluctuations de l'électrocardiogramme. Ces apprentissages végétatifs comporteraient, non moins que les autres, discrimination, spécificité et rétention. Ils assureraient l'homéostasis par voie directe, sans passer par le détour des réponses squelettales [26].

Dans le réflexe psychique, l'excitant naturel ou conditionnel n'est plus qu'*imaginé* : l'eau vient à la bouche à la seule idée de la nourriture; une constriction pupillaire fait suite à la représentation d'une vive lumière; une érection est déclenchée par des images érotiques [27].

Il n'y a pas loin de ce mécanisme à la suggestion, où un *message verbal* provoque le réflexe avec ou sans le secours d'une image. Une diurèse abondante fait suite à l'affirmation : « Vous buvez ». Des nausées et vomissements sont déclenchés chez les alcooliques et bloqués chez les femmes enceintes. Il n'est pas jusqu'aux vasocongestions locales qui, chez certains sujets, n'obéissent au même procédé, la peau devenant rouge, par exemple, au contact d'une pièce déclarée brûlante.

Conditionnement et suggestion (celle-ci peut être réductible à celui-là) combinent leur action dans l'effet *placebo* bien connu des médecins [28].

Enfin, dans l'autosuggestion *(méthode Coué)*, il n'est même plus besoin d'interlocuteur ni dispositif extérieur, les fonctions organiques réagissant aux propres instructions du sujet.

Il semble donc que les réflexes intéroceptifs n'échappent pas plus que d'autres au *pouvoir idéo-moteur des idées*. Cependant, à la différence de ce qui s'observe dans le champ extéroceptif, ce pouvoir ne se matérialise pas ici en contrôle volontaire. Ce dernier paraît exiger, d'une part, le parcours de la voie pyramidale, d'autre part, des informations conscientes sur le processus en cours.

Peut-être cette impuissance n'est-elle pas irrémédiable. Le *yoga* tente d'étendre aux fonctions végétatives (respiration, d'abord, mais aussi rythme cardiaque, péristaltisme intestinal, etc.) le pouvoir de la volonté. Les méthodes employées rappellent celles assurant la maîtrise des muscles striés désaffectés, tels ceux du pavillon de l'oreille : gymnastique et contorsions impliquant action élective sur tel ou tel organe par médiation des réponses squelettales associées (respiration, tension musculaire); fixation de l'attention sur la région intéressée [29].

Un objectif analogue est celui des *méthodes de relaxation par auto-décontraction concentrative*, dont l'initiateur est J. H. Schultz (1920 ss.) et qui ont connu, dans les années récentes, une vogue notable.

NOTES DU CHAPITRE I

¹ VAN GEHUCHTEN, cité par FREDERICQ, 1944, p. 472.

² Pour des exemples de séquences comparables chez les cœlentérés, et offrant de même l'apparence trompeuse de mouvements intentionnels, cf. DETHIER-STELLAR, 1961, pp. 14-21.

³ JANET, 1935, p. 35. — Cette « organisation dans le temps et dans l'espace » conjugue, comme on sait, des *excitations* et des *inhibitions*. D'où *l'innervation réciproque* par laquelle, dans les couples : *extenseur/fléchisseur* affectés à un membre ou dans le couple : muscle *ipsilatéral/contralatéral*, l'excitation de l'un s'accompagne de l'inhibition de l'autre, le phénomène changeant périodiquement de sens dans des mouvements alternatifs comme le grattage, la marche, la respiration, etc. L'innervation réciproque peut, cependant, être suspendue, par exemple, si l'on maintient un membre rigide ou saute à pieds joints. Sur les aspects plus généraux de l'innervation réciproque, et son rôle dans l'intégration du comportement, cf. GELLHORN-LOOFBOURROW, 1963, pp. 19-20.

⁴ Maints « réflexes » des cœlentérés (par ex. l'extension de la sole pédieuse et les mouvements tentaculaires de l'hydre d'eau douce) se produisent, en l'absence de stimulus, sous forme de manifestations *spontanées*. Celles-ci se multiplient sous l'effet de conditions internes comme la déprivation et s'annulent, même au contact de nourriture, dans la satiété. Cf. DETHIER-STELLAR, *l. c.*

⁵ Cf. JACOBSON, 1948, chapp. 8 et 9. A noter que la sensation douloureuse qui *accompagne* le réflexe nociceptif dans un SN intact, varie en intensité, en fonction de la tension, dans la même mesure que le réflexe.

⁶ On trouvera la liste des centres spinaux ou bulbo-protubérantiels, ainsi que des voies nerveuses, intéressant ces divers réflexes dans les traités de physiologie, par ex. FREDERICQ, 1944, pp. 191-193; 563-565 et *passim*.

⁷ Cf. les pénétrantes remarques de KINSEY, 1953, p. 595. Si la stimulation se prolonge ou se répète rythmiquement, *l'irradiation* intervient, « le niveau de la réponse peut s'élever et engendrer des tensions neuromusculaires, où l'on peut reconnaître des tensions sexuelles ».

Signalons comme cas curieux de réflexe nociceptif dans la phylogénie, le réflexe d'*autonomie* par lequel lézards et orvets abandonnent leur queue, les crustacés leurs pinces, les sauterelles leurs pattes, les étoiles de mer leurs bras, lorsque la partie du corps en question est saisie. L'autonomie est assurée « par contraction d'un muscle spécial qui produit la rupture du membre en un endroit localisé d'avance » (cf. FREDERICQ, *op. cit.*, p. 478).

⁸ Extension chez le nouveau-né ou en cas de lésion des voies pyramidales *(signe de Babinski)*, flexion dans le cas contraire.

⁹ La réponse simulée diffère, cependant, " in form and latency ", de la réponse réflexe (KIMBLE, 1961, pp. 100-101). Ainsi le clignement volontaire l'emporte en ampleur et vivacité sur le clignement automatique.

¹⁰ Il faut faire exception pour la *déglutition* qui ne peut être déclenchée volontairement que moyennant l'envoi d'une goutte de salive vers l'arrière de la bouche.

Un cas intéressant est celui de la *direction du regard*, et de la *fixation* ou *poursuite* d'un objet, immobile ou en mouvement, par un sujet, lui-même immobile ou en mouvement. Elle suppose la coordination complexe de douze muscles, et, sous-corticale chez les animaux inférieurs, dépend, chez l'homme, du cortex.

On distinguera, cependant, la *fixation réflexe* d'un point lumineux, commandée par le cortex occipital et indéfiniment perpétuée, et la *fixation volontaire* qui relève du lobe frontal. La pathologie peut dissocier les deux mécanismes et abolir le second. Dans ce cas, le sujet n'a d'autre ressource, s'il veut échapper à la contrainte du réflexe et à la fixation obligée de l'objet brillant, que d'interposer sa main ou de fermer les yeux et de ne les rouvrir qu'après s'être détourné. Cf. SHERRINGTON, 1951, pp. 178-180.

[11] Dans le *réflexe conditionnel*, on le sait, un stimulus originellement indifférent, mais associé par contiguïté au stimulus efficace, acquiert le même pouvoir réflexogène que ce dernier, par ex. le son de cloche, associé à la nourriture, le pouvoir de déclencher la salivation.

Dans le *réflexe psychique* (RICHET, ROGER), ce qui joue le rôle d'excitant conditionnel, c'est, soit la représentation imaginative du stimulus (une vive lumière imaginée constricte la pupille; une saveur imaginée fait venir l'eau à la bouche; le mot *cloche*, solidaire du « second système de signalisation », a les mêmes effets que le son de la cloche dans les expériences de conditionnement chez l'homme; la prononciation ou l'évocation de mots tels que : *glace, neige, iceberg* ou *feu, chaleur, brûler* provoque une vaso-constriction ou dilatation : expériences de MENZIES, 1937), soit la représentation imaginative de la réponse (expériences de HUDGINS, 1933, provoquant la constriction pupillaire en réponse aux stimuli conditionnels successifs : son d'une cloche; voix du sujet disant « constrict »; même mot « constrict » murmuré, puis simplement *pensé*).

Cf. là-dessus : HILGARD-MARQUIS, 1940, pp. 273-278; MASLOW-MITTELMAN, 1941, pp. 84-88. On tiendra compte, cependant, de la remarque de HILGARD et MARQUIS (p. 276) : « Découvrir que des *self-instructions* peuvent servir de stimuli conditionnels pour toute espèce de comportement (y compris celui qui est plus particulièrement de nature réflexe) ne rend pas encore compte de l'origine et de l'organisation des dites *self-instructions*. Ce sont les injonctions adressées à soi-même, qui peuvent être rendues relativement indépendantes de l'environnement présent — souvent malgré la présence de graves obstacles et en concordance avec des buts et fins éloignés — qui constituent le problème essentiel dans la volition ».

[12] C'est là, en substance, la théorie développée par JAMES au chapitre : *Will* de ses *Principles*, théorie depuis lors négligée, mais — ainsi que le remarque Kimble — ni remplacée, ni dépassée (KIMBLE, 1967, chap. 10 : *The concept of reflex and the problem of volition*).

La même théorie aide à comprendre que, comme le note MASLOW, 1941, pp. 86-88, relatant des expériences de BAKER (1938), les conditionnements inconscients à des stimuli subliminaux soient beaucoup plus prompts à s'établir et beaucoup plus résistants que les autres, le seul espoir de les réduire consistant dans une prise de conscience ou *catharsis*.

[13] MICHOTTE, 1946, p. 267, qui discute ici les idées de PIAGET, 1928 et 1937, pp. 222 ss. Le texte que nous citons de Michotte ne donne qu'une idée très schématique de sa position. Cf. sur cette dernière les chap. XII, XIII, XIV et XVII de son ouvrage.

[14] Cf. LORENZ, 1965, pp. 70-78. On s'abstiendra de consulter la traduction de cet ouvrage (Payot, 1967), remplie, notamment dans la partie qui nous inté-

resse, des contresens les plus fâcheux. — L'atomisation des réactions va évidemment de pair avec la différenciation des zones motrices du cortex. Les pattes antérieures des marsupiaux, mobiles séparément, ont chacune leur projection, les pattes arrière non. Chez les plus anciens primates, les doigts sont solidaires. Chez l'homme, chaque doigt et — à un moindre degré — chaque orteil possède sa représentation, le pouce et le gros orteil étant de plus avantagés (WASHBURN dans ROSLANSKI, 1969, p. 188). Sur l'automatisation des mouvements, on lira : VAN DER VELDT, 1928, et DE MONTPELLIER, 1935.

[15] Point n'est besoin d'insister sur les avantages de cette automatisation des conduites, qui laisse la conscience libre de se concentrer sur les situations et adaptations nouvelles, quoique, chez certains types d'individus, *persévérateurs* ou *secondaires* (HEYMANS), elle n'aille pas sans menace de sclérose.

Capitale est aussi l'automatisation dans l'acquisition de bonnes habitudes morales, comme y a insisté JAMES, 1926, chap. VIII. Rappelons les règles d'or qu'il formule à cet égard :

1. Poser le premier acte avec le plus d'énergie possible.
2. Ne tolérer aucune exception avant l'enracinement complet de l'habitude.
3. Aussitôt que résolution a été prise, chercher une situation pratique où l'appliquer.
4. Vanité des résolutions et exhortations verbales.
5. Maintenir vivante en soi la faculté d'effort, en l'appliquant parfois de façon gratuite.
6. Envisager avec confiance la réussite.

[16] Les expériences de BAIR (1901) sur le pavillon de l'oreille et de WOODWORTH sur les orteils sont relatées dans le vieux livre, toujours instructif à lire et plein de vues pénétrantes, de WOODWORTH, *Le mouvement*, Paris, Doin, 1903 (pp. 307-332 : *Le mouvement volontaire*). Bair invitait le sujet à percevoir et isoler le mouvement de l'oreille dans un mouvement général de la face l'impliquant, ou encore — avec des résultats plus prompts — excitait électriquement le nerf moteur de l'oreille au moment où le sujet s'efforçait de l'actionner, de façon à lui fournir la sensation proprioceptive correspondante.

[17] Cf. sur cette autorégulation : PAILLARD, 1955, en particulier pp. 266-267 : « L'organisation du message proprioceptif au cours de la contraction musculaire contribue par ses effets centraux à une *stabilisation du niveau d'excitabilité centrale*. [Il s'agit des centres spinaux]. L'information proprioceptive est distribuée en vue d'une régulation de l'acte. Une contraction excessive tend à être automatiquement freinée, une contraction insuffisante, non adaptée à la résistance à vaincre, tend à être renforcée. Ici apparaît le jeu antagoniste des rétroactions inhibitrices d'origine golgienne [récepteurs tendineux] et facilitatrices d'origine fusoriale [récepteurs musculaires]. Ces *mécanismes d'autorégulation de la contraction musculaire* imposent un rapprochement très étroit qui a parfois été tenté, avec le fonctionnement des servo-mécanismes. Les propriocepteurs joueraient le rôle de détecteurs d'écarts, susceptibles de réagir par leurs messages sur la commande effectrice et de la modifier, au cours de l'exécution de l'acte, en fonction des effets qu'elle produit. »

[18] Voir, sur ce qui va suivre, le livre de PAILLARD, riche de faits expérimentaux non moins que de vues théoriques : *Réflexes et régulations d'origine proprioceptive chez l'homme*, Paris, Arnette, 1955.

[19] PAILLARD, *op. cit.*, pp. 95-97.

[20] Entendons le sommeil naturel, le sommeil barbiturique exerçant des effets contraires et exaltant les réflexes.

[21] Cf. les expériences de HEFFERLINE (1958 ss.) relatées par RICHELLE, 1966, pp. 168-171. Il en résulte qu'un potentiel musculaire infime, échappant tant à la conscience qu'au vouloir, peut être *renforcé* et perpétué par un résultat heureux. D'autre part, les sensations proprioceptives subliminaires correspondantes peuvent servir de stimuli discriminatifs pour la fixation de nouvelles conduites.

[22] Cf. JACOBSON, 1948; SCHULTZ, 1965; GEISSMANN et DURAND, 1968. Nous nous référons surtout, dans le texte, à la méthode de Jacobson, celle de Schultz ayant davantage d'affinités avec l'hypnose, voire même avec la psychanalyse.

[23] PAILLARD, 1955, pp. 221-223; HEFFERLINE dans RICHELLE, *op. cit.*, p. 169. La commande volontaire de la tension et de la relaxation, locales ou progressivement étendues, s'exerce directement sur les motoneurones spinaux, à la différence de la relaxation involontaire qui exerce ses effets par le détour des fuseaux.

[24] HUXLEY, *L'art de voir*, Payot, 1949.

[25] Voir sur cette question, et sur ce qui va suivre : METALNIKOV, 1937, pp. 161-203; LACHMAN, 1972, pp. 51-52.

[26] Cf. les récents articles de MILLER et coll., notamment dans le *Journal of comp. and experim. Psych.* (1967-1969) et l'*Americ. Journal of Physiology* (1968-1969) et résumés dans : *Learning of visceral and glandular responses* — *Science*, 1969, 163, pp. 434-445. Les renforcements utilisés consistent soit en l'excitation du « centre du plaisir », soit en chocs électriques, objets tant d'*avoidance* que d'*escape*.

[27] LURIA (1970, pp. 111-115) décrit un sujet à sensibilité protopathique très vive, dont le cœur s'accélère, s'il s'imagine courant après un train, et se ralentit lorsqu'il se voit installé dans le wagon et s'endormant. Sa main droite s'échauffe de 2°, sa main gauche refroidissant d'autant, lorsqu'il pense toucher de la première un poêle brûlant et de la seconde un bloc de glace. Enfin sa pupille se constricte (avec rythme alpha concomitant) ou se dilate suivant qu'il s'imagine dans une vive lumière ou dans l'obscurité.

[28] Cf. DELAY-PICHOT, 1962, pp. 451-456. L'effet placebo dépend du jeu combiné de facteurs complexes : type de troubles concernés, subjectifs ou objectifs (céphalées, hypertension), personnalité du malade (les extravertis y sont plus sensibles), mode de présentation et d'administration du produit, enfin personnalité du médecin et attitude au moment de la prescription (plus importante que les propos tenus).

[29] Cf. METALNIKOV, 1937, pp. 223-228; LAUBRY et BROSSE, 1935-1936; KIMBLE, 1961, p. 102; LACHMAN, 1972, p. 50.

CHAPITRE II

LES CONDUITES ÉMOTIONNELLES

Nous avons dit ailleurs pourquoi, d'accord avec des auteurs aussi divers qu'un Watson, un Wallon, un Hebb, un Cobb, nous voyions dans l'émotion, non pas un simple épisode dans le déploiement des instincts, non pas davantage (sinon en un sens jacksonien) une *désorganisation des conduites*, mais un *mode de comportement original*, apparu dans la ligne d'évolution qui conduit à l'homme, et prenant une place insigne, encore que voilée, chez ce dernier, « le plus émotif, non moins que le plus rationnel des animaux » (Hebb).

Nous signalions aussi que la vue la plus pénétrante qui ait été proposée de ce phénomène se trouve chez Wallon, selon qui « toutes les émotions peuvent être ramenées à la façon dont le tonus se forme, se consomme ou se conserve ».

Nous notions, enfin, qu'à la conception de Wallon peuvent être intégrées, aussi bien les magistrales analyses de Janet concernant l'angoisse et l'extase, que les assertions de Freud dans sa conception *économique* des affects, liés aux alternances de la tension et de la décharge [1].

Le problème de l'émotion a suscité de vives controverses, les uns proposant de ce phénomène une interprétation *conative* qui l'assimile à un *motif*, tandis que d'autres y voient, soit une désorganisation des conduites, soit une conduite consommatrice d'un type spécial.

On sait que, pour McDougall, le comportement découle d'un petit nombre d'*instincts*, dont chacun, lorsqu'il est éveillé, se traduit par une *émotion* définie. Similaire est la conception de Plutchik (1962), quoiqu'il fasse choix d'autres *basic processes* que les instincts de McDougall. La même vue conative est développée à satiété par M. Arnold (1960) qui définit l'émotion « la tendance ressentie à aller vers toute chose intuitivement jugée comme bonne (bénéfique) ou à s'écarter de toute chose intuitivement jugée comme mauvaise (dommageable). Cette attraction ou aversion est accompagnée par une constellation de changements physiologiques facilitant l'approche ou le retrait. La dite constellation varie avec chaque émotion » (1960, p. 182). Admettons que ceci s'applique à des « émotions » (?) telles que : *désirer connaître, vouloir* ou *aimer une chose (to want a thing, to like something*, p. 21). Qu'en sera-t-il du rire, des sanglots, de la peur paralysante, en général de l'émotion-choc ? Spéculant exclusivement en *psychologue de conscience*, Arnold étend et borne le champ de l'émotion à ce que *ressent* la *conscience discriminative*. Or celle-ci est obnubilée dans l'émotion vraie, qui ne peut être décrite qu'en termes de comportement.

C'est ce que, dès son plus ancien livre, avait souligné Young : « Les émotions les plus pures — comme le rire, les pleurs, l'excitation générale — sont celles où l'on trouve la perte la plus complète du contrôle cérébral et le moins de traces de projet conscient. Au cours du comportement émotionnel, le sujet s'égare, sa conscience s'obnubile, son activité est perturbée. Le seul trait commun à tous les processus émotionnels est leur influence désorganisatrice sur le comportement » (1936 pp. 457-458). Définissant l'émotion, « an acute disturbance of the individual as a whole, psychological in origin, involving behavior, conscious experience and visceral functioning » (1943, p. 60), Young note qu'échappant au contrôle du cortex, elle émane des centres sous-jacents. Il faut voir en elle une « specific variety of affective processes » (1961, p. 597). C'est à une conception fort pareille qu'aboutissait Hebb après une longue et patiente observation des chimpanzés (1946, 1951, 1954).

S'ils décrivent à merveille l'émotion authentique, saisie dans sa spécificité, ces auteurs prêtent cependant à critique lorsqu'ils soulignent la *désorganisation* qu'elle entraîne. Il faudrait préciser que, si désorganisation il y a, elle est de nature jacksonienne, l'émotion n'excluant pas, au niveau qui est le sien, une organisation *sui generis*. C'est en ce point que se situe l'apport de Wallon.

La théorie de Young a été attaquée avec vivacité par Leeper (1948, 1963), lequel, attentif comme Arnold aux seules *mild emotions* de la conscience réfléchie, souligne tant leur *organisation* que leurs caractères de *motifs* orientant vers une fin : « ... les processus émotionnels opèrent essentiellement à la façon de motifs... Ce sont des processus qui déclenchent, soutiennent et dirigent l'activité » (1948, dans Arnold, 1968, p. 185). Il existe, en effet, selon Leeper, deux classes de motifs, les uns, à base chimique et physiologique, agissant périodiquement de l'intérieur, les autres, à base exclusivement neurologique, mis en branle par la perception. Ce sont ces derniers que l'on nomme émotions (même thèse chez Plutchik, 1962, p. 167, sauf que, pour lui, tout motif est physiologiquement déterminé). — On ne peut qu'objecter, avec Hebb : « Le résultat d'un tel argument [à savoir que « l'émotion déclenche, soutient et dirige le comportement »] est d'élargir à ce point la catégorie de l'émotion qu'elle en vient à inclure la totalité des processus psychologiques. Il nous faudrait alors trouver un autre nom pour l'événement distinctif qu'on nomme — à présent — émotionnel » (1949, p. 245). Quant à la thèse d'un déclencheur perceptif obligé, elle fait bon marché des réactions émotionnelles endogènes, telles qu'elles s'observent dans la psychose maniaque-dépressive, l'épilepsie, les variations de l'humeur, etc.

La théorie conative de Leeper s'est infléchie plus récemment — nous dirions volontiers : aggravée — en *perceptual-motivational theory* (1963). « Ce que je veux suggérer..., c'est que les processus émotionnels devraient être considérés comme une classe particulière de processus perceptifs. Je ne veux pas dire par là que les émotions *dépendent* ou *proviennent* de la perception, quoique cela aussi soit vrai. Je soutiens une proposition plus radicale, à savoir que les processus émotionnels, essentiellement et fondamentalement, sont des processus perceptifs, comme le mouvement apparent est un processus perceptif (1963, dans Arnold, 1968, p. 243). Quelque violence qu'elle fasse aux faits, cette vue *cognitive* de l'émotion a rallié pas mal d'adhérents (Lazarus, Schachter, voire Arnold).

Pribram s'élevait naguère contre l'*antique tradition* qui répartit les fonctions psychiques en *cognition, affection* (ou émotion) et *conation*. Il est temps, disait-il, que la psychologie répudie la fausse dichotomie établie entre processus émotifs et conatifs (1969, t. IV, p. 369). Réforme insuffisante pour certains : voici que l'émotion se dilue maintenant dans la connaissance !

Mentionnons enfin, pour terminer, dans une tout autre voie, les théories dites de l'*activation* (Lindsley, Duffy). S'il est vrai que la plupart des émotions (sinon toutes, cf. la peur paralysante) impliquent activation, celle-ci intervient aussi dans maintes réactions qui n'ont rien d'émotionnel.

Au seuil de cette étude, une confusion est à dissiper. Nous nous déclarons émus en mille circonstances : à la vue de l'être aimé, au récit d'un malheur, à la lecture d'un poème. Il s'agit là, à la vérité, d'émotions diluées et affaiblies et ce n'est pas sur de tels *affects* raffinés et délicats qu'il est possible de construire une théorie psychobiologique de l'émotion. Celle-ci ne se révèle, dans sa nature originelle, qu'en ce qu'on nomme parfois l'*émotion-choc* : crise de fou rire ou de sanglots; colère violente; terreur panique. Rare chez l'homme normal qui dispose de réponses autrement adaptées, l'émotion ainsi comprise est naturelle à l'enfant dont elle constitue le premier mode de communication avec l'entourage. Elle persiste chez l'idiot profond qui ne dépasse pas le stade infantile. Enfin, elle reparaît chez l'adulte, soit en des occasions anormalement éprouvantes comme le deuil, le combat, etc., soit au cours de libérations fonctionnelles causées par l'alcool, les drogues, l'épilepsie, soit encore — et c'est là un champ d'étude des plus fructueux — dans la psychose maniaque dépressive, caractérisée par des alternances de joie exubérante et d'angoisse.

Où commence l'émotion dans la phylogénie, il est hasardeux de le conjecturer. Ce qui est sûr, c'est que, croissant en importance à mesure qu'on monte dans l'échelle des mammifères, elle prend une place insigne chez les anthropoïdes. De bons observateurs ont décrit à merveille l'ample répertoire d'expressions émotionnelles qui se font jour chez les chimpanzés et alertent des congénères au plus haut point réceptifs [2]. Cependant, quoique le contrôle du néocortex, naturel à l'homme, demeure précaire chez ces animaux, on les voit, au cours de la croissance, évoluer dans un sens pareil. L'exubérance du jeune âge se canalise progressivement en activités, soit ludiques, soit même créatrices (colliers ou couronnes de feuilles, barbouillages d'argile ou de fèces), tandis que les sujets âgés s'absorbent volontiers dans une inertie taciturne.

De quelle région de l'encéphale dépendent les réactions émotionnelles, c'est ce que, depuis l'observation fameuse du chien décérébré par Goltz (1892), des expériences répétées d'ablation ou excitation locale ont tenté de mettre en lumière [3]. Une découverte mémorable fut celle du chien ou chat *hypothalamique*, symétrique de *l'animal spinal* familier aux réflexologistes, et sujet à des crises de *sham rage* (Cannon, 1925; Bard, 1928). Mais est-ce bien d'une *pseudo-colère* qu'il s'agit ici, ou, tout au contraire, d'une *colère pure*, non compliquée d'incidences corticales? [4] Des enquêtes ultérieures devaient révéler le rôle de l'hypothalamus dans la frayeur et l'éréthisme sexuel. L'excitation de points variables de cette région provoquait, d'autre part, des réactions spécifiques, imposant la thèse de localisations électives (Hess, Ranson, Wheatley). Enfin, au cours ou à la suite d'interventions sur le diencéphale, les neurochirurgiens notaient chez leurs patients, soit des crises comparables à la *sham rage* [5], soit de l'agitation maniaque avec euphorie, hilarité, logorrhée [6], soit enfin, sur fond d'activation sympathique, « des sentiments diffus d'anxiété avec sanglots prolongés » [7]. Tous ces faits incitaient à chercher dans l'hypothalamus la racine des réactions émotionnelles, et telle était l'opinion dominante vers 1940.

Cette opinion s'est quelque peu nuancée depuis lors, des interventions sur le paléo- et mésocortex *(Amygdala, septum, hippocampe, circ. du corps calleux)* ayant mis en lumière le rôle soit excitateur, soit inhibiteur de ces formations [8]. Il apparaît d'ailleurs que c'est dans la mesure où elles portent sur elles que lobotomies et topectomies modifient l'équilibre émotif du malade (Fulton, 1951). D'autre part, la substance réticulée s'est imposée, grâce à l'exploration encéphalographique, comme centre d'*éveil (arousal)* du cortex, éveil tout spécialement intense dans l'émotion (Lindsley, 1951). A l'heure actuelle, sans que les détails soient parfaitement clairs, la tendance est de loger cette dernière dans un *système limbique* s'étendant de la substance réticulée au mésocortex, en passant par l'hypothalamus dont, en tout état de cause, le rôle demeure essentiel.

Rappelons que l'hypothalamus (et le *complexe limbique* dont il fait partie) entretenant avec le néocortex des relations dans les deux sens, directes ou indirectes (par le thalamus), on conçoit qu'il puisse, soit le mettre en branle jusqu'à éventuellement le submerger, soit en subir en retour tant des incitations que des freinages. Il a prise, d'autre part, sur le système glandulaire par la médiation de l'hypophyse « cerveau endocrinien ». Enfin, outre qu'il tient sous son influence le système central, il préside aux activités du sympathique et parasympathique [9]. Cette richesse de connexions aide à comprendre, tant l'extrême complexité du phénomène émotionnel que la place centrale occupée par lui dans l'ensemble du comportement.

1. — Le syndrome émotionnel

On discerne, dans une réaction émotionnelle typique, trois composantes, constitutives d'un *syndrome* :

a) La première, *végétative et glandulaire*, a valu parfois à l'émotion le nom de réaction *viscérale* (Watson) par contraste avec les réactions motrices ou verbales. Peut-on, partant de là, différencier les émotions? Il n'a pas manqué d'auteurs pour tenter cette entreprise et — en accord avec la théorie de W. James, dont nous parlerons — mettre en regard de la joie, de l'angoisse, de l'amour, de la colère, de la peur, telles manifestations organiques supposées [10]. Il n'est que trop clair que ces tentatives ont échoué et que la discussion doit faire choix d'autres bases. Ces bases sont à chercher chez Cannon, chez Hess et chez Gellhorn.

Dans son ouvrage capital de 1915, Cannon signalait dans la crainte et la colère une mobilisation du sympathique et de la médullo-surrénale, *emergency mechanism* cependant non spécifique de l'émotion, et observable dans tous les cas de *stress* et dépense coûteuse imposée à l'individu (froid, fièvre, etc.) [11].

Dans les années 1925 et ss., Hess, de son côté, obtenait en stimulant l'hypothalamus, soit *postérieur et latéral*, soit *antérieur*, deux groupes caractéristiques de réponses, les unes *ergotropiques*, les autres *trophotropiques*. Les premières, liées au sympathique et formant, en général, ensemble non dissociable, dilatent la pupille, accélèrent le cœur, contractent les vaisseaux, élèvent la pression artérielle, activent la respiration, enfin accroissent le tonus musculaire. Leur finalité est de préparer à l'action.

Solidaires du parasympathique, et davantage indépendantes les unes des autres, les réponses *trophotropiques* assurent repos et récupération. Elles impliquent réduction de la respiration et du rythme cardiaque, vasodilatation et baisse de la pression artérielle, salivation et travail digestif, miction et défécation, chute du tonus, éventuellement *adynamie* ou inertie totale et passive, qui ne se confond cependant pas avec le sommeil [12].

La conception dualiste de Hess (*hypothalamus antérieur* et *postérieur; complexe vagoinsulinique* et *sympathicoadrénergique*) se retrouve, considérablement amplifiée et approfondie, chez Gellhorn, pour qui l'émotion, si elle irradie, d'une part vers les systèmes viscéral et musculaire, et, d'autre part, vers le cortex, a son siège dans l'hypothalamus. Ce qui la caractérise, c'est — en liaison avec les variations du milieu intérieur et les incitations périphériques ou corticales — une rupture d'équilibre entre les composantes *ergotrope* et *trophotrope*, toutes deux exagérément activées, quoique le plus souvent l'une masque l'autre [13].

Que conclure quant aux composantes organiques des émotions ? Il est vain, on le devine, de prétendre *différencier* celles-ci par la seule sympathico- ou vagotonie [14]. L'hypothèse qui paraît s'imposer, c'est que le sympathique domine dans les formes et phases *sthéniques* des émotions de toute nature (*joie maniaque; mélancolie anxieuse; colère; épilepsie; éréthisme sexuel*), le parasympathique l'emportant, au contraire, dans les formes *passives* (*béatitude; mélancolie stuporeuse; peur paralysante*), comme aussi dans les états d'*adynamie*, voire de *catatonie* qui succèdent à la décharge [15].

Les années récentes ont connu un essor remarquable des drogues et médications psychotropes. S'il est vrai, cependant, qu'amphétamines et psychomimétiques exaltent la composante sympathique, et les tranquillisants (réserpine, chlorpromazine) le parasympathique, ces substances ne peuvent modifier les attitudes émotionnelles correspondantes qu'en affectant les *centres* qui les commandent [16].

Sympathique et médullo-surrénale, d'une part, parasympathique, de l'autre, n'exercent d'action, on le sait, que par l'entremise de médiateurs chimiques : acétylcholine (parasymp.), noradrénaline (symp.), noradrénanaline et adrénaline (méd.-surr.), la noradrénaline constrictant les artérioles et élevant la pression artérielle, l'adrénaline provoquant, en outre, accélération cardiaque et libération de sucre.

L'injection d'adrénaline (et d'elle seule) crée (par son action périphérique ou centrale) un *arousal* indifférencié, qui ne se canalise en émotion définie qu'au vu des facteurs cognitifs et sociaux (S. SCHACHTER-J. E. SINGER, *Cognitive, social and physiological determinants of emotional state*, — Psych. Rev., 69, 1962, pp. 379-99).

Mesure-t-on (hors de toute injection) le taux de ces catécholamines dans le sang ou l'urine, lors des *stress* les plus variés (parachutage, course automobile, agression, films de fou-rire ou d'horreur), ici encore les faits expérimentaux confirment la thèse de Schachter : « la libération des catécholamines est liée à l'intensité plutôt qu'à la qualité de l'affect, cependant que la nature de l'affect dépend dans une large mesure de facteurs cognitifs et de l'expérience passée ou situation présente de l'individu » (S. S. KETY dans GLASS, 1967, p. 105. Cf. dans le même recueil les contributions de J. V. BRADY, pp. 70-95; G. MANDLER, pp. 96-102; S. S. KETY, pp. 103-107; D. W. WOOLEY, pp. 108-116; et dans le recueil de BLACK, 1970, celles de BRADY, pp. 95-139 et KETY, pp. 61-71).

Suivant certains, cependant, les taux respectifs d'adrénaline et noradrénaline varieraient en fonction des situations, l'adrénaline l'emportant dans l'anxiété et *l'anger-in*, et la noradrénaline dans l'agression et *l'anger-out* (D. H. FUNKENSTEIN, 1955, dans CANDLAND, 1962, pp. 208-219; A.F. Ax, 1953 et 1963, dans KNAPP, 1963, pp. 197-199), ou, encore, la première dans la menace imprécise, la seconde dans le *challenge* défini ou l'échec consommé (KETY, dans GLASS, p. 106; J. J. SCHILDKRAUT-S. S. KETY, 1967, dans PRIBRAM, 1969, I, pp. 270-296),

Il se peut que, comme le suggèrent Schildkraut et Kety, ces modifications périphériques des catécholamines correspondent à des modifications de même ordre dans les centres, et que « tout accroissement de l'activité sympathique périphérique reflète un accroissement de l'activité noradrénergique centrale » (*l.c.*, p. 286).

On sait, en effet, qu'entre autres facteurs humoraux, noradrénaline, d'une part, sérotonine, de l'autre, existent en concentrations particulières dans le système limbique, l'hypothalamus et la substance réticulée. Il s'agit là, soit de médiateurs chimiques, au sens propre, pouvant étendre leur action vers le cortex, d'une part, vers la périphérie, de l'autre, soit de modulateurs de la transmission assurée par l'acétylcholine [17]. L'effet de ces substances est très discuté. Antagonistes, selon les uns, et engendrant, soit expansion (nor.), soit sédation (sérot.), elles agiraient de concert, selon d'autres, dans le sens de l'euphorie, leur déficit entraînant dépression.

C'est, semble-t-il, par le canal de ces humeurs, dont elles affectent l'action, la synthèse ou l'oxydation, que les drogues influencent l'émotion et le psychisme. Les tranquillisants (réserpine, chlorpromazine) les inhibent, au rebours des antidépressants (iproniazide, imipramine) qui les exaltent. D'où, dans un cas, tendance à la dépression, et, dans l'autre, à l'euphorie, voire à la colère. Les amphétamines favorisent toute la gamme des catécholamines. Quant aux psychomimétiques (LSD, psylocibine), ils entraveraient l'action de la sérotonine (KETY, dans BLACK, pp. 61-71).

La conclusion de KETY est que, pratiquement, toute drogue qui se trouve altérer les états affectifs chez l'homme, se trouve affecter aussi les catécholamines dans le cerveau, ce qui suggère l'hypothèse que « ces amines sont impliquées dans la médiation des dits états, non moins que dans l'action des drogues qui les influencent » (p. 65).

b) Si les réactions organiques ne jouent dans l'émotion qu'un rôle subordonné et non spécifique, force est de chercher l'essentiel du phénomène du côté *neuromusculaire*. C'est ici qu'apparaît en pleine lumière l'incidence du tonus [18].

Rappelons que le système musculaire est soumis à deux sortes de contractions, les unes, *toniques*, assurant les postures et les attitudes, les autres, *cloniques*, rendant possibles les actions. Un minimum de tonus est entretenu dans le muscle par voie réflexe, l'étirement provoquant contraction compensatrice. Des circuits plus complexes commandent les diverses postures : debout, assis, etc. Sur ce fond s'inscrivent les *tensions* et *décharges* solidaires des émotions et des actions, la tension préparant et appelant la décharge, et celle-ci dissipant la tension.

Le chien, alerté par le cri du gibier, s'immobilise et « se met en forme » avant de bondir. Le coureur, sur la ligne de départ, prend une attitude caractéristique qui le prépare aux mouvements de la course. Il n'est pas jusqu'à l'effort verbal ou mental qui ne provoque une accumulation de tonus préalable que ne justifient cependant pas des dépenses musculaires proportionnées (trac de l'orateur, de l'étudiant affrontant un examen, etc.).

Dans un livre célèbre [19], Darwin a interprété les expressions émotionnelles comme des résidus d'attitudes et d'actes autrefois utiles à l'individu ou à la race. Secouer la tête en signe de négation rappellerait le geste du bébé rejetant une nourriture indésirée. Découvrir les dents en signe de mépris, ce serait implicitement, comme fait encore le chien, s'apprêter à mordre.

L'admirable petit livre de G. Dumas, *Le sourire* (1948), a réfuté sur un point précis cette conception finaliste. Dépourvu de toute *utilité* au sens darwinien, le sourire résulte, en effet, *mécaniquement* de la plus légère décharge de tonus dont s'accommodent *ensemble* les muscles de la face [20].

Cette critique doit être généralisée. C'est une erreur de chercher dans l'instinct et l'action sur le monde extérieur les racines de l'émotion. Celle-ci constitue un mode de comportement essentiellement différent. Certes, de part et d'autre, s'observent des tensions suivies de décharges. La différence, c'est qu'*alloplastiques* dans l'instinct, elles sont, dans l'émotion, *autoplastiques* et *expressives*. Leur effet est de façonner l'individu sans rien changer au monde des choses.

Aussi voit-on qu'indifférentes à ce dernier, les décharges émotionnelles : rires, sanglots, trépignements, convulsions, orgasme, s'effectuent par *saccades rythmiques* réglées exclusivement de l'intérieur. De là résulte aussi qu'au moins dans leurs formes pures, réactions *auto-* et *alloplastiques* s'excluent. Rire ou sangloter rend incapable d'agir, tandis que l'action, si elle vient à se produire, suspend rires et sanglots. De même, la peur devant le danger empêche d'y faire face, comme y faire face exclut ou reporte à plus tard la peur. Abandonnée à elle-même, l'émotion s'écoule par ondes successives, qu'entretient et amplifie — jusqu'à épuisement final — une sorte de *feedback* (« Comme un homme qui n'avait d'abord que des motifs peu importants de se fâcher, se grise tout à fait par les éclats de sa propre voix et se laisse emporter par une fureur engendrée, non par ses griefs, mais par sa colère elle-même en voie de croissance... » M. Proust) [21].

c) Aux contractions toniques-cloniques dont il vient d'être question, se superposent cependant des composantes *mentales*, *affects* ou *feelings* caractéristiques, élation dans la joie, accablement dans l'angoisse, etc., souvent identifiés sans plus à l'émotion elle-même. Ce point de vue, naturel à la psychologie de conscience, s'est perpétué dans toutes les enquêtes concernant l'*expression des émotions*. Une telle formule, en effet, n'a de sens que si l'émotion, pur *affect*, est dissociable des manifestations soit viscérales, soit neuromusculaires qui l'« expriment ». (Qu'on songe aussi à la notion de *sham rage*, *pseudo-colère* parce qu'apparemment dépourvue de composante consciente).

En 1884, cependant, dans un article qui fit grand bruit [22], William James inversait les termes du problème et donnait l'affect pour reflet ou prise de conscience des réactions corporelles, elles-mêmes déclenchées automatiquement par la sensation. Il ne faudrait donc pas dire que nous pleurons parce que nous sommes tristes, mais, au contraire, que nous nous sentons tristes parce que nous pleurons. Ce ne serait pas l'effroi qui provoque les battements du cœur, mais ceux-ci le sentiment d'effroi.

Cette théorie a le mérite de rendre aux composantes organiques et musculaires leur place obligée dans l'émotion et d'insister sur le rôle de *feedback* joué par elles [23]. Il est impossible de la suivre au-delà. Longtemps influente, la conception de James ne devait pas résister aux critiques de Sherrington et de Cannon [24]. De celles-ci, il ressort à toute évidence que l'affect émotionnel est d'origine *centrale*, et non *périphérique*. Contemporain et solidaire des remous organiques, renforcé par ceux-ci et les amplifiant à son tour, il ne peut être tenu pour leur reflet [25]. Tout donne à penser qu'il représente le type le plus élémentaire de conscience, *protopathique* et lié au système limbique, comme la conscience *épicritique* l'est au néo-cortex (Head). De ce double niveau de centres nerveux dépendraient respectivement *what we feel* et *what we know* (McLean).

L'émotion, quand elle déferle à plein, obnubile l'écorce et abolit la perception discriminative, le jugement, le contrôle volontaire, les réactions fines et différenciées à l'environnement, les adresses motrices, le langage surveillé, enfin — non exceptionnellement — la fixation mémorielle. Il n'y reste que la conscience massive d'une expérience *vécue* comme favorable, désastreuse, redoutable, etc.

Cependant, entre l'individu à ce point emporté et, par exemple, le mathématicien absorbé dans un problème, il faut faire place à l'homme de tous les jours, et à ces états les plus habituels où connaissance et affectivité s'entrepénètrent. L'émotion, quoique secrètement ébauchée et présente, y subit comme une transmutation. Les réactions organiques et musculaires s'estompent jusqu'à, peu s'en faut, disparaître. Il ne subsiste que l'affect, lui-même considérablement épuré et intellectualisé. Nous rejoignons là la troisième conception freudienne de l'émotion, ou *conception structurale*, suivant laquelle les affects, privés dorénavant de toute base économique, de tout aspect de décharge, au moins massive, apprivoisés en quelque sorte (« *tamed* » Fenichel), sont utilisés par l'*ego* comme *signaux* [26].

Rapaport (1953) distingue dans l'œuvre de Freud, trois théories de l'affect (ou émotion), successivement élaborées et, l'une avec l'autre, articulées :

1°) La plus ancienne est une *théorie dynamique* qui, — à la façon de McDougall — lie l'affect au déploiement de l'instinct et l'interprète comme *drive cathexis*.

2°) Suivant la *conception économique* ou *id-theory*, développée en 1911 dans les *Formulations concernant les deux principes à l'œuvre dans le fonctionnement mental* (*Collected Papers*, Hogarth, IV, pp. 13-21), l'affect naît d'une *tension* qui, accumulée dans l'individu, peut se liquider, soit — suivant *le principe de réalité* — en *actions* modifiant le milieu, soit, plus primitivement, — suivant le *principe du plaisir* — en décharges ne modifiant que le corps auquel elles confèrent mine et expression (« Une fonction nouvelle fut dès lors dévolue à la décharge motrice, qui, sous le primat du principe du plaisir, servait à soulager l'appareil mental de l'accumulation des stimuli, et, en assurant cette tâche, envoyait des innervations à l'intérieur du corps *(mine; expression de l'affect)*. Elle fut employée dès lors à l'altération appropriée de la réalité et convertie en action ». *Formulations*, p. 16).

3°) Enfin, dans *L'Ego et le Id* (1923) et *Anxiété, Inhibition, Symptômes* (1926), se fait jour une *théorie structurale* ou *ego-theory*, d'après quoi les affects, dès lors allégés de toute charge économique et réduits à leur seule composante mentale, servent de signaux à l'*ego* pour avertir de la tension imminente et *prévenir* la décharge. Celle-ci peut, cependant, reparaître en cas de circonstances critiques. « Au cours de la phylogénie, les affects passent du stade de décharges à celui de signaux, du stade de valves de sûreté pour les tensions à celui d'anticipations des moyens de prévenir la décharge. Cependant, dans des circonstances « normales » telles que l'abandon ou le danger (mais aussi dans les mots d'esprit ou les spectacles dramatiques), non moins que dans certaines conditions pathologiques, les affects-décharges reprennent la place des affects-signaux » (Rapaport, 1960, p. 32). Enfin, il va sans dire qu'au stade final où la décharge massive est évitée par actions appropriées, les affects ont un caractère *motivant* et productif que ne possédait pas l'émotion originelle [27].

Des affects émotionnels ou plus généralement des émotions, dérivent aussi — moyennant transmutation analogue — ce que le langage courant nomme *sentiments*. Que l'on compare angoisse et chagrin, colère et ressentiment, peur et appréhension, orgasme et passion amoureuse, la différence est qu'à l'émotion violente et brève, mais par là-même agent d'*abréaction* et *catharsis*, se substitue une constellation autrement raffinée et étalée dans le temps. Le sentiment s'organise d'autre part, autour de personnes ou objets déterminés, sièges d'*investissement affectif* ou *cathexis* (Freud) [28]. Un exemple des plus remarquables est l'amour courtois, où l'amant refuse délibérément la satisfaction sexuelle pour préserver et exalter l'affect qui lui est lié. Ajoutons que les *complexes* dont traite la psychanalyse consistent en sentiments, conçus comme il vient d'être dit, mais refoulés dans l'inconscient.

Parmi les affects, il faut faire une place particulière au *plaisir* et à la *peine* qui ne sont liés à aucune émotion déterminée, mais peuvent intervenir dans toutes. On peut poser en principe que, comme l'enseigne Freud, toute tension implique peine *(Unlust)* comme toute décharge procure plaisir.

La vie organique, les rythmes et alternances propres aux centres nerveux, enfin les événements extérieurs créent en nous des tensions de diverses sortes, qui, toutes, sont ressenties comme pénibles : il est aussi désagréable de contenir sa joie et de résister au rire que de ne pouvoir sangloter dans l'angoisse ou exploser dans la colère. Inversement, les décharges de toute nature sont éprouvées comme agréables, on ne comprendrait pas sans cela que maintes spectatrices préfèrent aux vaudevilles qui les feraient rire, les mélodrames ou films d'épouvantes qui les font pleurer ou frissonner. Même la peur est artificiellement recherchée et provoquée dans les attractions des foires.

C'est une loi générale du comportement que, si réfractaire qu'il soit à la tension, l'homme l'accepte volontiers dans l'espoir de la décharge, comme il s'impose la peine pour atteindre au plaisir. « Rien, écrivait Louis XIV au dauphin, ne saurait vous être plus laborieux qu'une grande oisiveté, si vous aviez le malheur d'y tomber, dégoûté premièrement des affaires, puis des plaisirs, puis d'elle-même, et *cherchant partout ce qui ne se peut trouver, c'est-à-dire la douceur du repos et du loisir sans quelque fatigue et quelque occupation qui précède* ».

Il n'a pas manqué de penseurs pour contester cette thèse en l'une ou l'autre de ses implications. Les bouddhistes, Schopenhauer, en un certain sens Freud, d'une part, l'École de Yale, de l'autre [29], voient dans le plaisir une pure négation de peine, comme dans la décharge l'abolition de la tension. L'idéal serait alors — au moins théoriquement — un *nirvâna* (ou *homéostasis*) qui fasse l'économie des deux.

Sans proscrire l'action imposée par la raison, les Stoïciens prônaient une *apathie* vierge de remous affectifs, les Épicuriens, au contraire, une *ataraxie* qui, reconnaissant au plaisir son prix, mais distinguant entre plaisirs, fasse choix de ceux-là seuls qui ne sont pas mêlés de peine. Dans un souci pareil les hédonistes japonais mettent au-dessus de tous, les agréments du sommeil et du bain (R. Bénédict). De nos jours, une jeunesse psychopathe a trouvé dans la drogue des « plaisirs purs » d'un autre genre.

Toutes ces suggestions méconnaissent, à des degrés divers, le rôle biologique du plaisir et de la peine, agents respectifs de *renforcement* : positif ou négatif. Certes, il faut donner raison à l'*hormisme* de McDougall et considérer que ce qui meut l'individu en proie à l'émotion ou à l'instinct, c'est la pression de la tension et le souci de s'en délivrer. Il n'empêche que le plaisir de la décharge est expérience positive dans son ordre, qu'il *récompense* plus encore qu'il ne délivre des contraintes de la tension, et qu'il tend à perpétuer, à graver dans l'individu (*to stamp in* : Thorndike) les conduites qui l'ont provoqué. Des nourritures inégalement succulentes apaisent dans une même mesure la faim. Celle qui a plu davantage bénéficiera dans la suite de choix discriminatifs, et même — moyennant prise de conscience — d'effort et recherche intentionnelle [30].

Comme tous les mécanismes biologiques, celui-ci peut donner lieu à déviations, soit qu'un objet inapproprié s'impose par ses seules vertus hédoniques (saccharine recherchée à l'égal de sucre par les rats), soit que le plaisir s'obtienne *gratis* sans médiation d'acte ou d'objet (drogue). En revanche, c'est, comme on le verra plus avant, l'un des traits des symptômes névrotiques et compulsions que de soulager de la tension sans procurer de plaisir.

Il faut mentionner ici les très remarquables expériences de J. Olds et coll. (1954 ss.), où des stimulations électriques par électrodes implantées en divers points de l'hypothalamus (surtout postérieur et latéral) et du système limbique (surtout le septum) sont recherchés par des rats et autres animaux, jusqu'à leur faire presser sans arrêt le levier dans une cage de Skinner, traverser une grille électrisée ou maîtriser un labyrinthe [31]. Tout se passe comme si les sujets, en l'absence de tout besoin, de toute *peine*, poursuivaient — sans risque de satiété — l'obtention d'un *plaisir*. Il resterait à voir dans quelle mesure celui-ci n'implique pas quelque décharge discrète, identique ou non à celle qui s'observe dans la satisfaction des pulsions.

Il est remarquable que le rythme des réponses augmente ou diminue suivant les sites en cas de motivations alimentaire ou sexuelle. De plus, pour un même site, le rythme, s'il s'accroît pour la faim, diminue pour la sexualité, et inversement.

Discutant l'interprétation théorique du phénomène, Olds cite comme hypothèses possibles : 1) que le choc exalte les stimuli présents; 2) que, par un feedback positif, il exalte les réponses; 3) qu'au contraire, par un feedback négatif, il les arrête. L'aire septale, particulièrement intéressée ici, exerçant en général un effet pacifiant, Olds penche pour un feedback négatif, le choc suscitant apparemment terminaison et consommation.

Concernant la peine, Freud, toujours très attentif aux suggestions du langage courant, s'est demandé pourquoi celui-ci désignait du même nom *(Schmerz, pain)* la *douleur physique* (par exemple un mal de dent) et la *douleur morale* (un deuil). Traduite en termes simples, sa réponse revient à dire que ce qu'il y a d'essentiel et de commun aux deux cas, c'est une tension intense non soluble, la *sensation* périphérique de douleur pouvant être négligée *(Thus the element of the peripheral causation of physical pain can be left out of account)* [32]. La chirurgie a, dans les années 1942 et suivantes, confirmé cette vue. Comme elles suppriment les tensions de l'angoisse, certaines lobo- ou leucotomies soulagent la douleur physique, causée notamment par les cancers inopérables [33]. Disons plus exactement que, si la *sensation* de douleur subsiste, le sujet l'enregistre avec indifférence, la tension qu'elle créait ayant disparu [34].

2. — La finalité de l'émotion

De l'émotion ainsi saisie sous sa triple face : organique, neuro-musculaire et mentale, quelle peut être la finalité psychobiologique?

a) Son premier avantage réside dans la *décharge* qui dissipe les tensions excessives ou importunes, assure au niveau neuro-musculaire une *homéostasis sui generis,* enfin — dans les cas les plus favorables — met un terme définitif à des orientations et pulsions qu'il n'est pas souhaitable de perpétuer. C'est en ce sens que Janet définissait la joie et l'angoisse : des *réactions de terminaison.* En ce sens encore que d'Aristote à Freud, il a été parlé du pouvoir *cathartique* et *abréactif* de l'explosion émotionnelle.

Ce n'est pas sans raison biologique profonde que les succès se fêtent dans l'alcool et le rire, et que, chez de nombreux peuples, les deuils se liquident dans les lamentations et les sanglots. Il arrive qu'une colère violente dissipe une rancune tenace. Il n'est pas jusqu'à la peur paralysante qui, le danger passé, n'abolisse tout souvenir de celui-ci, qui se perpétuerait sans cela sous forme, par exemple, de cauchemar ou de symptôme névrotique [35].

b) Avantageuse de ce point de vue *économique*, la décharge émotionnelle acquiert, en outre, une portée *expressive* qui l'intègre à la vie de relation, sous son aspect social.

Dans son déroulement autoplastique, voire végétatif (horripilation, rougeur ou pâleur, pupille dilatée, sudation) l'émotion affecte à des degrés variables la posture, le visage, le regard, enfin les organes respiratoires et vocaux dont, à titre de sous-produit, elle extrait le cri. Moins intense, elle se confine dans les muscles ténus de la face. Son ultime refuge est le regard. Le cri, en s'atténuant, se module, d'autre part, en intonation et chant.

Ces épisodes spectaculaires et sonores frappent l'attention des congénères et, par une sorte d'empathie, éveillent en eux des affects et conduites apparentés [36]. L'émotion est naturellement *contagieuse* ainsi qu'en témoigne au plus haut point la psychologie des foules. En retour, l'individu qui rit ou sanglote, aime à se sentir objet d'intérêt et cède volontiers à l'*exhibition*. Il se délivre de ses affects, à mesure qu'il les sent partagés. Ainsi s'établit entre consciences protopathiques une communication *affective*. Ainsi, à la décharge se superpose l'*expression*.

Celle-ci ne reste pas confinée à l'émotion. Elle colore, pour qui sait voir, maintes autres conduites, qui n'ont rien en soi d'émotif : marche, manipulation, poignée de main, parole, écriture. D'où l'intérêt des *expressive movements*, révélateurs insignes de la personnalité [37]. Chaque individu a son *style* qui s'étend bien au-delà de sa façon d'écrire. La récompense d'une heureuse distribution des tensions et décharges réside dans la *grâce* [38].

De l'expression authentique et spontanée, qui dépend du système limbique, on distinguera les *pantomimes* et les *mimiques*, produits du néocortex. En effet, il est au pouvoir de l'écorce, soit d'inhiber la manifestation visible de l'émotion, soit, celle-ci étant absente, d'en reproduire à froid les signes extérieurs : modification de la stature, du visage et du regard; gestes et mouvements des mains, intonation de la voix. Mentionnons, dans ce contexte, le sourire qui, le plus souvent, a perdu toute trace de ses origines, et dont l'incidence va croissant du Nord au Sud de l'Europe, de l'Europe à l'Amérique, et de celle-ci à l'Extrême-Orient.

La mimique s'acquiert, non par imitation kinesthésique de soi-même, mais par apprentissage visuel au contact de l'entourage (elle fait défaut chez l'aveugle-né). Plus qu'elle n'imite l'expression naturelle, comme l'indique son nom, elle relève en large part de la convention et de la *culture* [39]. Elle s'apparente par là au langage.

Dans les échanges sociaux, chacun, en même temps qu'il cherche à percer les autres, s'applique, par amour-propre, intérêt, politesse ou charité, tantôt à déguiser ce qu'il ressent, tantôt à affecter ce qu'il est loin de sentir. Le résultat est souvent un compromis, et il arrive que le regard, révélateur le plus sensible, contredise les attitudes et les propos. De même en est-il de l'intonation qui peut nuancer de mille manières un *oui* ou un *non*. Saisir au travers de la mimique les menus signes de l'expression vraie, est l'un des requisits du psychologue clinicien.

> De nombreuses expériences ont été faites en Amérique sur la récognition d'émotions à partir de photos prises ou de textes récités par des acteurs. Ces expériences ont été synthétisées et poursuivies par J. R. DAVITZ, *The communication of emotional meaning*, McGraw Hill, 1964, dont le souci était de détecter une *emotional sensitivity* indispensable au psychologue clinicien.
>
> Aucune variable de ce genre, non plus qu'aucun trait de personnalité, n'apparaît, cependant, au terme de la recherche, seuls des facteurs perceptifs et cognitifs (intelligence générale, symbolique et verbale) rendant compte des différences individuelles dans la communication et la compréhension de l'*emotional meaning*.
>
> Tout cela est parfait dans son ordre, qui est celui de la mimique et intonation-*langage*, mais laisse de côté l'expression naturelle que l'auteur considère comme identique à la mimique, ce qui est acquis concernant l'une valant pour l'autre (pp. 16 et 189). Or, celle-ci pose des problèmes très différents. Le bon clinicien n'est pas celui qui, à force d'affinement perceptif et cognitif, comprend des expressions affectées, mais celui qui, à travers celles-ci, détecte les expressions naturelles. Il est douteux que l'intelligence symbolique y suffise. Peut-être même varie-t-elle en raison inverse. La comparaison des Occidentaux et des Bantous est instructive à cet égard.

c) *Cathartique* et *expressive*, l'émotion devient *productive*, lorsqu'au prix de la transformation dont il a été parlé à propos des affects-signaux et sentiments, les tensions émotionnelles, plutôt que de se gaspiller en secousses autoplastiques, sont canalisées en *actions* exploitant le monde extérieur. Ceci suppose, cependant, conscience discriminative de l'environnement, expérimentation mentale, délai parfois fort long imposé à la décharge, enfin réglage approprié de cette dernière dans un sens moins explosif.

Ainsi, plutôt que de fêter un succès en beuveries et en rires, se lance-t-on incontinent dans de nouvelles entreprises. Ainsi, la colère fait-elle place à l'agression méditée et différée. Ainsi encore la satisfaction sexuelle postposée engendre-t-elle l'amour.

Ce passage de l'auto- à l'alloplastique, c'est, en d'autres termes, le *principe de réalité* évinçant le *principe du plaisir*, l'*ego* assurant son emprise sur le *id*, enfin, au plan neurologique, le cortex dominant le diencéphale [40].

Une vie de relation saine, une personnalité intégrée supposent interaction harmonieuse entre cortex et centres sous-jacents, émotion et action, décharge et production. Un psychisme totalement inémotif tourne à la stérilité, comme on le voit dans la schizophrénie. A l'atonie de celle-ci, s'opposent les transports incongrus du maniaque-dépressif. L'individu épanoui est celui qui se décharge et s'exprime intégralement en agissant et créant [41].

Cet idéal n'est pas toujours atteint. Sans parler des tensions méconnues organisées en complexes, il arrive que, même au plan conscient, des tensions subsistent que ne décharge pas l'action. Elles trouvent exutoire, soit dans les variations de l'*humeur*, soit dans le *jeu* où les explosions bannies de la vie sérieuse se donnent libre carrière. D'où l'utilité biologique et l'effet cathartique secrètement recherché d'entreprises comme le mélodrame, le vaudeville, le football, la boxe, l'alpinisme, etc.

Faute d'issues appropriées, les tensions persistantes risquent d'affecter de façon durable les systèmes musculaire et surtout végétatif. Là est l'une des racines des troubles psychosomatiques (Gellhorn, 1963).

Des thérapeutiques variées s'emploient à réduire ces tensions importunes : les méthodes de *relaxation* (Schultz, Jacobson, Durand de Bousingen) par prise de conscience et contrôle réfléchi ; l'hypnose, la psychanalyse, le psychodrame, le jeu *(play therapy)*, la narco-analyse, l'électrochoc, en favorisant ou provoquant — à des degrés divers, et par des moyens inégalement brutaux — des abréactions et décharges.

3. — Les réactions émotionnelles de base

Il nous reste à classer les émotions. Le langage dispose de mille termes connotant les plus fines nuances de celles-ci, lorsqu'elles s'éloignent de leurs origines et s'intègrent à la vie de relation. (Exemples dans la ligne de l'*angoisse : chagrin, tristesse, douleur, accablement, désolation, désespoir, déception,* etc.). Ces termes s'organisent, de plus, en *champs sémantiques* variant avec les langues et rendant délicates les transpositions [42]. Il ne sera question ici que des émotions de base.

Le lexique de l'émotion a été étudié par J.R. Davitz dans *The Language of Emotion* (Academic Press, New York, 1969). Par analyse factorielle des commentaires relatifs à cinquante termes des plus courants, Davitz isole quatre *facteurs* ou *dimensions* rendant compte de leur sens :

I. *Activation* (variant d'*hypo-* en *hyper-*. — Cf. Duffy).
II. *Relatedness* (*moving toward, away, against.* — Cf. Arnold).
III. *Hedonic tone* (du *confort* à l'*inconfort.* — Cf. Young).
IV. *Compétence* (de la *maîtrise* à l'*inadéquation.* — Cf. Plutchik).

Les cinquante « émotions » retenues font intervenir un ou plusieurs facteurs (par ex., le dégoût : III ; la crainte : I, III, IV ; la colère : I, II, III, IV). La liste initiale étant des plus disparates (on y trouve l'*amusement*, l'*inspiration*, la *solennité*, mais non la *joie*), nous ne voyons rien à retenir de cette enquête, fondée, au surplus, sur la seule introspection.

Plus proche de notre propos est la tentative de R. Plutchik *(The emotions*, Random House, 1962) détectant dans les mille manifestations émotionnelles concrètes un nombre réduit d'*emotions pure and primary*, conçues comme *idealized states*. (Tel était déjà le point de vue de Watson posant comme émotions primaires celles de *love, fear,* et *rage*).

Plutchik s'apparente cependant à McDougall lorsqu'il voit dans ces émotions de base des mécanismes adaptatifs présents tout le long de l'échelle phylogénétique et liés aux processus vitaux d'*incorporation/rejection; destruction/protection; reproduction/déprivation; orientation/exploration*. D'où les couples d'émotions primaires : *acceptance/disgust; anger/fear; joy/grief; surprise/expectation*. — Cette déduction, regrettons-le, n'appelle de notre part que des réserves. Elles portent sur la vue *conative* de l'émotion, ici impliquée, sur le choix arbitraire des processus de base, enfin sur la recherche obstinée d'oppositions polaires. *Acceptance* et *expectation* ne figurent dans la liste que pour raisons de symétrie. Nous verrons que la surprise *(startle)* se rattache à la peur. Quant au dégoût, classé dans les émotions depuis Darwin et James, il relève à l'origine des conduites alimentaires, quoiqu'il s'étende à d'autres par transfert (W. James notait avec finesse que les termes qui le désignent appartiennent presque tous au registre du goût). Restent comme émotions authentiques : la joie, l'angoisse, la colère, la peur, auxquelles nous ajouterons, pour notre part, l'émotion sexuelle (englobée par Plutchik dans la joie, à l'inverse de ce que fait Watson) et la réaction épileptique.

Dans une perspective freudienne, G. L. ENGEL (1963) distingue affects-signaux *(signal-scanning affects)* et affects de décharge *(drive-discharge affects)*. Parmi les premiers, prennent place, dans la ligne du déplaisir : *anxiety, shame, guilt, disgust, sadness, hopelessness* ou *helplessness*, et dans la ligne du plaisir : *contentment, confidence, hope, joy, pride* (ce sont là, selon nous, modalités respectives de l'angoisse et de la joie, lesquelles, sous leurs formes primaires, ne vont pas, on le verra, sans tension ni décharge). Parmi les *drive discharge affects*, figurent, selon Engel, la colère et l'émotion sexuelle. Il ne manque à cette liste que la peur.

La plupart des auteurs se satisfont, à dire vrai, de classements purement empiriques. H. N. PETERS (1963) résume leur point de vue lorsqu'il distingue :

1°) Des émotions primaires, liées à la nature humaine : *anger, fear, love* (Cf. Watson).

2°) Des émotions dérivées, quoique relativement universelles encore : dégoût, honte, surprise.

3°) S'ajoutent à cela, selon certains, des « sentiments » davantage pacifiés et soumis à influence sociale : révérence, admiration, sympathie, etc.

4°) A mentionner encore les *humeurs*, états émotionnels tempérés et de longue durée.

5°) Enfin, le plaisir et la peine, ou — suivant une terminologie plus récente — *pleasantness* et *unpleasantness*, sont souvent assimilés aux états émotionnels, quoique liés à une sorte d'expérience plus primitive, du genre de la sensation. De nature bipolaire, ils se mêlent aux autres affects, les colorant dans un sens ou dans l'autre.

On voit que se retrouvent là, en ordre dispersé, les diverses notions cernées par nous suivant mode plus systématique.

LA JOIE

Dans la réaction de joie, une tension tonique de la musculature striée se libère brusquement dans les secousses du rire, le tout s'accompagnant d'*affects* d'élation, confiance, bienveillance, communion. Plus mesurée, la décharge se confine aux muscles ténus de la face, le rire s'atténuant en sourire. Enfin, dans les joies dites *passives*, *béatitudes* et *extases*, l'élation atteint un point extrême, en l'absence de participation musculaire décelable. Que reste-t-il alors? Une libre circulation entre tonus et clonus, l'un dissipant l'autre, à mesure qu'il se forme. S'il existe des plaisirs purs, c'est sans doute ici qu'on les rencontre.

La joie a été définie par Janet : *une réaction de triomphe*. Rien n'illustre mieux cette thèse que maintes réactions de Victor, ce jeune sauvage de l'Aveyron, demeuré à beaucoup d'égards un enfant, et observé — avec la pénétration qu'on sait — par Itard :

« Lorsque, par exemple, on l'occupe à scier du bois, on le voit à mesure que la scie pénètre plus profondément, redoubler d'ardeur et d'efforts, et se livrer, au moment où la division va s'achever, à des mouvements de joie extraordinaire, que l'on serait tenté de rapporter à un délire maniaque » [43].

Plus appréciés encore que la victoire sur les choses sont les triomphes *sociaux* : approbations et éloges. A preuve « la satisfaction qui se peint sur tous ses traits et qui souvent même s'annonce par de grands éclats de rire lorsque, arrêté dans nos leçons par quelque difficulté, il vient à bout de la surmonter par ses propres forces, ou lorsque, content de ses faibles progrès, je lui témoigne ma satisfaction par des éloges et des encouragements » [44].

La joie a originellement chez le bébé des racines intéro- ou proprioceptives : satiation, expulsion, tapotements et caresses, aisance des mouvements dans le bain. Viennent ensuite, avec l'essor de la vie de relation, les facteurs extéroceptifs : spectacles vifs [45], efforts réussis, expectations comblées du côté des choses ou des personnes, approbation des parents, des maîtres, du groupe social, plus tard, réussites scolaires, sentimentales et professionnelles.

A mesure que l'enfant grandit, cependant, la réponse de la joie se transforme, et le rire fait place à des turbulences, gambades, etc., qui s'organisent, à l'âge scolaire, en jeux réglés. Chez l'adulte en liesse, la parole supplante les décharges motrices, et il n'est pas rare qu'un sujet taciturne devienne, après boire, exagérément loquace. Cette prolixité confine à l'incohérence dans les logorrhées du maniaque, où dominent les associations par contiguïté ou assonance :

> « Dieu, patrie, travail, honneur après, vive la France et la vie éternelle, j'aime mon village, mon village c'est Paris, j'ai deux amours, j'ai sincèrement servi, non seulement en paroles, mais en cœur, cause toujours, et avec mon cher fils David, je souhaite à tout le monde bonne santé et bonsoir, bonsoir Mesdames, bonsoir Messieurs, bien le bonheur, un homme sans honneur est un homme perdu, ondule, Ursule, tu brûles, ma croix c'est ma joie, *alleluia*, j'aime les roses, la croix et les roses, Marie, Jésus, Marie chérie, riri, grigri, Elisabeth de Hongrie, Riquet à la houpe, Houppette, tapette, *Ave Maria, Ave Maria*, aux pieds de Marie, j'ai prié pour vous, Rose Marie vivent les roses, la pluie des roses est tombée cette nuit, il restait quelques épines, *et nos dimittimus*, ô vous qui avez un grand cœur, et ta sœur la grotte, je rote, rotin, trottin, tintin, c'est Nénette, et v'lan, passez la monnaie... » [46].

L'homme mûr, quant à lui, fait de sa joie un usage productif, et, plutôt que de gaspiller les énergies libérées par elle, les réinvestit en de nouvelles actions. « Rien ne réussit comme le succès ».

Il est toutefois un cas où l'homme le plus rassis fait retour au rire, c'est celui de la plaisanterie et du *comique*. Entre ce dernier et le *succès*, qu'y a-t-il donc de commun? Ceci, que, de part et d'autre, une tension préalablement suscitée se voit soudain privée d'objet. « La plaisanterie consiste à éveiller une tendance sérieuse pour mobiliser les forces psychologiques, puis à arrêter brusquement l'activation de cette tendance pour que les forces mobilisées se répandent partout en gaspillages » [47].

Ainsi caractérisée, la plaisanterie n'est, au vrai, que l'une des formes du *jeu*, et c'est dans le jeu, nous l'avons dit, que reparaît le plus volontiers l'émotion, lorsqu'elle est bannie de la vie sérieuse. « Le jeu est justement cette manière bizarre d'agir qui transforme une action réelle et utile pour en supprimer les parties pénibles et coûteuses et n'en conserver que les parties momentanément intéressantes et amusantes, celles qui peuvent nous procurer des triomphes et des gaspillages de forces à bon compte; sans doute, il est absurde de jouer à la bataille en convenant qu'on ne doit pas faire de mal à l'adversaire, puisque la bataille consiste justement à supprimer l'adversaire. Mais si on remarque que cette suppression de l'adversaire est pénible et coûteuse pour les deux combattants, si on reconnaît qu'il n'y a dans la bataille qu'une chose véritablement amusante, c'est la victoire, on va devenir assez malin pour inventer des batailles dans lesquelles il y a des triomphes sans blessure » [48].

Signalons, cependant, ces occasions de la vie sérieuse, sagacement relevées par Lorenz, où, dans des circonstances inopinées, reparaît le rire des origines (comme nous verrons que les sanglots reparaissent dans le deuil). Ainsi arrive-t-il que « lorsque deux amis se saluent après une longue séparation, leur sourire se transforme à leur surprise en un rire tonitruant, qu'ils ressentent eux-mêmes comme inadéquat à leurs sentiments, et qui semble sourdre des couches végétatives de leur être profond » [49].

On se tromperait lourdement en cherchant dans les seuls *facteurs externes* les causes génératrices de la joie, et il importe de rappeler ici la formule du comportement :

$$S \rightarrow I \rightarrow R.$$

Des *succès réels*, s'ils provoquent une élation justifiée chez les normaux, peuvent incliner à l'angoisse des personnes inaptes au triomphe. Dans les *succès escomptés* et joies anticipatrices, l'optimisme des sujets risque de fausser l'appréciation objective des chances (cf. Perrette et le pot au lait). Il existe enfin, chez maints individus, inaltérablement contents d'eux-mêmes, des *triomphes purement subjectifs*. Ils atteignent à l'extravagance dans le délire de grandeur et l'euphorie maniaque. On sait que cette dernière alterne fréquemment avec des phases de dépression mélancolique. Ce rythme inhérent à la *folie circulaire* transparaît, sous forme bénigne, chez nombre de sujets, dits *cyclothymes*. Tel était le jeune Victor, dont nous avons parlé, quand Itard le reçut : « dépourvu de tout moyen de communication, n'attachant ni expression ni intention aux mouvements de son corps, passant avec rapidité, et sans aucun motif présumable, d'une tristesse apathique aux éclats de rire les plus immodérés » [50].

Aux dispositions innées qui jouent ici, se superpose, cependant, l'apprentissage. On prend l'habitude de la joie, comme de toute autre réaction émotionnelle. Décisive est, à cet égard, l'influence du milieu familial et des jeunes années.

Les différences d'humeur font comprendre qu'à des réussites comparables dans les études, la carrière, le mariage, etc., certains réagissent par le triomphe, et d'autres par l'échec. « Ce qui pour une personne représente un succès, pour une autre représente un échec, et, de plus, pour la même personne, un même résultat peut conduire tantôt au sentiment de succès, tantôt au sentiment d'échec » [51]. Outre l'humeur, cependant, intervient un facteur de personnalité sur lequel l'école de Lewin a attiré l'attention : « ce qui compte, c'est le niveau du résultat relativement à certaines normes, en particulier au *niveau d'aspiration* » [52]. Celui-ci, relativement stable chez chacun, dépend de conditions très complexes, où la constitution (leptosome/eurymorphe), l'histoire individuelle, enfin la pression du groupe jouent un rôle notable. Il n'échappe pas, cependant, lui-même à l'influence de l'affectivité, de l'humeur, et, singulièrement, de la confiance relative que l'on a en soi-même *(self-confidence)*.

L'ANGOISSE

Dans la réaction émotionnelle d'angoisse, une tension tonique de la musculature *lisse* se libère en sanglots, ceux-ci s'atténuant, dans les cas bénins, en pleurs ou en soupirs. Les affects très intenses qui accompagnent la tension changent de sens avec la décharge.

La tension peut se perpétuer longtemps. Elle ne s'observe nulle part mieux que chez les mélancoliques ou chez les normaux frappés par un deuil. Resserrant concentriquement les fibres lisses des viscères (d'où le terme : *angoisse, d'angere, étrangler*), elle se traduit, dans les cas extrêmes, par la gorge contractée, l'étreinte respiratoire, la boule œsophagique, le spasme de l'estomac et de l'abdomen, la barre de la poitrine et le « cœur serré ». Quant au système strié, il est soumis, tantôt à prostration, atonie et fatigue *(mélancolie stuporeuse)* [53], tantôt à tension, agitation, et velléités de lutte *(mélancolie anxieuse)*. On voit alors le sujet se tordre les mains, se labourer la face, s'arracher les cheveux, se cogner la tête aux murs, s'agenouiller, prendre mille poses théâtrales et suppliantes, comme pour rétablir la sensibilité périphérique obscurcie et renouer contact avec l'entourage. L'impression qui domine est, en effet, celle d'un isolement total dans un monde devenu indifférent et étranger. Sur ce fond se construisent, dans la mélancolie, des délires à base de catastrophe, d'indignité, de culpabilité et d'auto-accusation. L'issue fréquente de tels états est le suicide.

Si la tension de l'angoisse est, sans doute, la plus affreuse qui soit, les sanglots en délivrent et, à la torture, substituent un apaisement, non exclusif d'hypomanie [54]. Certes, un deuil ne se liquide pas en un seul coup. De crise en crise, cependant, le sujet s'adapte mieux à son sort, au rebours de celui qui, ne voulant ou ne pouvant pleurer, reste en proie à la peine. Quant à l'angoisse mélancolique, rebelle aux liquidations courantes, il y a des chances qu'elle cède à des décharges plus brutales : celles de l'électrochoc.

Une forme larvée de l'angoisse s'observe dans l'*ennui*, apparenté à la mélancolie anxieuse, une autre encore dans le *spleen*, la *délectation morose* et *mélancolie* des poètes. Le tonus lisse s'écoulant librement ici (comme à l'extrême opposé, le tonus strié dans les *béatitudes*), on comprend que ces états qui n'ont de pénible que l'apparence, soient entretenus pour le plaisir.

A la joie, *réaction de triomphe*, l'angoisse s'oppose symétriquement comme *réaction d'échec* : échec des besoins affectifs ou biologiques de l'enfant (il est remarquable que certains adultes ressentent encore la faim comme une légère angoisse); échec dans les études, la carrière, la valorisation sociale, les pulsions sexuelles, les relations amoureuses; pertes de biens, d'argent, de liberté, d'intégrité physique (par accident ou chirurgie); disparition ou trahison de personnes chères; blâmes et rejet du groupe *(honte)*; reproches des parents ou du super-ego *(culpabilité)*; à la limite, tout changement, fût-il favorable, imposant une réadaptation (puberté, mariage, paternité, *promotion dépression*). Significatif apparaît, à nouveau, le comportement de Victor, absorbé « dans une morosité profonde, suivie de pleurs » lorsqu'une difficulté insurmontable l'arrête dans ses leçons, ou adonné à des pleurs « accompagnés de longs et profonds sanglots » lorsque Itard le réprimande [55].

Proche de l'échec est la *frustration*. Il y faut pourtant des conditions supplémentaires. Le sujet frustré était intensément *engagé* dans l'entreprise en cours *(ego-involvement)*. A tort ou à raison, il comptait fermement sur sa réussite. De plus près il a touché au but, plus grande est sa déconvenue. Enfin le succès des autres la rend plus cuisante encore *(jalousie)*. Notons, toutefois, qu'à la frustration, il peut être répondu par des réactions soit *intra-*, soit *extrapunitives* (Rosenzweig). Dans ce dernier cas, l'impression d'*échec* le cède à celle d'*interférence*.

Ceci nous ramène aux *facteurs internes* secrètement à l'œuvre dans l'angoisse et l'échec. Outre que le niveau d'aspiration joue ici son rôle, il faut noter qu'à côté des *échecs réels*, traités ou non comme tels, il existe des *échecs escomptés*, où l'issue fatale est, à tort ou à raison, considérée comme acquise, enfin des *échecs subjectifs* fondés sur les seules dispositions des sujets. L'exemple le plus démonstratif en est la dépression mélancolique, avec son délire d'incapacité, indignité et culpabilité.

> Notre exposé fait de l'angoisse un mécanisme inscrit dans les centres nerveux, et actualisé, soit *en réaction* à un deuil, un échec, une perte, etc., soit *spontanément* par le seul jeu des facteurs internes

dans la psychose maniaque dépressive (quoiqu'il faille réserver une place aux *mélancolies réactionnelles*). Les idées délirantes de la dépression mélancolique résultent alors du trouble thymique. Celui-ci conjuré (par ex. par l'électrochoc), elles disparaissent du même coup. (Cf. J. DELAY, *Les dérèglements de l'humeur*, 1946, Ch. I).

Différent est le point de vue de la psychanalyse (Cf. FREUD, *Mourning and Melancholia* (1917) dans les *Collected Papers* IV, pp. 152-170; *Inhibitions, Symptoms and Anxiety* (1926), pp. 171 ss., M. KLEIN, *A contribution to the psychogenesis of manic-depressive states* (1934) et *Mourning and its relation to manic depressive states* (1940) dans *Contributions to Psycho-Analysis*, 1950, pp. 282-310 et 311-338; Ph. GREENACRE, 1953; B. D. LEWIN, 1958; ALEXANDER, 1949, pp. 222-232; MASSERMAN, 1946, App. IV : *Psychoanalytic formulations of the Psychoses, with special reference to Mania and Melancholia*, pp. 200-208). Selon ces auteurs, l'angoisse du deuil *(grief, mourning)* résulte de la perte *consciente* d'une personne aimée, la dépression mélancolique de la perte *inconsciente* d'une personne aimée (ou désillusion causée par elle). L'une et l'autre ne sont que reviviscences d'expériences cruciales vécues à la naissance ou lors de l'éloignement de la mère gratifiante (Freud), lors du sevrage ou des débuts du complexe d'Œdipe (Klein). Dans la mesure où l'*infantile dépressive neurosis* de la 1re année (Klein) a connu une conclusion heureuse, dans la même mesure le deuil s'apaisera. Au contraire, si elle a laissé des traces, il y a menace, soit de deuil pathologique, soit — à l'occasion de déceptions quelconques — de dépression mélancolique.

Dans celle-ci, (comme jusqu'à un certain point dans le deuil), intervient une introjection de l'objet aimé (perdu) et une identification de celui-ci avec l'*ego*, par reflux de la libido. L'ambivalence propre à l'objet aimé (surtout au stade oral) retentit alors sur l'*ego*, et libère contre lui hostilité et auto-accusation. Le *id* se libérera éventuellement de celles-ci dans des phases maniaques, lesquelles, cependant, alertant le *super-ego*, provoqueront culpabilité et retour à la phase mélancolique.

La guérison — dans l'enfance ou dans le deuil — consistera à recréer en soi les *bons objets* (le sein, la mère gratifiante) au lieu des *mauvais objets* (le sein refusé, la mère hostile), ce qui a pour effet un *approfondissement des relations internes* de la personnalité *(deepening in internal relationships)* et une plus grande *autonomie et indépendance vis-à-vis des objets, tant externes qu'internes* (M. Klein).

A la *peine* du deuil, qui résulte d'une *cathexis* à défaire (en d'autres termes, d'une tension à liquider), s'ajoute donc dans la psychose maniaque-dépressive (mais parfois secrètement aussi dans le deuil), une *auto-accusation* et *auto-agression* qui résulte de l'ambivalence.

La réponse de l'angoisse, tout comme celle de la joie, s'assagit avec l'âge. Aux sanglots et lamentations de l'enfance font place, sauf cas exceptionnels, des plaintes et expressions verbales. Le créateur coule celles-ci en compositions littéraires, poèmes lyriques, voire traités philosophiques (cf. l'existentialisme) où le lecteur trouve orchestrés, mieux qu'il n'eût pu faire, ses propres états. Enfin, l'angoisse devient *productive* lorsque à l'échec il est répondu par une progression et un effort accru. Il n'est pas jusqu'aux épreuves cruciales et pertes irrémédiables qui, *lorsqu'elles sont surmontées*, ne se soldent par l'approfondissement de la personnalité. C'est ce qu'avant des psychologues comme Mélanie Klein, avaient souligné à l'envi un Musset, un Hugo, un Proust et bien d'autres génies.

De l'*angoisse*, réaction de consommation à un échec acquis, il faut distinguer l'*anxiété*, réaction d'anticipation, non absolument exclusive d'espoir, à un échec *redouté*, autrement dit à une *menace* d'échec *(threat)*.

Il existe des anxiétés normales, liées à un danger réel, que l'on s'efforce de conjurer (exemple d'un malade qui provoque l'inquiétude, malgré des soins pressants). Il arrive aussi que des sujets se sentent anxieux sans raison apparente, soit qu'une prédisposition organique joue à vide, soit que, suivant la conception psychanalytique, la *menace* qui contient les tendances refoulées *(perte de l'objet aimé, du phallus, de la protection du super-ego)* n'accède pas plus que celles-ci à la conscience. Cette *anxiété morbide* joue un rôle capital, selon Freud, dans la genèse des névroses, les inhibitions et symptômes qui les diversifient n'ayant d'autre portée que celle de gratifications substitutives et autoplastiques, conjurant la menace et l'anxiété [56]. Masquée ailleurs, celle-ci se révèle à découvert dans l'*hystérie anxieuse*, tandis que dans les *phobies*, elle se fixe par *déplacement sur des objets inoffensifs* [57].

> La langue courante fait une distinction nette, et qui n'est pas uniquement d'intensité, entre *angoisse* et *anxiété*. L'angoisse est une réaction *terminale* et *consommatrice* : on est angoissé quand on a échoué dans une entreprise vitale, perdu une personne aimée, etc. Cette

réaction peut sans doute être produite *anticipativement*, mais c'est qu'alors on considère l'échec, la perte, etc., comme *inévitables*. L'anxiété, forme accentuée de l'*inquiétude*, est toujours anticipatrice, mais elle n'est pas exclusive d'espoir : on est anxieux lorsque en présence d'un malade gravement *menacé*, on redoute une issue fatale, sans cependant la tenir pour certaine ni renoncer à lutter. On n'est, en tout cas, plus *anxieux* quand il est mort.

Il est clair qu'ainsi cernées, aussi bien l'angoisse que l'anxiété peuvent se manifester sous forme, soit normale, soit pathologique; exogène ou endogène; enfin, avec ou sans conscience de ce qui les suscite.

(Les équivalents anglais sont respectivement *anguish, pang, agony* et *anxiety*. L'allemand *Angst*, peu précis, cumule les sens d'*angoisse, anxiété* et *peur*, l'angoisse se rendant plus particulièrement par *Herzens Angst, Todes Angst, beklemmende Angst*, et l'anxiété sans cause consciente par *frei flottierende Angst («free floating anxiety»)*. Cf. sur ces correspondances : M. Loosli-Usteri, 1943, pp. 10-12 et H. B. English-A. C. English, 1958, s.v.).

Ce qui complique les choses, c'est que l'anxiété — à la différence de l'angoisse, car on ne dit pas qu'on a peur lors d'un échec ou d'un deuil — est souvent exprimée dans le langage par des termes qui appartiennent au registre de la peur (« je crains, j'ai peur d'échouer »), une sorte de contamination intervenant entre réactions de préparation à l'angoisse et à la peur, considérées toutes deux comme particulièrement pénibles.

C'est en conformité avec les suggestions du langage courant que l'*angoisse*, l'*anxiété* et, occasionnellement, la *peur* ont été décrites par Janet, Wallon, Delay-Pichot (1962, pp. 157, 367, mais non, assez curieusement, p. 146), de même que, jusqu'à un certain point et non sans diverses imprécisions et confusions, par Lacroze (1938 : angoisse et peur mal distinguées), Loosli-Usteri (1943 : l'anxiété flottante, matrice de l'angoisse et de la peur), Odier (1947 : Il s'agit en réalité de l'anxiété, comme l'implique la trad. anglaise : *Anxiety and Magic thinking*, Londres, 1953, mais l'anxiété est ici présentée comme une angoisse anticipatrice, « représentation anticipée du malheur consommé », « confusion du malheur possible et du malheur certain », p. 43, — cette angoisse étant confondue, d'autre part, avec la peur), enfin P. Diel (1956 : la peur, réaction psycho-organique passagère, plus animale qu'humaine, répond à un péril actuel; l'angoisse (non distinguée de l'anxiété) phénomène intra-psychique, essentiellement humain, « rétention imaginative de la peur », résulte d'un péril ou échec représenté. Elle s'oppose à la joie, comme le désespoir à l'espoir).

Les psychologues américains appellent *grief* la réaction de consommation et *anxiety* la réaction d'anticipation. Malheureusement, sous l'influence des textes freudiens mal compris et mal traduits, nombre d'auteurs français récents ont nommé *angoisse* ce qui est en réalité *anxiété* (Ce n'est pas le seul cas où le vocabulaire technique des psychologues le cède en propriété et précision à celui de la langue courante).

Freud appelle *Trauer (grief, mourning)* la réaction émotionnelle à la perte *définitive* de l'objet, notamment dans le deuil (Cf. *Inhibitions, Symptoms and Anxiety*). Quant à l'*Angst (anxiety)*, plus spécialement sous son aspect névrotique *(Neurotic Anxiety)*, deux traits essentiels la caractérisent :

1. « *L'anxiété a une affinité non douteuse avec l'expectation. On est anxieux à propos de quelque chose* » (p. 158). Il s'agit donc d'une réaction d'anticipation et d'appréhension.

2. « *Elle a un certain caractère d'indétermination et de manque d'objet. Dans le langage précis, nous employons le mot « crainte » plutôt qu' « anxiété », si l'affect se trouve avoir un objet* » (*Ibid.* — même remarque chez K. GOLDSTEIN, 1951, p. 93, qui note qu'en allemand, on dit : *Ich fürchte etwas* et *Ich ängstige mich*). Par opposition à la crainte (normale) d'un danger connu, l'anxiété névrotique est donc appréhension d'un malheur qu'on ne peut préciser et qui demeure *inconscient*.

De quel malheur s'agit-il ?

1. *De la perte de l'objet aimé (loss of object)*, originellement la mère.

2. *De la perte de l'amour de l'objet (loss of love of object)*, surtout redoutée dans l'hystérie féminine.

3. *De la perte du phallus*, c'est-à-dire de l'objet qui peut réunir à la Femme (= la mère), redoutée dans l'anxiété de castration, laquelle est souvent déguisée dans les phobies.

4. *De la perte de la protection du super-ego* qui est objet d'appréhension dans les anxiétés morales et sociales, dans la crainte de la mort *(super-ego = powers of destiny)*, et particulièrement dans la névrose obsessionnelle, surtout masculine (Sur tout ceci, cf. *Inhibitions...*, pp. 91 ss. et 107 ss.).

Fidèle à sa méthode génétique, Freud cherche ensuite dans le lointain passé de l'enfant la racine de ces réactions d'appréhension. L'expérience *princeps* est celle de la naissance, expérience *objectivement* éprouvante au cours de laquelle, par suite de la masse des excitations affluentes et de l'intense cathexis des organes (déchargée, avec effet d'ailleurs utile, dans la direction de l'appareil respiratoire et du cœur), le bébé s'est senti dépassé et impuissant *(helpless)*. — L'*Angst* qui se produit alors est décrite en substance, sinon en propres termes, comme une réaction de consommation. Il s'agit apparemment de l'*angoisse*, quoique certains traits fassent penser à la *peur* (Freud, non plus que le terme allemand *Angst*, ne font de distinction entre les deux).

L'*Angst* de la naissance se répète, dans la suite, de deux manières :

1°) de façon automatique et aveugle *(in an inexpedient way)* dans toute situation traumatique *actuelle*, où l'individu se sent *helpless* devant l'excès d'excitation, la montée de la tension et des pulsions, et le blocage de la décharge. Ceci se produit, soit dans les premiers temps de la vie en cas de non-gratification des besoins, soit plus tard, dans les *névroses actuelles*, soit, enfin, dans les douleurs physiques ou morales (deuil). Dans ce dernier cas, cependant, l'affect de *douleur* et d'*affliction (Schmerz, Trauer)* l'emporte sur celui de *Angst*, à cause du « haut degré et de la nature insatiable de la *cathexis* » en cause (pp. 170-172).

2°) de façon adoucie et expédiente *(in an expedient way)* et à titre de *signal* avertisseur, lorsqu'une situation traumatique, génératrice de *helplessness* est, *à l'avance*, reconnue, attendue, redoutée (et, par le fait même, autant que possible évitée). Il s'agit évidemment ici de l'anxiété anticipatrice.

Dans les premiers temps de la vie, la tension intolérable créée par la montée des besoins, a été apaisée par la mère. Aussi est-ce la perte de la mère, objet aimé *(loss of object)*, secondairement la perte du phallus ou de la protection du super-ego, qui sera, dans la suite, comme nous l'avons vu, redoutée dans l'anxiété.

La notion d'anxiété, telle qu'elle vient d'être définie, joue un rôle capital dans la psychologie américaine (Cf. à ce sujet : May, 1950; Hoch-Zubin, 1950).

Chez beaucoup d'auteurs, cependant (Sullivan, Kardiner, Horney, Fromm, Goldstein, Maslow, Mittelman, etc.), sous l'influence d'Adler combinée avec celle de Freud, et par suite d'une équivoque à laquelle n'échappe pas Freud lui-même, la peur est mal distinguée de l'angoisse, et les symptômes de l'une confondus avec ceux de l'autre. Ainsi oppose-t-on à la *security, confidence, capability, self-esteem, emotional communication with people* caractéristiques de l'adulte épanoui, l'*insecurity, helplessness, worthlessness, inferiority, collapse of self-esteem, isolation* sensibles chez le névrotique. Chez celui-ci domine la crainte du désastre, de la catastrophe, du *catastrophic breakdown*. Une anxiété de base (*basic anxiety*, Horney), le fait se sentir " helpless in a potentially hostile world ". — Dans sa réinterprétation des thèses freudiennes, Odier (1947) confond aussi peur et angoisse, et met l'accent sur l'*insécurité*, la *fragilité intérieure*, la *dévaluation de soi* et la *dépendance* du névrotique. Sous l'influence d'un *réalisme affectif*, parallèle au *réalisme intellectuel* et *réalisme moral* décrits par Piaget, le peureux projette au-dehors l'objet de ses craintes, issues elles-mêmes de son insécurité subjective.

LA COLÈRE

Si fort que, phénoménologiquement, la colère diffère de la joie, elle n'en naît pas moins dans son sillage, lorsque — chez l'ivrogne, le maniaque, l'idiot, l'enfant qui a trop joué, le chien trop caressé — l'excitation croissante ne trouve plus à s'écouler. Ainsi, tandis que Victor se balance dans sa chambre « avec une monotonie fatigante », qu'un vent violent se lève ou qu'un rayon de soleil apparaisse, « c'étaient de bruyants éclats de rire avec une joie presque convulsive... quelquefois, au lieu de ces mouvements joyeux, c'était une espèce de rage frénétique : il se tordait les bras, s'appliquait les poings fermés sur les yeux, faisait entendre des grincements de dents et devenait dangereux pour ceux qui l'approchaient » [58].

En retour, il est classique que le rire dissipe une colère naissante : *j'ai ri, me voilà désarmé*. Enfin, le rire, s'il accroît la bienveillance interne du groupe, se charge volontiers d'hostilité à l'égard de l'étranger *de qui l'on rit*. « Pensons à plusieurs personnes naïves, des petits garçons, par exemple, qui se rient *ensemble* DE plusieurs autres ou d'une seule, n'appartenant pas à leur groupe. Cette réaction, comme d'autres gestes d'apaisement, contient une bonne mesure d'agressivité dirigée vers l'extérieur, sur des non-membres du groupe » [59]. Suivant Lorenz, très attentif à ces faits, le rire, ou ce qui en tient lieu chez l'animal, serait né, au cours de la phylogénie, de l'attaque, notablement plus ancienne, et la joie ou l'amour d'une agression *réorientée et ritualisée*.

> Au dire du maître viennois, « l'agression intraspécifique est plus *ancienne* de millions d'années que l'amitié personnelle et l'amour ». Au rebours de l'agression, observable chez les reptiles, le lien personnel n'apparaît qu'au tertiaire inférieur chez les téléostéens, les oiseaux et les mammifères. Par quel mécanisme? L'agression éveillée contre un partenaire (notamment un partenaire sexuel) est détournée et réorientée vers un comparse, réel ou fictif. Le triomphe sur ce comparse associe dans la joie les partenaires initiaux,

créant entre eux un lien personnel. Dans la suite de l'onto- ou de la phylogénie, ce qui était l'accessoire devient l'essentiel, et l'agression réorientée et ritualisée cérémonie d'*apaisement*, de *salut*, de *triomphe*, recherchée pour elle-même, et génératrice d'attachement et de joie d'être ensemble. Occasionnellement, cependant, reparaît la composante agressive dirigée vers l'extérieur, comme il arrive quand on rit de quelqu'un.

Il n'y a donc pas d'*amour* sans *agression* sous-jacente. Quant à la *haine*, dirigée contre *un* individu, exactement comme l'amour, « elle présuppose, sans doute, que celui-ci soit présent. Probablement, on ne peut vraiment haïr que là où on a aimé et où, en dépit de toutes les dénégations, on aime encore » (1969, p. 232).

Quoi qu'il en soit de ces vues, la colère suppose, comme la joie, mais autrement intense et appuyée sur une forte sympathicotonie, une tension générale de la musculature striée, se traduisant par la posture dressée et menaçante [60], les bras fléchis et poings fermés, les yeux brillants et les sourcils froncés, les mâchoires serrées et les dents découvertes. L'affect est celui d'une vive irritation, faisant place à l'élation et au triomphe quand survient la décharge.

Il arrive que la tension ne trouvant pas d'exutoire à sa mesure, bifurque vers l'angoisse ou le *coma* de la colère blanche. Dans les *temper tantrums* de l'enfant (ou du chimpanzé), elle se décharge en mouvements convulsifs et trépignements. Très tôt, cependant, se mêle à la colère une composante *destructrice* et *agressive*, la tension s'écoulant alors dans les automatismes de lutte contre responsable réel ou supposé, chose ou personne. Il s'agit, toutefois, d'une lutte aveugle, dénuée de conscience discriminative, et parfois, comme il arrive chez l'ivrogne, ne laissant nul souvenir.

On ne confondra donc pas *colère* et *agression*, celle-ci notablement plus ancienne s'observant seule par exemple chez le rat (« Concernant le rat... on n'a guère besoin d'un terme comme « colère » pour décrire le comportement de l'animal » HEBB, 1954, p. 554). Il en va tout autrement du chimpanzé, chez qui « il est essentiel de distinguer la colère de la malice chronique, si l'on veut sans danger approcher l'animal », l'agression perpétrée à froid différant des *temper tantrums* qu'évoquent des déceptions de tout genre : femelle soustraite à la vue d'un mâle; vol de la part d'un congénère;

réprimande; saisissement; non-réponse d'un compagnon; frustration de la nourriture attendue (HEBB, 1949, pp. 236-255).

Il est vrai qu'au niveau humain, la colère se liquide souvent en agression. Si agression il y a, elle est en tout cas mal adaptée, comme le note J. LARGUIER DES BANCELS(1921, pp. 240-241) : « L'instinct combatif se réalise par des mouvements efficaces. La colère est « impuissante ». Pour attaquer avec succès, il faut rester maître de soi. « Aveuglé » par l'émotion, l'homme cesse d'être redoutable. Il frappe à l'aventure. Il brise ce que le hasard lui fait tomber sous la main. Il piétine le sol. Il tremble de tout son corps. Sa voix s'étrangle. Sa parole se désarticule et s'achève en bégaiement. Les coups ne portent plus. L'émotion elle-même finit par avorter... »

Commentant ces états mixtes, YOUNG (1943, p. 401) notait avec pénétration : « Des activités intentionnelles persistantes apparaissent au cours de la crise émotionnelle et sont des composantes du comportement émotionnel. Ainsi à la peur sont associées des impulsions à fuir, à la colère des attaques agressives, à l'émotion sexuelle des soins tendres et des caresses. Dans la mesure où ces activités intentionnelles sont intégrées, elles ne peuvent être des constituants de l'*émotion*, celle-ci étant toujours désorganisatrice, mais seulement du *comportement émotionnel*. Celui-ci inclut donc à la fois des composantes intégrées et des signes de disruption ».

Déduction arbitraire, tranchait LEEPER (1948, dans ARNOLD, 1968, p. 185) au vu de ces lignes, et retour au " kind of thinking that marked the old Scholastics ". Fera-t-on le même reproche à Hebb, distinguant de la colère et de la peur, phénomènes typiquement émotionnels, l'agression et la fuite qui leur fournissent exutoire? « La désintégration dans la colère ou la peur est souvent *inchoative* ou *potentielle*, et apte à être conjurée avec succès par l'agression ou l'évitement » (1949, p. 245).

L'épisode suivant, observé à nouveau chez Victor, lassé par les difficultés de ses leçons, montre à merveille une colère croissante, refluant vers ses origines autoplastiques :

« Ces mouvements de colère devinrent plus fréquents, plus violents et simulèrent des accès de rage semblables à ceux dont j'ai déjà parlé [lorsqu'il était maintenu enfermé dans sa chambre], mais avec cette différence frappante que les effets en étaient moins dirigés contre les personnes que contre les choses. Il s'en allait alors, dans cet esprit destructeur, mordant ses draps, la couverture de son lit, la tablette de la cheminée, dispersant dans sa chambre les chenets, les cendres, les tisons enflammés et finissant par tomber dans des convulsions qui avaient de commun avec celles de l'épilepsie une suspension complète des fonctions sensoriales » [61].

Ce qui tend à provoquer la colère, ce sont les difficultés, contrariétés, obstacles et *interférences* rencontrés dans la satisfaction d'un besoin, l'accomplissement d'une tâche, le libre exercice d'une activité. La plus ancienne manifestation s'en rencontre, suivant Watson, lorsque, maintenant serrés et immobiles bras et jambes d'un tout jeune bébé, on attente à sa liberté de mouvements [62]. Ce besoin de liberté, sous toutes ses formes, physique et autres, persistera tout le long de la vie, il est frustré à un égal degré chez l'animal à qui on dispute son territoire, chez l'enfant qui manque d'espace pour s'ébrouer, chez le pensionnaire des prisons ou même des casernes, sujet à d'occasionnelles crises de rage, enfin chez l'adulte que l'on empêche de penser, sentir, agir comme il lui plaît.

L'enfant s'irrite encore des entraves apportées à ses jeux ou des difficultés rencontrées dans l'étude, l'adulte des obstacles qui surgissent dans la poursuite d'un but. L'*attente* est psychologiquement l'un de ces obstacles, et l'on comprend de ce point de vue l'irritabilité proverbiale des cuisinières, comme plus généralement des personnes trop impatientes d'aboutir. Celles « qui prennent une sorte d'avance inquiète sur ce qu'elles sont en train de faire, qui ne s'abandonnent pas à l'action sans en exagérer la préparation ou en retenir l'exécution, ou qui se sentent des velléités sans avoir les aptitudes qui permettent de les satisfaire, sont perpétuellement au seuil de la colère » [63]. Mentionnons, enfin, cette variété de colère que la langue courante nomme *exaspération*, et qui résulte du harcèlement de menues contrariétés s'additionnant.

On ne s'étonnera pas que ce soit dans les relations sociales que se rencontrent les *interférences* majeures : initiatives de partenaires contrariant les actions en cours, des plus prosaïques aux plus vitales [64], rivalités, humiliations, sarcasmes, attentant à la *self-esteem*; déceptions, trahisons, échecs survenant dans l'amour et générateurs possibles de crimes passionnels.

On a vu qu'à la frustration, il pouvait être répondu — au choix et suivant les dispositions des sujets — par des *réactions intra-*

punitives : auto-accusation et angoisse, ou des *réactions extrapunitives*, celles-ci incriminant un responsable extérieur, effectif ou imaginé. Il existe, en effet, à côté d'*interférences réelles*, correctement enregistrées, des *interférences supposées et subjectives*, imposées à l'esprit du frustré par le seul jeu de ses sentiments. Or, si les conduites du *socius* prêtent à interprétation et travestissement, combien davantage encore ses intentions cachées ! C'est l'*objectivation sociale intentionnelle*, admirablement analysée par Janet [65], qui, péjorant au maximum soit les intentions, soit même les actes du *socius*, engendre, sous sa double forme : interprétative et hallucinatoire, le *délire de persécution*, lequel n'est en réalité qu'un *délire de haine*. « Détester quelqu'un, c'est le considérer comme un ennemi, c'est en souffrir, c'est en être persécuté. La persécution n'est que la forme objective de la haine » [66].

Comme toutes les autres, la réaction de colère se transforme au cours de la vie. Purement autoplastique chez le bébé, on la voit, à un âge ultérieur, se canaliser en *destruction* et malmener les choses (il arrive encore à l'adulte, hors de lui, de briser un vase), plus tard, s'attaquer aux personnes et mobiliser les mécanismes instinctifs de l'*agression*, auxquels elle prête force, sinon discrimination. Agression motrice, d'abord (frapper, mordre, griffer), symbolique et verbale ensuite, les coups faisant place aux injures et vociférations, et le langage châtié de l'état normal régressant, en proportion de la libération émotionnelle, vers une stupéfiante grossièreté. Faut-il souligner que l'*expression* se donne, en tout cela, libre carrière ?

Chez l'adulte maître de lui (sinon moralement louable), « la vengeance est un plat qui se mange froid », la colère explosive se mue en rancune tenace et l'agression non discriminative en haine d'un individu [67]. Le blocage de la liquidation est source fréquente d'affections psychosomatiques. La sublimation peut, cependant, tourner l'ardeur combative contre ce qui en vaut la peine : le mal, l'injustice, la misère, etc. Les énergies destructrices sont alors affectées à la construction, l'amour neutralisant la haine (Menninger, 1942).

LA RÉACTION ÉPILEPTIQUE

La colère originelle nous a paru très proche de la réaction épileptique. Nulle part ailleurs qu'en cette dernière, la séquence : *tension tonique - décharge clonique* ne se présente sous un jour aussi cru, ni à si haut degré d'intensité. Nulle part, non plus, la conscience ne subit dissolution plus complète puisqu'elle s'abolit en coma. Nulle part, enfin, le diencéphale n'échappe à ce point au contrôle du cortex. La *libération fonctionnelle* (Jackson) impliquée, peu ou prou, dans toute émotion-choc atteint ici son point extrême.

Aussi bien est-ce d'une *libération*, nullement d'une *malformation*, qu'il s'agit. Si la réaction épileptique caractérise une classe définie de malades, ce n'est pas qu'il faille la tenir en elle-même pour morbide. « Depuis l'introduction des méthodes thérapeutiques de choc, on a reconnu que l'aptitude réactionnelle convulsive est une propriété biologique générale, commune à tous les individus. Mais le seuil de convulsivité varie suivant l'état organique du cerveau : il est particulièrement bas chez les épileptiques »[68].

Ce qui chez ces derniers déclenche la crise, c'est, soit la phase cruciale d'un rythme interne, soit l'accumulation de menues contrariétés, anodines pour d'autres, soit enfin une situation de *stress* ne laissant nulle échappatoire. On se souviendra, ici, des expériences de Maier (1949), où *certains* rats réagissent à des problèmes insolubles par des convulsions suivies de catatonie, d'autres liquidant leur tension par le secours d'une *fixation*. On a noté de même que toute décharge auto- ou alloplastique, si on arrive à la provoquer chez l'épileptique, a pour effet d'éviter ou retarder la crise [69]. C'est par quoi les sujets non prédisposés font régulièrement l'économie de cette dernière, quoiqu'elle soit inscrite dans leur système nerveux. Il faudra, pour la réactiver, toute la brutalité de l'électrochoc. L'avantage de ce retour aux sources est qu'il dissipe, comme on l'a vu, des tensions non autrement solubles.

> Pas plus que les autres réactions émotionnelles, la réaction épileptique n'a échappé à l'explication par l'utilité et le résultat alloplastique. CERLETTI (*L'elettro-shock*, 1940, cité et approuvé

par Delay, 1946, p. 160-161) l'assimile à une « réaction inconsciente d'épouvante-défense » culminant en une fuite éperdue. Cette finalité serait masquée chez l'homme par la station debout. Il faut convenir que le comportement des rats convulsés, dans les expériences de Maier, s'interpréterait assez bien dans cette perspective.

Quant à la psychanalyse, fidèle à sa tendance régressive, comme aussi à son parti pris de chercher partout des tentatives de satisfaction de désir (cf. Ferenczi, 1950, pp. 213-233 : *Stages in the development of sense of reality*), elle définit les épileptiques comme « des personnes en qui les affects désagréables s'accumulent et sont déchargés *(abreacted)* périodiquement en paroxysmes », mais voit dans ce mode de comportement un retour au stade hallucinatoire des débuts de l'enfance où la décharge motrice incoordonnée, provoquée par une contrariété quelconque, s'est révélée moyen de satisfaction. La *genuine epilepsy* est " regression to the infantile period of wish fulfilment by means of uncoordinated movements " (p. 224). — Il faut sans doute interpréter comme un dérivé lointain et anodin de l'épilepsie, la *turbulence*, ainsi que cette forme de déficience intellectuelle qui lui est souvent associée : la *sottise*.

Réaction de décharge la plus massive qui soit, la « pantomime épileptique » est aussi à un égal degré, sinon *expressive* (puisque la conscience y fait défaut), au moins *spectaculaire*. « C'est intentionnellement que le mot de pantomime vient d'être employé. Bien que l'épileptique soit inconscient, tout son comportement expressif au plus haut degré, avec son cri, sa pâleur, ses yeux révulsés, ses pupilles agrandies, ses sueurs, son immobilité tragique suivie d'une agitation motrice croissante et paroxystique, évoque une mimique émotionnelle inconsciente. Cet aspect de drame, de scène fatale et où il n'entre d'ailleurs à aucun degré d'intention, avait frappé les Anciens qui le désignaient sous le nom de haut mal, de mal sacré, au temps où son apparition faisait suspendre les comices » [70].

Existe-t-il pour la réaction épileptique une issue *productive*? On est tenté de suivre Hebb lorsqu'il compare la crise à l'explosion d'une charge de poudre, la gamme des conduites correspondant à « une série organisée d'explosions beaucoup plus réduites » [71]. C'est le cortex qui, imposant à la décharge brute sélection, canalisation, délai et action utile sur le milieu, serait responsable de cet aménagement, coextensif à la conscience. La crise épileptique apparaîtrait alors, non plus comme un trouble occasionnel et marginal, mais comme la *matrice du comportement* [72].

LA RÉACTION SEXUELLE

Il existe évidemment des liens entre la réaction sexuelle et la joie, et ce n'est pas sans raison que Watson les confondait toutes deux sous la mention de *love* [73].

La parenté avec la colère a été relevée, d'autre part, par Kinsey, selon qui « si certaines composantes psychologiques étaient empêchées de se développer dans une réponse sexuelle, ou distraites de celle-ci, l'individu pourrait se retrouver dans un état de colère ou de peur ou dans quelque autre état émotionnel. Le fait que des réponses sexuelles frustrées virent si rapidement vers la colère et la rage recevrait ainsi une explication. D'autre part, il n'est pas exceptionnel que, chez les mammifères et l'homme, la colère, la lutte et les querelles se résolvent soudainement en réponse intéressant le sexe » [74].

Plus saisissante encore est la ressemblance entre l'orgasme et l'épilepsie. Soulignée déjà par Démocrite et, à sa suite, par bien d'autres auteurs, elle s'est vue confirmée par l'électroencéphalographie qui révèle une parfaite concordance des tracés (ondes lentes de très haut voltage) [75].

On objectera qu'intervient ici une composante irréductible : celle qui intéresse la région génitale. Cette dernière dépend de la moelle sacrée et lombaire et persiste — *sans conscience d'aucune sorte* — en cas d'isolement de celle-ci. Déclenchée par des stimulations tactiles locales, elle implique *tumescence* et *tension* des organes pelviens, suivies d'une *décharge* provoquant l'éjaculation. Tandis que la tumescence relève du parasympathique, tension et décharge, lisses ou striées, dépendent de fibres sympathiques ou spinales [76].

Cette sorte d'arc réflexe s'intègre, dans un SN intact, à une réaction beaucoup plus vaste, affectant l'organisme entier, et sans doute indispensable à l'expérience de l'orgasme [77]. Débutant par une vasodilatation périphérique provoquant tumescence des extrémités distensibles, elle se poursuit par une myotonie croissant par paliers jusqu'à un état de rigidité extrême, et elle-même soutenue par une sympathicotonie (blocage du tube digestif, tachycardie, hypertension, hyperventilation) comparable à celle d'un athlète au sommet de son effort [78].

Arrivée à un point critique, la tension progressivement accumulée se résout brusquement dans les convulsions rythmiques de l'orgasme, lesquelles, affectant, en même temps que les organes génitaux, la musculature entière, de la face aux orteils, s'accompagnent d'un *affect* ressenti au plus haut point comme gratifiant. Celui-ci règne en maître dans une conscience par ailleurs obnubilée, fermée à toute sensation discriminative comme à tout contrôle cortical [79].

La tension dissipée, le sujet sombre dans une quiétude béate ou dans le sommeil, les manifestations sympathiques s'annulant presque instantanément au bénéfice de symptômes exactement contraires [80].

Comme toutes les émotions, la réaction sexuelle résulte de la rencontre — en proportions variables — de facteurs internes et externes. Les facteurs internes — humoraux, neuromusculaires et centraux — peuvent suffire à eux seuls, comme le montrent les épisodes érotiques du sommeil. D'eux dépend, en tout état de cause, le degré d'efficacité des facteurs externes. Les plus anciens de ceux-ci consistent en stimulations tactiles et proprioceptives, les *caresses*, appliquées de préférence aux *zones érogènes*. S'y superposent ensuite, par l'effet de la maturation, de l'apprentissage et d'une part croissante d'intervention corticale, les données des récepteurs à distance : olfactives, auditives, visuelles, ces dernières structurées en perceptions et relatives, chez l'adulte normal, à un partenaire de l'autre sexe.

Puissant agent de décharge, la réaction sexuelle tend à supplanter, à l'âge adulte, toutes les autres réactions émotionnelles, auxquelles, du même coup, elle fournit une issue. Qu'il s'agisse de la joie, de l'angoisse, de l'impatience, voire de la colère : autant de tensions qui, si différentes qu'elles soient d'ailleurs, trouvent liquidation dans l'orgasme [81].

Son pouvoir expressif n'est pas moindre. Tumescence et myotonie modifient grandement l'aspect extérieur du corps. Elles affectent, avec une intensité particulière, le visage, qui revêt à l'acmé du phénomène une expression caractéristique. La bouche s'ouvre, d'autre part, sous l'effet de l'anoxie menaçante, et le regard est chaviré comme nulle part ailleurs par la sympathicotonie.

Enfin la réaction sexuelle est productive. Car si, par scrupule de méthode, nous avons cerné ici son noyau originel, il est temps de noter qu'elle s'intègre, chez l'adulte, à cette expérience entre toutes complexe et riche d'affects : l'union des sexes [82]. *L'auto-érotisme* fait place alors à la *libido objectale*. Le cercle se ferme quand, agent de tendresse, l'orgasme en devient à son tour l'expression et le don.

LA PEUR

La peur, telle que nous l'entendons ici, ne doit pas être confondue avec la *crainte* (ou *anxiété*?), réaction d'anticipation (et si possible d'évitement) à une éventualité désagréable quelconque : douleur, blessure, échec, interférence, danger. Elle n'est pas davantage l'*immobilisation protectrice* (corps pelotonné, tête rentrée dans les épaules, retrait des parties mobiles du visage) ni la *fuite*, mécanismes instinctifs parfaitement adaptés à leur objet qui est d'échapper à un dommage. La peur, la vraie peur émotionnelle, est une *réaction de consommation*, d'effet exactement contraire. « Sous le coup de la peur, l'individu « perd la tête » et cesse d'agir ou agit à contresens. C'est obéir à un instinct que de se ranger devant la voiture qu'on entend rouler sur la chaussée. C'est être victime d'une émotion que de s'arrêter, rivé au sol, ou de traverser et retraverser la route en gesticulant. La peur « coupe » bras et jambes. Elle coupe aussi la voix. Les réactions efficaces se désorganisent. S'agiter n'est pas agir, et c'est tout au plus de l'agitation qu'on observe dans la peur. Les mouvements perdent de leur précision. Les muscles tremblent. Les dents claquent. Les sphincters se relâchent. La peau se couvre d'une sueur froide. Le poil se hérisse. Le cœur bat à coups précipités. Ces nouvelles réactions paraissent entièrement stériles. Nul du moins n'a réussi à en découvrir la finalité » [83].

Il s'agit là, comme l'a noté Wallon, d'un *désarroi des fonctions posturales*, d'un *effondrement du tonus*, joint à des composantes végétatives surtout *vagotoniques* (cf. la défécation et la miction, fréquentes en de tels états) ainsi qu'à un *affect* que l'homme *adulte, blanc, civilisé* n'éprouve plus que rarement à l'état de veille, mais retrouve occasionnellement dans le cauchemar.

On trouve des descriptions analogues à celles de Larguier chez WALLON, 1938, p. 8.24.4 et chez DUMAS, *L'expression des émotions, ibid.*, pp. 8.24.9. Dumas note cependant, au contraire de Larguier (et non à tort, pensons-nous), une chute de la respiration et de la pression artérielle, avec possibilité d'évanouissement. Il ajoute, toutefois, que se mêlent aux symptômes de la peur authentique des tentatives de s'en déprendre, avec réflexe de défense et sympathicotonie. Toutes sortes de contaminations se produisent, en effet, entre la crainte, protectrice et tonifiante, et la peur paralysante. Celle-ci se marque, au niveau de la face, par les yeux agrandis, les joues creuses, les mâchoires pendantes, conséquences locales de l'hypotonie générale.

Les auteurs américains confondent, en général, sous le nom de *fear* les trois phénomènes de *crainte, fuite* (ou *aversion*) et *peur* authentique. Cette confusion est très sensible dans le livre de DOLLARD, *Fear in battle*, 1943 : les symptômes de tension musculaire et sympathique, relevés surtout avant la bataille et dans l'appréhension de celle-ci, sont en réalité ceux d'une forte anxiété.

Une longue fréquentation des chimpanzés a pourtant amené HEBB à observer et décrire, sous le nom de *paralysis of terror*, la peur authentique (1955, reproduit dans PRIBRAM, 1969, IV, pp. 173-190). « Par deux fois, au cours des huit derniers mois... les journaux de Montréal ont relaté le comportement de personnes qui, se voyant soudain en extrême danger, mais avec assez de temps pour échapper, restèrent purement et simplement clouées sur place. L'une d'entre elles fut tuée; si la seconde ne le fut pas, c'est qu'un conducteur de camion réussit à l'éviter en saccageant son camion en même temps qu'une autre voiture » (p. 251 ; p. 184 Pribram).

S'en référant à S. L. A. MARSHALL (1947), Hebb rappelle encore que, dans la pression émotionnelle du combat, 15 à 25 %

seulement des hommes soumis à une attaque font usage de leurs armes, de façon d'ailleurs pas toujours efficiente.

De même, dans les situations imprévues de grand désastre (cf. Tyhurst, 1951), les individus que menace soudainement une inondation ou un incendie, ne répondent intelligemment que dans 12 à 25 % des cas. Chez les trois quarts d'entre eux, on note de la confusion, de l'« anxiété paralysante », une incapacité de sortir du lit, des mouvements désordonnés et inappropriés plutôt qu'une fuite panique, enfin des pleurs et cris hystériques.

Des observations concordantes ont été faites lors du tremblement de terre survenu à Naples en 1962, l'affolement y ayant, suivant les journaux, causé plus de victimes que le cataclysme lui-même.

La vraie peur paralysante, avec symptômes vagotoniques (atonie, vomissement, nausée) a été analysée également par Gellhorn (1963, pp. 250-260; 130 et 369). Si, cependant, tellement peu d'auteurs ont réussi à cerner la peur authentique, c'est que celle-ci, hors les circonstances critiques dont nous avons parlé, a disparu de nos vies. Il y a sans doute quelque exagération dans ce qu'écrit Watson (1928, pp. 18-19) : « Étudiez les peurs des adultes autour de vous. J'ai vu un homme fait se courber, se contracter littéralement et blanchir de peur à la vue d'un fusil. J'ai vu un homme demeurer toute une nuit dans un hôtel plutôt que de rentrer dans sa maison plongée dans l'obscurité, lorsque sa famille et ses domestiques étaient absents. J'ai vu une femme faire une crise hystérique parce qu'une chauve-souris volait dans sa chambre. J'ai vu un enfant à ce point déchiré par la peur de jouets animés en mouvement que toute sa vie organisée s'en trouvait en danger. Pensez à notre peur de l'éclair, du vent, des trains, des accidents de voiture, des voyages par mer, des voleurs, du feu, de l'électricité et des mille autres choses qui, littéralement nous torturent dans cette vie moderne, prétendument assurée, qui est la nôtre... ».

Les stimuli déclencheurs de la peur sont, à première vue, d'une extrême diversité. Parmi les plus anciens dans l'onto- et la phylogénie, il faut citer — relevés déjà par Watson chez le nouveau-né [84] — le *bruit soudain* (exemple : une porte qui claque) et la *perte du support* (déplacement brusque de la couverture où repose le bébé). Sans doute, dans les deux cas, s'agit-il d'un *ébranlement,* exclusif de toute interprétation perceptive.

La réaction élémentaire au bruit reparaît, en temps de guerre, chez l'adulte, lors du fracas des bombes et des avions [85]. Dans les cas plus bénins, sa forme la plus fugitive consiste sans doute dans le *tressaillement*.

Le *tressaillement* ou *sursaut* a été finement étudié, grâce à la cinématographie au ralenti, par LANDIS et HUNT, *The Startle Pattern*, 1939. Général chez les mammifères, les primates, les enfants et les adultes (à l'exception des épileptiques), il se déclenche en réponse à un bruit soudain, secondairement à un choc de toute nature : lumineux, dolorifique, électrique, jet d'eau dans le dos. Il comprend une gamme complexe de réponses où se signalent notamment : le clignement, le rictus, la pronation de la tête et allongement du cou, le gros dos *(hunching of shoulders)*, la flexion des coudes et des genoux, le mouvement des bras vers l'avant, enfin, chez l'animal, la flexion des oreilles, ramenées le long de la tête.

Rebelle à l'habituation et à l'inhibition volontaire, le sursaut est cependant accessible au conditionnement et à l'inhibition dans l'hypnose.

Quant à l'interprétation du phénomène, les auteurs voient dans le sursaut une réaction " pre-emotional ", comportant une " close connection with emotional life " et " some common factor with fear and anger ". On a vu qu'en effet le bruit pouvait déclencher la colère chez le chimpanzé et l'on se souviendra des rats chez qui le cliquetis des clés à leur oreille déclenche des convulsions (Maier). Notre impression, surtout à la vue des photos, est, cependant, qu'il s'agit d'une chute fugitive de tonus, aussitôt compensée, analogue à celle de la peur. Le sursaut est, d'ailleurs, souvent suivi d'un *affect* de peur. Landis et Hunt parlent eux-mêmes d'une *emergency reaction* ou *catastrophic reaction*, au sens de Goldstein.

On notera, par ailleurs, l'incidence fréquente du sursaut lorsqu'on passe de l'endormissement à l'atonie du sommeil, avec impression de chute caractéristique.

Quant à la hantise du support, ressentie encore en diverses occasions, notamment par le nageur novice, le parachutiste, le passager de l'avion qui plonge dans un trou d'air, etc. [86], elle explique apparemment aussi les vertiges éprouvés au bord du vide. Ainsi du jeune Victor, conduit par Itard sur la terrasse de l'Observatoire. « A peine est-il arrivé à quelque distance du parapet que, saisi d'effroi et d'un tremblement universel, il revient à sa gouvernante, le visage couvert de sueur, l'entraîne par le bras vers la porte et ne trouve un peu de calme que lorsqu'il est au pied de l'escalier » [87].

On sait que, suivant Watson, toutes les peurs se réduisent, par conditionnement, aux deux qui viennent d'être dites. Point très différente est la thèse freudienne, qui voit dans les *phobies* enfantines ou adultes des *déplacements* de l'*Angst* de la naissance. L'observation des enfants, et surtout des chimpanzés, a rendu intenables ces vues trop radicales. Il est peu croyable que la terreur des anthropoïdes devant des champignons (Kellogg) s'explique par des liaisons associatives ou des complexes [88].

Répandues chez le chimpanzé comme chez les enfants, sont la peur du *noir*, du *silence*, de la *solitude*, enfin des *inconnus* — congénères ou personnes — tranchant sur les familiers. Sans doute faut-il voir là — comme, sous forme plus fruste, dans la perte du support — une abolition ou brouillage de l'univers accoutumé [89].

On expliquera de même — moyennant composante corticale et perceptive, certes plus complexe — les effets de l'*insolite* mélangé au connu : peur du bébé devant sa mère en chapeau ou du chimpanzé dont les gardiens ont échangé leurs vestes [90]; peur des corps mutilés ou inanimés, aussi naturelle à l'anthropoïde qu'à l'homme et peut-être responsable de l'instinctive horreur des morts [91].

Insolites encore, (mais sur quels indices?) sont jugés apparemment maints objets des plus divers, déclencheurs de frayeurs imprévisibles : silhouettes de bœufs et d'ânes, champignons, ver dans un fruit, serpents, corde d'une texture particulière, gants de cuir chez le chimpanzé, serpents, chenilles, souris, jouets animés chez l'enfant [92], certaines de ces *phobies* persistant occasionnellement chez l'adulte.

Enfin, si l'on distrait du *danger* celles de ses composantes qui provoquent la crainte ou la fuite, c'est bien l'*insolite* qui subsiste comme responsable de la peur.

« La peur (et les hommes les plus hardis peuvent avoir peur), c'est quelque chose d'effroyable, une sensation atroce, comme une décomposition de l'âme, un spasme affreux de la pensée et du cœur, dont le souvenir seul donne des frissons d'angoisse. Mais cela n'a lieu, quand on est brave, ni devant une attaque, ni devant la mort inévitable, ni devant toutes les formes connues du péril : cela a lieu dans certaines circonstances anormales, sous certaines influences mystérieuses en face de risques vagues. La vraie peur, c'est quelque chose comme une réminiscence des terreurs fantastiques d'autrefois. Un homme qui croit aux revenants et qui s'imagine apercevoir un spectre dans la nuit doit éprouver la peur en toute son épouvantable horreur » [93].

On a vu que la peur, ainsi caractérisée, trouve ample occasion de se déployer dans le contexte bouleversant des guerres modernes, lesquelles laissent, comme séquelles, nombre de *névroses de guerre (war neuroses)* [94].

Il existe d'autres frayeurs, plus spécifiques. Sans revenir aux *phobies*, dont on peut douter si elles relèvent de la peur ou de l'angoisse, mentionnons la *peur de l'autre sexe* et la *timidité*.

O. Schwarz cite plusieurs exemples de héros de la dernière guerre, timorés et impuissants devant les femmes [95].

Quant aux timidités, avec leurs tremblements, hypotonies et dystonies, elles résultent de l'effondrement d'une *réaction de prestance* (Wallon) adoptée par nous en présence d'autrui, et particulièrement de mise devant une vaste audience. Le cas n'est pas exceptionnel d'orateurs novices demeurant sans voix devant leur public [96].

Les individus sont très inégalement assurés ou peureux, ce qui atteste une fois de plus l'importance des facteurs internes. Tel s'effraye des signes les plus anodins, tandis que d'autres subissent sans broncher les épreuves les plus redoutables. A la limite, le rôle des stimuli se réduit à peu de chose et l'imagination supplante la perception. La peur endogène s'exprime alors en phantasmes terrifiants ou macabres, tels qu'on les trouve en masse dans la pensée enfantine, les cauchemars, certaines productions d'un Poë ou d'un Maupassant, enfin les superstitions et figurations des religions primitives [97].

A quoi tiennent ces différences d'*assurance posturale* et *sécurité intérieure*? Peut-être partiellement à la constitution : les *athlétiques* l'emportant apparemment sur les *asthéniques* [98]. En plus large part, à l'habituation, à l'apprentissage et à l'environnement. Une approche intelligente familiarise l'enfant avec l'*insolite*, source d'intérêt croissant pour lui. A l'univers inquiétant du primitif, la science substitue la notion rassurante d'un enchaînement d'effets et de causes. Enfin, un milieu calme et chaleureux diffuse, chez ceux qui y grandissent, une quiétude stable. Essentielle est, à cet égard, l'influence de la mère, même au niveau infra-humain. Dans les expériences de Harlow, on voit de jeunes macaques s'accrocher à la « bonne mère » artificielle, au vu d'un *Teddy Bear* redouté. C'est encore la présence de la « bonne mère » qui les enhardit à approcher des objets insolites dont, sans cela, ils se détournent [99].

Nulle émotion n'a, plus que la peur, torturé l'humanité au cours de sa longue marche, et nulle n'est plus apte à ruiner une vie individuelle, nombre de cliniciens décelant à la racine des névroses une *insécurité de base* qui bloque tout épanouissement [100]. Nulle émotion, non plus, ne paraît plus foncièrement négative et désorganisatrice. Il n'est pas sûr, pourtant, qu'elle soit purement stérile.

Cathartique, quand elle se déclenche à plein [101], *expressive* et contagieuse, comme le montrent les paniques des foules, peut-être même recèle-t-elle des virtualités *productives*. On l'a noté souvent : l'animal ou l'enfant qui s'effraye d'un objet ne laisse pas, si la peur est modérée (et tempérée par la présence de la mère), de l'observer d'abord à bonne distance, puis de s'en approcher jusqu'à le manipuler. Ce qui advient alors, c'est que la curiosité supplante la peur et *s'en nourrit*.

> La filiation entre la peur et la curiosité a été relevée par de nombreux auteurs, entre autres : C. W. VALENTINE, R. S. WOODWORTH, O. H. MOWRER, D. E. BERLYNE, H. F. HARLOW, K. C. MONTGOMERY, D. O. HEBB (1954, pp. 549 et 551; 1955, pp. 183-184). Elle se manifeste chez le rat, le chien, le singe, l'enfant et l'homme.

Puisqu'il a été question, dans les pages qui précèdent, de tremblement de terre, rappelons, pour illustrer ce qui vient d'être dit, l'accueil que fit William James à celui de San-Francisco (avril, 1906) : « Mon émotion était tout entière allégresse et admiration : allégresse devant l'intensité de vie qu'une idée abstraite, une pure combinaison verbale comme « tremblement de terre » pouvait prendre, une fois traduite en réalité sensible et devenue l'objet d'une vérification concrète, admiration devant le fait qu'une frêle petite maison de bois pût tenir en dépit d'une telle secousse. Pas l'ombre d'une peur, simplement un plaisir extrême, avec souhait de bienvenue. Je criais presque : mais vas-y donc ! Vas-y plus fort ! » (cité par BERGSON, *Les deux sources*, p. 162).

Aussi bien, dans le psychisme humain, deux besoins parmi d'autres se font-ils équilibre : besoin de *sécurité* et besoin d'*aventure* [102]. La sécurité acquise, c'est l'aventure qui entre en scène, et, avec elle, l'affrontement de l'insolite et du nouveau, initialement redoutés. Dans les toboggans, montagnes russes, etc., comme dans la course à la lune, en passant par tous les exploits du génie humain, un même mécanisme joue en secret : une peur domptée.

Des éléments de la peur survivent enfin, purifiés et sublimés, dans un sentiment qui n'a plus guère de cours : le *respect*. S'il est vrai que la peur soit aux origines du *sacré*, tel que l'entendent les primitifs et que

primos in orbe deos fecit terror,

on peut douter qu'un monde totalement désacralisé, comme le devient celui où nous vivons, réponde aux vœux profonds de l'homme.

4. — Évolution de l'émotion

Notre exposé a noté, à plus d'une reprise, l'évolution de l'émotion au cours de la vie. Peu différenciée à la naissance, elle s'épanouit plus tard en réactions définies, sensibles à stimuli *sui generis* [103]. Bientôt, avec l'écorce qui affirme son empire, elle conclut un compromis qui a pour résultats suivant les cas : calme réfléchi ;

émotions réduites à des *affects signaux* ou canalisées en *sentiments*, éventuellement en *complexes*; variations de l'*humeur*; chez certains, émotivité persistante. Avec l'âge et la chute du tonus dans le déclin, l'émotion tend à s'éliminer. Sanglot, rire, colère, orgasme sont interdits au vieillard.

Les causes premières de cette évolution sont la constitution et la maturation. A celle-ci se superpose, cependant, l'apprentissage.

Il s'en faut qu'à peine nés, les bébés se comportent tous de même. Très tôt, les uns s'affirment joyeux, d'autres inquiets, rageurs, inertes. Sur ce fond inné retentissent les expériences subies. Bourjade a noté, dans cette perspective, la *traîne* « qui maintient l'expression et l'émoi d'une colère ou d'un chagrin, bien au-delà des circonstances qui les ont provoqués » et le *ricochet* « en vertu duquel une émotion, lorsque l'objet qui l'a excitée cesse d'agir et de la justifier, cherche un nouvel objet pour y trouver un nouvel aliment » [104]. La psychanalyse a, d'autre part, mis en lumière l'impact des chocs affectifs de l'enfance et leur rôle dans la formation de complexes.

Soumise à l'habitude et à la *loi de l'exercice*, l'émotion obéit aussi au *conditionnement* et à la *liaison associative*. « C'est un de mes maux, écrivait Madame de Sévigné bien avant Watson, que les souvenirs que me donnent les lieux, j'en suis frappée au-delà de la raison » [105]. Peut-être même est-ce dans le cadre de l'émotion que le conditionnement présente ses caractères les plus purs : fixation à la suite d'une unique expérience; perpétuation indéfinie, non réduite par l'inhibition interne; extrême généralisation [106]. C'est cette généralisation qui rend compte des *transferts affectifs*, à l'œuvre notamment dans la cure psychanalytique, laquelle consiste, au vrai, en une entreprise de différenciation.

Faut-il expliquer par le conditionnement la *contagion émotive*? Ce qui est certain, c'est que celle-ci s'exerce avec une force extrême, et qu'au vu des signaux les plus ténus, euphorie, anxiété, hargne, assurance ou peur tendent à se diffuser entre membres du groupe. Il en va de même de l'excitation amoureuse entre partenaires sexuels.

Enfin, l'émotion est passible de *renforcement*, positif ou négatif, et il dépend des parents d'encourager ou proscrire les pleurs ou les rages de l'enfant. Plus encore que la politique familiale, importe ici l'influence de la *culture*. Celle-ci fait un sort très variable à l'émotion. Des peuples comme les Anglo-Saxons ou les Tutsi imposent une totale maîtrise de soi. Les Latins et les Bantous sont davantage expansifs. Dans un livre qui a fait date (1934), Ruth Benedict a opposé des cultures *dionysiaques* et des cultures *apolliniennes*. Contre les émotions les plus tyranniques, telles le désir ou la peur, nulle arme n'est plus efficace que la sanction sociale : honte ou sentiment du ridicule.

Quant au pouvoir volontaire, s'il peut, tant bien que mal, inhiber tout ou partie de l'émotion, il est bien incapable de la susciter. Le fait est d'extrême conséquence pour les relations sexuelles, dont l'heureuse conclusion échappe entièrement au vouloir et dépend de couches plus profondes de la personnalité.

NOTES DU CHAPITRE II

¹ Cf. notre ouvrage : *Les Fondements théoriques et méthodologiques de la Psychologie*, Dessart, 1965, chap. IV. La bibliographie de l'émotion est innombrable. Pour la thèse que nous défendons, on se reportera notamment aux ouvrages de JANET, 1928; WALLON, 1934, 1938; YOUNG, 1936, 1943, 1949, 1961; COBB, 1950; HEBB, 1946, 1951; HEBB et THOMPSON, 1954.
Une conception différente — conative ou perceptive-conative — a été défendue, en des contextes variables par McDOUGALL, 1931; PLUTCHIK, 1962; ARNOLD, 1960; LEEPER, 1948, 1963; SCHACHTER et SINGER, 1962; SCHACHTER, 1964, 1971; MURRAY, 1967; LAZARUS, 1967.
Sur l'émotion, phénomène d'activation et d'*arousal*, on lira (outre SCHACHTER qui entre ici, jusqu'à un certain point, en ligne de compte) : LINDSLEY, 1951, 1972; DUFFY, 1941, 1962.
D'un point de vue plus général, citons encore : REYMERT, 1928, 1950; DUMAS, 1948; MANDLER, 1962; PETERS, 1963; KNAPP, 1963; GELLHORN et LOOFBOURROW, 1963; PETERS, 1965, 1969; GLASS, 1967; ARNOLD, 1970; BLACK, 1972; ANDRÉANI, 1968.
Enfin, signalons les précieux recueils d'articles plus anciens : CANDLAND, 1962; ARNOLD, 1968; PRIBRAM, 1969, voir en particulier les t. 1 et 4.

² HEBB-THOMPSON, 1954, surtout pp. 549-554; NISSEN, 1951.

³ GOLTZ (1892), SHERRINGTON (1904), DUSSER DE BARENNE (1920), ROTHMANN (1923), HESS (1925 ss.), CANNON et BRITTON (1925), BARD (1928 ss.), FULTON et INGRAHAM (1929), SCHALTENBRAND et COBB (1930), RANSON et coll. (1934 ss.), MASSERMAN (1937 ss.), WHEATLEY (1944). Cf. l'histoire de ces tentatives dans DELAY, 1946, pp. 111-116; COBB, 1950, FULTON, 1951; BRADY, 1958; GELLHORN-LOOFBOURROW, 1963.
C'est à Cannon qu'est due la notion et expression de *sham rage* et à son élève Bard la localisation de celle-ci dans l'hypothalamus (1928).
A la découverte progressive des fonctions de l'hypothalamus, centre viscéral et émotionnel, sont liés d'autre part, les noms de KARPLUS-KREIDL (Vienne, 1909 ss.), de HESS (Zurich, 1925 ss., cf. 1948, 1949¹, 1954², 1957) et de GELLHORN (*Autonomic Regulations*, N. Y., Interscience, 1943; *Physiological Foundations of Neurology and Psychiatry*, Univ. of Minnesota Press, 1953; *Autonomic Imbalance and the Hypothalamus*, Univ. of Minnesota Press, 1956; *Emotions and Emotional Disorders*, Harper, 1963).

⁴ « Les investigateurs américains appellent cette condition *pseudo-colère (sham rage)*. A notre avis, le comportement qui se manifeste ici devrait être interprété comme une vraie colère, et son apparition est facilitée par la suppression des inhibitions qui viennent du cortex » (HESS, 1957, p. 23).

⁵ COBB, 1950, pp. 115-118; FULTON, 1951, pp. 63-66. D'un malade opéré en 1928 par Cushing et lui-même et sujet à des accès de rage toutes les dix ou quinze minutes, Fulton écrit : « Je puis seulement dire que ses explosions de colère auraient embarrassé un capitaine de navire du XVIIIe siècle ».

⁶ Cf. les très frappantes observations de CUSHING (1929), FULTON et BAILEY (1929-1940), FOERSTER et GAGEL (1933, 1936), COX (1937) relatées par DELAY, 1946, pp. 116-118 et COBB, 1950, pp. 119-121. Delay y ajoute les observations

faites par lui-même dans des cas d'encéphalographie gazeuse et ventriculographie, retentissant sur le diencéphale.

[7] " Profuse anxiety feelings with protracted sobbing " (GRINHER, 1939).

[8] Cf. sur cette question très complexe les ouvrages de COBB, FULTON, BRADY, GELLHORN et BARD (1950). C'est à KLÜVER et BUCY que l'on doit l'initiative de ces recherches, lorsqu'en 1937, ils signalaient chez des singes, après ablation du lobe temporal et formations sous-jacentes, des manifestations de *docilité, oralité et sexualité* qui sont à l'opposé de la *sham rage*. Il apparut dans la suite que c'était essentiellement l'*amygdala* qui était en cause. Des résultats comparables furent obtenus chez des chats, des rats, voire chez l'homme. BARD et MOUNTCASTLE constataient, au contraire, qu'enlevant l'*amygdala* chez des chats, ceux-ci, de placides qu'ils étaient, devenaient féroces (1948). Cette contradiction n'a pas été résolue. Comme l'observe Gellhorn, tout dépend peut-être de l'état de l'hypothalamus sur quoi agit l'amygdala.

Le rôle du paléo- et mésocortex dans l'émotion avait été prévu dès 1937 par PAPEZ dans un article souvent cité : *A proposed Mechanism of Emotion — Arch. Neurol. Psychiat.*, 38, 1937, pp. 725-743 (reproduit partiellement dans ARNOLD, 1968, pp. 302 ss.).

Depuis lors, MCLEAN s'est, entre autres auteurs, fait le théoricien du *système limbique* en tant que cerveau viscéral et émotionnel, opposé tant au néocortex qu'au cerveau archaïque (ganglions de la base), et différant de ceux-ci par sa morphologie, sa physiologie et son chimisme. « Dans son évolution, le cerveau de l'homme retient l'organisation de trois types fondamentaux de cerveaux, caractérisés ici, suivant ordre ascendant, comme distinctifs des reptiles, des mammifères anciens et des mammifères récents. Le présent exposé met l'accent sur ce qui correspond chez les primates au cerveau des mammifères anciens (autrement dit le système limbique ou cerveau limbique) qui présente un intérêt tout particulier pour le psychiatre, vu les faits cliniques et expérimentaux qui attestent le rôle important joué par lui dans le comportement émotionnel. Dénominateur commun de tous les mammifères, il siège en position intermédiaire entre le cerveau reptilien, chargé de fonctions instinctives, et le nouveau cerveau qui, évoluant rapidement, acquiert chez l'homme la capacité de langage symbolique » (1970, p. 143).

[9] Cf. sur ces connexions, les ouvrages de BRADY, COBB, etc., déjà cités.

[10] Cf. COBB, 1950, pp. 95-112, d'ailleurs très réservé concernant ces tentatives.

[11] CANNON, 1915. Les travaux de SELYE ont montré depuis lors que si le stress persiste, l'*emergency mechanism* commandé par la médullo-surrénale, est relayé par le *General Adaptation Syndrome* commandé par la cortico-surrénale, elle-même alertée par l'hypophyse et l'ACTH. Il comprend trois phases : *Alarm reaction, Resistance*, enfin — éventuellement — *Exhaustion*.

[12] HESS, *op. cit.*

[13] GELLHORN-LOOFBOURROW, 1963. Toute activation de l'un des systèmes, sympathique ou parasympathique, provoquant une régulation antagoniste de la part de l'autre, KINSEY notait de même (1953, p. 702) : « Ceci fait comprendre que, dans maintes situations émotionnelles, les réponses d'un animal puissent impliquer des modifications physiologiques, attribuables concurremment aux contrôles sympathique et parasympathique. C'est exactement ce que nous trou-

vons dans la physiologie de la réaction sexuelle ». « Vu la complexité des interrelations et le délicat équilibre qui existent ici, il n'est pas surprenant que certains organes puissent être dominés par le système parasympathique dans le même temps où d'autres sont contrôlés par le sympathique ».

[14] Comme fait, par exemple, ARNOLD (1945) liant la peur à l'activation du sympathique et la colère à celle du parasympathique (!) Cf. l'excellente critique de COBB, 1950, pp. 98-100.

[15] Cf. la sorte de catatonie où sombrent les rats au terme des réactions convulsives causées par la frustration dans les expériences de MAIER (1949).

[16] Cf. sur ce point : GELLHORN, 1963, ch. 23.

[17] Il est remarquable que l'injection, dans l'amygdale du chat, de carbachol, produit analogue par ses effets à l'acétylcholine, mais non, comme elle, d'emblée oxydé, provoque des crises de grand mal (GROSSMAN, dans BLACK, 1970, pp. 73-93).

[18] Cf. sur le rôle de ce dernier, outre les ouvrages de WALLON, déjà cités, JACOBSON, 1931, 1948; MOWRER, 1938; FREEMAN, 1938 et 1948; DUFFY, 1962, et les nombreuses publications de DAVIS (1934 ss.) et de MALMO-SHAGASS (1954 ss.) recensées dans ce dernier ouvrage; enfin et surtout PAILLARD, 1955, plus haut résumé par nous.

Il va sans dire que ce qui intervient dans l'émotion, c'est essentiellement le *tonus fusorial*, et seulement par son entremise le *tonus musculaire* proprement dit.

L'alternance *tension-décharge* dont il va être question est sans doute à mettre en rapport avec « le fait que la contraction des fibres musculaires parallèles au fuseau diminue les effets d'étirement et provoque une cessation ou un ralentissement de la décharge des fuseaux » (PAILLARD, p. 95).

Le tonus joue également un rôle notable dans les ouvrages de REICH, 1942 et 1949.

[19] *The expression of the Emotions in Man and Animals* (1872), Philos. Library, 1955. Le sujet a été repris par KNAPP et coll., 1963. Remarquons que l'on trouve chez Freud — avec les transpositions que l'on devine — une conception analogue à celle de Darwin. Cf. *Inhibitions, Symptoms and Anxiety* (1926), Hogarth, 1936, pp. 24-25 et 99-101. Les états affectifs *(Affects, affective states)* sont des résidus d'expériences traumatiques très anciennes, peut-être préindividuelles, et réactivés dans des circonstances qui rappellent celles-ci. Le modèle et prototype de ces états est l'attaque hystérique. « Je serais tenté de les regarder comme des attaques hystériques typiques, innées et universelles, comparables aux attaques plus récemment acquises et individuelles qui surviennent dans la névrose hystérique » (p. 99). Or, ces mouvements de l'attaque hystérique ont dû avoir autrefois leur utilité. De même, les réactions respiratoires et cardiaques dans l'anxiété sont données comme des survivances de réactions utiles à la naissance (p. 98).

[20] On observe des manifestations *toniques-cloniques* analogues dans divers phénomènes infra-émotionnels, mais qui peuvent être intégrées occasionnellement à l'émotion : le frisson, le tremblement, le frémissement, le tressaillement ou sursaut *(startle pattern)*, le bâillement, le hoquet, le chatouillement, enfin le vomissement, la défécation et la miction. A noter aussi le balancement, si fréquent chez les arriérés, et occasionnellement décharge joyeuse chez l'enfant.

21 Cette vue s'accorde avec les suggestions freudiennes (cf. notre ouvrage, *Les fondements théoriques et méthodologiques de la Psychologie*, Dessart, 1965, pp. 130, 134, 149), de même qu'avec celles développées par PETERS (1965 et 1969). Peters oppose à l'*action*, système *moyen-fin*, la *réaction émotionnelle*, dépourvue de tout but et d'agencement en vue d'un but. La première relève de l'*ego* et du *principe de réalité*, la seconde de l'*id* et du *principe du plaisir*. Il faut, pour les expliquer, recourir à des modèles différents : un *Activity* et un *Passivity model*.

C'est cette dualité d'issues possibles qu'ignorent les théories rendant compte de l'émotion par l'*activation* (LINDSLEY, DUFFY), la dite activation jouant aussi bien dans les processus alloplastiques que dans les manifestations émotionnelles et autoplastiques.

22 *What is an emotion?* dans le MIND, 9, 1884, pp. 188-205, reproduit dans ARNOLD, 1968, pp. 17-36.

23 « Chacun sait combien la panique peut être accrue par la fuite et combien céder aux symptômes du chagrin ou de la colère accroît ces passions elles-mêmes. Chaque accès de sanglot rend la peine plus aiguë et provoque un autre accès, plus fort encore, jusqu'à ce qu'enfin le calme ne survienne qu'avec la lassitude et l'apparent épuisement du système. Dans la colère, il est bien connu comme nous nous élevons progressivement jusqu'à un climax par des éclats d'expression répétés » (W. JAMES, dans ARNOLD, 1968, p. 27).

24 CANNON, 1927 (cf. ARNOLD, 1968, pp. 43-52 et 291-301), et 1931. Les critiques de Sherrington (1900) et de Cannon se fondent sur des expériences où, après section des nerfs végétatifs ou centraux, la tête de l'animal manifeste des émotions inchangées. D'autre part, l'injection d'adrénaline, si elle excite l'individu, ne produit pas d'affect caractérisé, à moins que le monde extérieur ou l'imagination ne fournissent un aliment. (Cf. de même SCHACTER-SINGER, 1962). Enfin, comme l'observe DELAY (pp. 122-123), « la pathologie... nous montre des affections sans mimique et des mimiques sans affection. Chez des malades qui ont perdu toute capacité d'expression, comme les parkinsoniens et même les sclérodermiques au visage immobile et impénétrable, dont le corps tout entier semble pris dans une gaine inextensible, emmuré vivant comme les momies des sépultures égyptiennes, la vie affective n'en persiste pas moins avec toutes ses nuances émotionnelles. D'autre part, chez des lacunaires atteints de rire et pleurer spasmodique, on voit se déclencher mécaniquement des rires sans joie et des pleurers sans tristesse ».

25 « Entre l'action et l'espèce de conscience qui s'y attache, il n'est pas besoin d'un tiers principe. La conscience à ses débuts se confond avec l'action à la fois comme son effet et comme son stimulant, et c'est ainsi qu'elle en est aussi l'objet ou le but le plus proche. Spécifiquement attachée à la fonction posturale, elle en suit toutes les variations, mais inversement elle en devient le motif et peut les susciter ou les orienter. Toute différenciation de l'une entraîne une différenciation de l'autre. Leurs manifestations peuvent bien se compliquer, le lien n'en subsiste pas moins. L'exercice affine leur sensibilité réciproque. Ainsi se développent des réactions bipolaires qui gardent leur unité, bien qu'appartenant à des séries qui deviennent de plus en plus distinctes » WALLON, 1938, p. 8, 24, 6.

D'où, poursuit cet auteur, les feedbacks émotionnels (« Une fois éveillée, une émotion s'alimente de ses propres effets et elle en oublie parfois ses origines premières ». Cf. la colère, la douleur et ses lamentations, etc.). D'où aussi les contagions émotionnelles par recréation en soi-même des postures d'autrui et des affects correspondants.

[26] Cf. sur la théorie freudienne de l'émotion (nommée ici *affect*) : RAPAPORT, 1953 et 1960, en particulier pp. 20-33; JACOBSON, 1953; LEWIN, 1965.

[27] La question est discutée par RAPAPORT (1953) de savoir si, au stade économique, les affects (ici entendus au sens de *feelings*) sont liés à la tension (BRIERLEY, 1938), ou plutôt à la décharge (LANDAUER, 1938; FÉNICHEL 1941), ou encore à un changement de niveau dans la tension (JACOBSON, 1951). Nous répondrons : à la décharge ou à la tension, suivant le cas, l'affect de la tension angoissée différant, par exemple, de celui de la décharge par sanglots.

[28] Les sentiments jouent un grand rôle dans la psychologie de MCDOUGALL qui les rattache cependant, (comme les émotions) aux instincts. Leur étude a été reprise par MURRAY et MORGAN, 1945. Dans la psychologie américaine, ce que l'on nomme ici *sentiment* a été communément baptisé *attitude* sous l'influence non douteuse de THURSTONE (" To me attitude means primarily how a man feels about any designated psychological object "). MURRAY et MORGAN ont, non sans bonnes raisons, déploré ce glissement de sens, le terme : *attitude* ayant pris, dans la suite, les acceptions les plus diverses (cf. notre article, 1962).

La notion, sinon le terme, de sentiment se retrouve chez les psychanalystes (cf. dans RAPAPORT, 1953, les *massives affect attacks* faisant place, suivant GLOVER (1939, 1948) à des *variable and modulate affects*, et suivant LANDAUER, à des *continuous states*, soit par pression du *super-ego* (LANDAUER), soit par interaction des trois composantes du psychisme (RAPAPORT), ceci n'excluant pas les rechutes dans l'émotion caractérisée).

La cathexis freudienne s'identifie évidemment dans le concret, comme le remarquent Murray et Morgan, au *sentiment* ici commenté. Concernant cette notion théorique, FREUD écrit *(Group Psychology and the Ego*, Hogarth, 1921, pp. 48 ss.) : « Cathexis vient du grec κατέχω, « j'occupe ». Le mot allemand « Besetzung » a acquis une importance fondamentale dans l'exposé de la théorie psychanalytique. Tout essai de brève définition ou description risque d'induire en erreur. Cependant, nous exprimant de façon assez lâche, nous pouvons dire que « cathexis » est employé par analogie avec une charge électrique et qu'il signifie la concentration et l'accumulation de l'énergie mentale en quelque canal particulier. Ainsi quand nous notons en quelqu'un l'existence de la cathexis libidinale d'un objet, ou, plus brièvement, d'une cathexis objectale, nous voulons dire que son énergie libidinale est dirigée vers, ou plutôt infusée dans l'idée *(Vorstellung)* de quelque objet dans le monde extérieur ».

Dans son *Projet pour une psychologie scientifique* (Appendice à : *Origins of Psychoanalysis : Letters to Wilhelm Fliess*, 1887-1902, Basic Books, 1954), Freud définit la *cathexis* en termes neurophysiologiques comme une accumulation d'énergie électrique dans le neurone et les dentrites, la *décharge* s'effectuant par l'axone sous forme d'influx. Il distingue, d'autre part, dans l'encéphale, deux systèmes en relation mutuelle : un *nuclear system*, siège des cathexis et motivations, et un *cortical system*, siège de perception. Pribram (*The Foundations of Psychoanalytic Theory : Freud's Neuropsychological Model*, dans PRIBRAM, 1969, t. IV, pp. 495-532) a relevé les analogies qui se font jour entre le *nuclear system* et la *substance réticulée*, comme entre la *cathexis* et les *potentiels dendritiques*. Peut-être, en deçà du couple *tension-décharge neuromusculaire*, convient-il de chercher un couple *charge neuronique-*

décharge nerveuse, observable au double niveau — micro- et macroscopique — de la cellule nerveuse et du système limbique ?

[29] Suivant cette dernière, largement influente en Amérique, l'animal soumis à des *déficits* (il faudrait ajouter : ou à des *pléthores*) et travaillé par des *besoins* générateurs de *tensions*, cherche à les réduire par des conduites appropriées, et rentre en repos aussitôt ce résultat atteint, ce qui se traduit par la *satiété*. Le ressort essentiel de la motivation consiste alors, soit dans la *need reduction*, soit dans la *drive reduction* (réduction de la *tension* liée au besoin physiologique), soit dans la suppression des *drive stimuli*, c'est-à-dire des stimuli intéro- ou proprioceptifs liés à la tension, et importuns parce que trop intenses. Il n'y a dès lors pas de différence essentielle entre *échapper (escape)* à la faim ou à un choc électrique, non plus qu'entre s'employer à *éviter (avoidance)* soit l'une, soit l'autre (HULL, MILLER, MOWRER, SOLOMON. Cf. là-dessus : KIMBLE, 1961, ch. IX, pp. 238-280).

Citant le mot de Mowrer : " At the level of ego-psychology, there may be said to be only one master motive : anxiety ", et se référant à Hull, Guthrie, Freud, Cannon, voire Lewin, HILGARD (1956, pp. 428-429) note avec justesse : " The *Zeitgeist* favored our seeing incentives not as providing something sought after for what was inherent in the incentive, but something providing relief. The incentive was seen as an avenue of escape from pain, anxiety, tension ".

[30] Voir l'élaboration théorique et expérimentale de ce point dans YOUNG, 1961 et dans McCLELLAND, 1951. La théorie du *renforcement, drive reduction* a été critiquée aussi par de bons observateurs des singes ou anthropoïdes, comme NISSEN et HARLOW, lesquels soulignent la part considérable d'exploration, de curiosité et de jeu qui prend place dans le comportement de ces animaux; par les théoriciens d'un *central motive state*, influencé au choix ou cumulativement par des incitations, soit intéro- et proprioceptives, soit extéroceptives, soit corticales (HEBB, MORGAN, STELLAR); enfin par OLDS, à la suite d'expériences dont nous allons parler. Cf. HILGARD, 1956, pp. 427-433 et KIMBLE, 1961, pp. 241-242 et 248-263.

[31] Cf. entre autres publications, OLDS, 1958 et pour une discussion théorique du phénomène : *A physiological study of reward*, dans McCLELLAND, 1955, pp. 134-143. Olds note une certaine concordance entre les points les plus actifs et les territoires trophotropiques de Hess (1958, pp. 247-248). A noter que la fréquence des réponses est augmentée par les amphétamines, et diminuée par la réserpine (KETY dans BLACK, 1970, pp. 61-71).

[32] *Inhibitions, Symptoms and anxiety* (1926), Hogarth Press, 1936, p. 170.

[33] Cf. FULTON, 1951, pp. 108-111 et 124-127.

[34] Cf. une observation remarquable dans FULTON, 1951, p. 110. « Quand on l'interrogeait, il notait qu'il avait mal, mais notait aussi que cela ne le troublait ni ne lui causait de souci » *(carcinome du rectum)*. Jacobson (*Progressive relaxation*, ch. VII) et les protagonistes des techniques de relaxation, avaient déjà noté que celle-ci allège la douleur. Enfin, il est remarquable que, chez certains sujets, l'hypnose a les mêmes effets que la lobo- ou leucotomie. Cf. à ce sujet STERNBACH, 1968, qui conclut, au terme d'une revue de la littérature : « Dans l'analgésie hypnotique, de même que dans toute autre condition, c'est l'absence d'anxiété qui constitue la seule condition nécessaire et suffisante pour percevoir le stimulus comme une sensation non douloureuse » (p. 141).

[35] Cf. DOLLARD, 1943, p. 17. D'où le traitement des névroses de guerre par abréaction sous narco-analyse. Cf. GELLHORN, 1963, pp. 297-300. Le même auteur explique les effets de l'abréaction par un remaniement des relations entre cortex et hypothalamus et l'élimination des « engrammes pathologiques » inscrits dans le cortex sous l'influence d'émotions mal liquidées.

[36] Comment les diverses émotions — colère, peur, etc. — sont-elles identifiées à coup sûr, non seulement entre congénères (hommes, chimpanzés, etc.), mais entre sujets d'espèces différentes? La réponse de HEBB (1946) est que ce qui importe ici, ce n'est pas une expression momentanée, mais la déviation du comportement à partir d'une habituelle ligne de base " so that both present and past behavior affect the observer's jugdment " (p. 104).

D'où l'artifice des expériences de laboratoire où l'on prie les sujets de qualifier des photos d'expressions momentanées. S'ils réussissent dans des cas extrêmes (rire, horreur, etc.), ils hésitent dans beaucoup d'autres. Cf. sur ces expériences le livre de Davitz, cité plus avant, ch. II, pp. 13-23.

[37] Cf. ALLPORT-VERNON, 1933; WOLFF, 1943; et toute la littérature concernant la graphologie et l'aspect expressif de l'écriture.

L'intervention de *mouvements expressifs* au cours de l'entretien psychanalytique a été étudiée par divers auteurs (BIRDWHISTELL, DITTMAN, RENNEKER, dans KNAPP, 1963, pp. 123-160) et l'entreprise a même été tentée d'une *kinésique* parallèle à la linguistique, et analysant les manifestations motrices en *kines*, *kinemorphs* et *kinemorphic constructions*, comme le langage s'analyse en phonèmes, morphèmes et syntagmes. De même qu'un aspect pragmatique (expressif ou impressif) se superpose à l'aspect informatif du langage, les séquences sus-mentionnées sont affectées dans leur *intensité*, leur *étendue* et leur *rapidité* par l'état émotionnel (BIRDWHISTELL).

[38] Les conditions de celle-ci ont été admirablement décrites par RENNEKER, 1963. Cf. p. 156 : « La grâce d'un mouvement dépend d'une fluide progression dans les contraction et relaxation respectives des groupes musculaires opposés impliqués dans l'action. Les conflits psychiques engendrent des tensions musculaires de type, les unes généralisé, les autres spécifique, suivant la nature du problème. Une tension musculaire généralisée interfère avec la nécessaire relaxation réciproque des muscles antagonistes, et par là, compromet la grâce et l'adresse motrice. Elle implique un accroissement indiscriminé de tonus des deux côtés d'un groupe réciproque. Les muscles sont dans un état précontractile de « trop grande préparation ». Les tensions musculaires spécifiques constituent des indicateurs de surface pour des impulsions à agir qui se trouvent être inhibées. Dans de tels cas, l'impulsion est transmise aux muscles appropriés. Cependant, les muscles antagonistes, non seulement n'arrivent pas à se relaxer, mais au contraire s'opposent à l'action par une tension accrue ».

[39] La commande motrice impliquée ne s'acquiert que progressivement. Nous avons observé un enfant qui, voulant par jeu simuler la colère, se servait de ses mains pour façonner son visage dans le sens souhaité. Dans la capacité mimique excellent évidemment les gens de théâtre : acteurs, danseurs, mimes, dont certains acquièrent même la maîtrise des manifestations végétatives : pleurer, etc. L'aspect culturel de la mimique et de la pantomime apparaît, d'autre part, fortement grossi dans les arts du spectacle (cf. le théâtre chinois ou japonais, la virtuosité manuelle dans les danses d'Asie, etc.).

On lira sur la mimique et l'expression les excellents exposés de DUMAS, dans *La vie mentale*, t. VIII de l'*Encyclopédie Française*, 1938, pp. 8.24.8-10 et surtout les analyses approfondies du *Nouveau Traité de Psychologie* (t. II, III, IV, 1932 ss.) reprises et complétées dans *La vie affective*, P.U.F., 1948.

⁴⁰ *L'ego et le id* : « ... l'ego a pour tâche d'assurer que l'influence du monde extérieur s'exerce sur le id et ses tendances, et de substituer le principe de réalité au principe du plaisir, qui règne sans partage sur le id » (p. 30). « Par suite de sa relation au système perceptif, il (l'ego) ordonne les processus de l'esprit suivant un ordre temporel et teste leur correspondance avec la réalité. En interposant les processus de pensée, il soumet à délai les décharges motrices et contrôle les avenues qui mènent à la motilité » (Hogarth, 1923, p. 81).

⁴¹ Cette analyse permet de comprendre et de départager les théoriciens qui se sont affrontés au sujet de l'émotion. Ceux qui lui attribuent un caractère motivant et bénéfique (McDougall, Leeper, Arnold) ne l'observent que transformée et dominée par le cortex. Ceux qui, comme Young et Hebb, y voient baisse de régime et *désorganisation* (au sens jacksonien, nous l'avons dit), la considèrent dans sa nature originelle. Comme l'écrit PETERS (1963, p. 446) : « Toute la question est de savoir sur quel aspect on désire mettre l'accent (s'il faut en choisir un à l'exclusion de l'autre) et quel référent l'on choisit pour le terme émotion. Pour la plupart des gens, experts ou non, « émotion » a un sens assez large pour inclure les deux vues ».

Le modèle freudien fait la synthèse des deux tendances. Suivant lui, en effet, « les affects peuvent servir de processus de décharge, de signaux avertissant l'ego de la tension croissante, enfin de motivations. Ainsi ce modèle synthétise une ample variété d'observations concernant l'émotion. En fait, la plupart des observations dont rendent compte — ou échouent à rendre compte — les diverses théories académiques, sont coordonnées dans ce modèle » (RAPAPORT, 1960, p. 32).

⁴² Nous en verrons un exemple marquant à propos de la série : *Angst, angoisse, anxiété, anxiety*.

⁴³ ITARD, *Mémoire et rapport sur Victor de l'Aveyron* (1801, 1806) dans MALSON, 1964, pp. 125-246. La citation se trouve aux pp. 235-236.

⁴⁴ *Ibid.*, p. 235.

⁴⁵ Du genre de ceux qui réjouissent Victor « souvent jusqu'à l'ivresse » : un rayon de soleil réfléchi et promené au plafond à l'aide d'un miroir; un verre d'eau coulant goutte à goutte sur ses mains; une écuelle de lait flottant au hasard sur l'eau du bain (*l. c.*, p. 148).

⁴⁶ Exemple repris à DELAY, 1946, p. 41.

⁴⁷ JANET, 1936, p. 217.

⁴⁸ *Ibid.*, p. 94. Cf. de même JANET, 1935, pp. 226-228 (trompe-l'œil, portraits, caricatures, pantomimes, etc.).

⁴⁹ LORENZ, 1969, pp. 194-195.

⁵⁰ *l. c.*, p. 133.

⁵¹ LEWIN et al., 1944, p. 374.

⁵² *Ibid.*, p. 375. Cf. sur le niveau d'aspiration : LEWIN et coll., *op. cit.*; EYSENCK, 1947, pp. 128-144; HILGARD, 1948, pp. 221-225; SYMONDS, 1951, pp. 90-101. La constitution leptosome, le milieu socio-économique, la pression du groupe, l'habitude du succès, la confiance en soi tendent à élever le niveau

d'aspiration et à assurer des performances qui en approchent plus ou moins, compte tenu du *réalisme* du sujet. Chez les névrotiques *extravertis*, il y a à peu près coïncidence entre le niveau d'aspiration modeste, la performance et le jugement porté sur celle-ci. Chez les névrotiques *introvertis*, la performance reste très au-dessous du niveau d'aspiration élevé, maintenu contre tout réalisme, et l'appréciation de la performance très au-dessous de sa valeur réelle. D'où un sentiment d'échec particulièrement vif (Eysenck).

On ajoutera que succès et échec ne sont ressentis qu'à propos de tâches où l'*ego* est *engagé*. Sur la notion d'*ego-involvement* et son histoire, cf. SYMONDS, *op. cit.*, pp. 110-116 et SHÉRIF-CANTRIL, 1947.

[53] D'où les expressions antithétiques du visage dans la joie et la tristesse : les commissures des lèvres se relèvent ou s'abaissent, les joues s'arrondissent ou s'effacent; les yeux se rétrécissent ou s'agrandissent (Dumas). LORENZ (1969, p. 224) signale des symptômes comparables chez l'oie cendrée qui a perdu son partenaire : « Il est vraiment incroyable jusqu'à quels détails peuvent s'étendre ici les analogies entre l'homme et l'oiseau. La face humaine n'est pas seule à porter, notamment autour des yeux, les « stigmates du destin », lorsque les états dépressifs ici décrits durent par trop longtemps. Il en est de même pour la face de l'oie cendrée. Dans les deux cas, les contours inférieurs des yeux subissent, en raison de l'abaissement constant du tonus du grand sympathique cette modification caractéristique qui exprime une profonde affliction ».

[54] Des contaminations s'observent entre décharges caractéristiques de la joie et de l'angoisse. On peut « rire à larmes ». Les yeux se mouillent lors d'une émotion joyeuse. Inversement, il n'est pas rare que l'angoisse éclate d'un rire incongru.

[55] *l. c.*, pp. 234-235.

[56] *Inhibitions, Symptoms and Anxiety*, p. 91 : « Les symptômes sont créés de façon à éviter une situation de danger dont l'approche a été signalée par l'émergence de l'anxiété ». Les symptômes ont un double effet, l'un, caché, qui est d'écarter la situation dangereuse, l'autre, apparent, qui est de remplacer la gratification instinctuelle refoulée par un substitut (cf. les manifestations ambivalentes, à la fois restrictives et gratifiantes, de la névrose obsessionnelle).

Le substitut n'est pas reconnu pour tel. Imposé par compulsion, il ne procure aucun plaisir. Enfin, il n'a aucun effet sur le monde extérieur. Cf. p. 27 : « Le processus substitutif est empêché, si possible, de trouver décharge dans la motilité, ou, alors, si cela ne peut être évité, il est forcé de se dépenser en altérations du corps du sujet, sans affecter le monde extérieur. Il ne peut être transformé en action. Car, comme nous le savons, dans le refoulement, l'ego opère sous l'influence de la réalité extérieure et, dès lors, il empêche le processus substitutif d'avoir aucun effet sur cette réalité ».

[57] « L'essence de la phobie est l'affect d'anxiété » écrit Freud. Exemples : anxiété de castration chez le malade qui refuse de sortir par crainte de la morsure des chevaux; crainte des rencontres et sollicitations sexuelles de l'*agoraphobie*; crainte d'auto-destruction et masochisme dans la phobie des fenêtres, des tours, des précipices; crainte de la perte de la personne aimée ou désirée dans les phobies enfantines : peur de l'obscurité, de la solitude, des étrangers. Par contre, la peur des petits animaux (souris, etc.) serait un résidu de craintes animales devant un danger objectif et réel.

Nous verrons, cependant, qu'il existe de bons arguments pour expliquer d'autre manière que ne fait Freud, nombre de phobies incriminées par lui, celles-ci pouvant dériver de la peur.

[58] *l. c.*, p. 141. Sur la parenté de la joie et de la colère, cf. aussi PLUTCHIK, 1962, pp. 85-87.

[59] LORENZ, 1969, p. 195.

[60] Rappelant une scène violente que lui faisait la reine Louise de Prusse, à propos de Magdebourg qu'elle voulait récupérer, Napoléon poursuit : « ... pour la faire changer, je la priai de s'asseoir, rien ne coupe mieux une scène tragique, car quand on est assis, cela devient comédie » (GOURGAUD, *Sainte-Hélène*, II, p. 401).

[61] *l. c.*, p. 178.

[62] Signalons ici, à titre de curiosité, la *swaddling hypothesis* invoquée par GORER et RICKMAN (1949) pour expliquer le caractère russe. Le bébé, étroitement emmailloté jusqu'au niveau du cou, est libéré toutes les quatre heures pour le bref laps de temps où il est nourri. D'où, chez le Russe, plus tard, de longues périodes de prostration et soumission, coupées par des épisodes de libération sans retenue.

[63] WALLON, 1938, p. 8. 24. 3.

[64] Il y aurait lieu d'ouvrir ici une parenthèse sur la psychologie de l'automobiliste, beaucoup plus irritable à son volant qu'il ne le serait piéton, comme le prouve le vocabulaire choisi dont il use en cette occasion. Les *Annales Judiciaires* relatent des cas non exceptionnels de gens en venant aux mains et parfois se colletant à mort pour un dépassement non toléré ou la dispute d'un parking.

Une autre interférence, fréquente dans les conditions de vie modernes, et parfois redoutable dans ses effets, est celle du bruit. *Le Monde* du 16 janvier 1964 relate le meurtre commis inopinément par un jeune ouvrier que les bruits du voisin dérangeaient dans des études destinées à améliorer sa situation.

KÖHLER et HEBB ont noté des cas de rage chez le chimpanzé, importuné par le bruit de ses congénères (par ex. : un *temper tantrum*). On trouvera chez HEBB (1954, p. 550) de nombreux exemples d'interférences des congénères provoquant la colère de ces animaux, interférences délibérées et tournées en agaceries (surprendre par des cris, lancer de l'eau, etc.).

[65] Cf. les références et l'analyse des travaux intéressés dans notre livre : *Le problème de l'hallucination et l'évolution de la psychologie d'Esquirol à Pierre Janet*, Belles-Lettres, 1941, ch. IV, pp. 161-187.

[66] JANET, 1932, p. 226. Il va sans dire que ce que Janet nomme *objectivation sociale intentionnelle* correspond à la *projection* freudienne.

[67] Sur la haine comparée à l'*agression*, cf. l'avis de Lorenz, cité p. 54.

[68] MARCHAND, 1951, p. 709. De même DELAY, 1946, p. 160 : « ... *l'épilepsie est contenue dans l'homme, le choc ne crée pas l'épilepsie, il la libère* ». Sur l'épilepsie et le choc, sous leurs aspects psychiques, neurovégétatifs et humoraux, cf. le même ouvrage, pp. 124-162 et GELLHORN, 1963, ch. 18 et 22. La thèse de ces auteurs est que la réaction épileptique, même si elle est déclenchée initialement par le cortex, a son foyer d'irradiation dans l'hypothalamus et la substance réticulée, le sympathique dominant dans la phase tonique-clonique, et le parasympathique dans la phase de récupération.

⁶⁹ MARCHAND, *l. c.* : « On doit donc admettre que les états affectifs présentés par nos sujets élèvent ce seuil ». (Il en est comme du rire qui prévient la colère). En d'autres cas, cependant, une émotion préalable favorise la crise. Cf. sur cette dualité d'effets possibles : GELLHORN, 1963, pp. 279 et 286. Sans doute doit-on considérer que ce qui favorise la crise, ce sont les tensions non résolues, tandis que les décharges la préviennent.

⁷⁰ DELAY, 1946, p. 160.

⁷¹ HEBB, 1955, p. 246.

⁷² Janet qui s'est peu occupé de l'épilepsie, suggérait dans ses dernières années que c'est dans l'étude de ce phénomène que la psychologie avait le plus de chances de faire des progrès décisifs. McLEAN écrit dans le même sens (1970, p. 138) : « Parmi toutes les entités cliniques, peut-être n'y en a-t-il pas qui ait le pouvoir de jeter plus de lumière sur les mécanismes qui sous-tendent les fonctions psychiques chez l'homme, que l'épilepsie psychomotrice ou limbique ».

⁷³ Cf. sur cette même question : PLUTCHIK, 1962, pp. 87-90.

⁷⁴ *Sexual Behavior in the Human Female*, 1953, p. 704. La réaction sexuelle a été admirablement analysée par Kinsey dans la troisième partie de cet ouvrage, pp. 565-761. Le livre de MASTERS et JOHNSON, *Human Sexual Response*, Little Brown, Boston, 1966, fondé, comme on sait, sur l'observation *de visu* (déontologiquement très sujette à critique) de quelque 700 sujets, s'il apporte des précisions de détail, se révèle infiniment plus sommaire dans ses vues, tant physiologiques que psychologiques. La réaction sexuelle a été, d'autre part, — il est à peine besoin de le rappeler — abondamment commentée par Freud et pas mal de ses disciples (en particulier REICH, *The function of orgasm*, 1942, 1948).

⁷⁵ KINSEY, 1953, p. 630. La parenté de la réaction sexuelle avec la colère, l'épilepsie et plus généralement les réactions émotionnelles, le caractère de *syndrome* commun à tous ces phénomènes, enfin l'alternance de *tension* et *décharge* qui y prend place, sont soulignés par Kinsey tout le long de son exposé (pp. 594, 603, 614, 622, 627, 630, 631, 693, 703-704, 705 : colère; 706-707 : épilepsie). Il n'en est que plus inattendu de lui voir écrire : « L'orgasme sexuel constitue l'un des aspects les plus étonnants du comportement humain. Il n'y a qu'un autre phénomène, à savoir l'éternuement, qui en soit physiologiquement proche, de par son accumulation et décharge explosive de tension. Cependant, l'éternuement est un épisode localisé, tandis que l'orgasme sexuel affecte l'ensemble du corps réagissant. Si la sommation de tension neuromusculaire est un phénomène familier aux neurophysiologistes, le mécanisme de décharge explosive d'une telle tension, reste incompris » (p. 631).

Une question qui mériterait d'être posée, est celle des relations entre l'orgasme et l'angoisse. Kinsey note seulement que l'expression torturée de la face au summum de l'éréthisme sexuel " is paralleled only in the facial expression of persons who are suffering intense pain and agony " (p. 622). On pourrait se demander, en effet, si les approches de l'orgasme n'impliquent pas une composante angoissée, voire un désir de mort, dont l'expression la plus magnifique dans la littérature et l'art se trouve, sans nul doute, au second acte du *Tristan* de Wagner. A un niveau plus trivial, rappelons l'expression familière de « petite mort » par quoi le français désigne de tels états. « ... Il y a de la distance, Dieu merci! de la petite mort à la grande. Mais c'est le même tour d'œil... » (*La Rôtisserie de la Reine Pédauque*, p. 332).

⁷⁶ KINSEY, 1953, pp. 693-703. Pour le détail des phénomènes vasculaires, sécrétoires et moteurs prenant place dans les organes génitaux, mâles ou femelles, cf. le même ouvrage, pp. 607-612 et 632-636, ainsi que MASTERS-JOHNSON, *op. cit.*, (résumé pp. 273-293) qui précise pas mal de points. On notera le jumelage des parasympathique et sympathique, ce dernier l'emportant, cependant, à l'acmé du phénomène, pour s'effacer ensuite (cf. la remarque de KINSEY, p. 702, transcrite par nous *supra*, n. 13, p. 74).

⁷⁷ A l'érection et éjaculation réflexes et inconscientes, en cas de section de la moelle, s'oppose antithétiquement le cas extrêmement suggestif d'une femme à la moelle sectionnée au-dessus de la région lombaire, et qui réagissait à la caresse des seins par un orgasme parfaitement gratifiant, n'impliquant que la partie supérieure du corps à l'exclusion de l'arc pelvien (KINSEY, p. 700). Un cas comparable nous a été rapporté d'un sujet éprouvant une sorte d'orgasme sans implication génitale, au moment qu'il déposait un objet trop lourd qu'il avait dû porter. On peut se demander, enfin, si un tel orgasme non génital ne correspond pas aux extases et transports des mystiques.

⁷⁸ KINSEY, pp. 596-597 et 605-606. Quant au détail des muscles affectés par la tension : pp. 617-623 et MASTERS-JOHNSON, *l. c.*

⁷⁹ KINSEY, pp. 613-617 et 631-636. Kinsey remarque que l'obnubilation de la conscience discriminative qui s'observe ici, intervient également, à des degrés divers, dans la colère, la peur, l'épilepsie, etc. (p. 614). Quant à l'affect orgasmique, lié à des convulsions qui ressemblent à celles de l'épilepsie et de l'électrochoc : « Ceci ne rend que plus étonnant qu'aux yeux de la plupart des gens, l'orgasme sexuel avec ses *after-effects* procure l'une des plus suprêmes satisfactions physiques » (p. 632).

⁸⁰ Le parasympathique provoquant, non exceptionnellement, outre la fatigue, la quiétude, le sommeil, des mouvements du tube digestif, l'impression de faim ou de soif, etc. (KINSEY, pp. 636-639). Chez certains, les dépenses musculaires de l'orgasme laissent comme suites, non seulement une lassitude, mais des douleurs dans diverses régions du corps (MASTERS, p. 299).

⁸¹ Il en est de même chez l'animal. Cf. TINKLEPAUGH, 1933; NISSEN, 1951; GANTT, 1944, (érections et éjaculations chez un chien mis en état de névrose expérimentale par la méthode de Pavlov).

On sait, d'autre part, à quel point, chez nombre de malades mentaux (notamment chez les mélancoliques) la masturbation devient exutoire pour les tensions (SCHWARZ, 1949, p. 41).

Sur l'érotisation possible de toute tendance qui ne trouve pas décharge appropriée, et l'explication des perversions par ce mécanisme (sadisme, masochisme, etc.), cf. ALEXANDER, 1949, pp. 75-80.

L'excitation sexuelle peut, en retour, se liquider par le rire.

⁸² La phénoménologie de l'orgasme s'en enrichit d'autant, et l'éjaculation, d'accessoire qu'elle était d'abord, prend la première place. Cf. sur sa signification et les affects qui l'accompagnent, SCHWARZ, 1935, pp. 92 ss.

⁸³ LARGUIER DES BANCELS, 1921, p. 239.

⁸⁴ « Dès la naissance, l'enfant manifeste de la peur quand un bruit intense soudain est produit près de sa tête ou quand il est troublé dans son équilibre, comme, par exemple, quand sa couverture est rapidement agitée. Il n'y a pas d'autres peurs naturelles. Toutes les autres peurs sont acquises » (1928, p. 18). Cf. aussi du même auteur : *Behaviorism*, Norton, 1924. On notera que le chat

décortiqué réagit au bruit par la peur dans les expériences de Bard (*supra*, n. 3, p. 73).

[85] DOLLARD, 1943, pp. 24-25.

[86] Ajoutons-y cet exemple donné par Watson (1928, p. 20) : « Vous avez vu une femme des plus intrépides montrer de la terreur en traversant un pont parfaitement sûr qui balançait sous son poids » (?).

[87] ITARD, *op. cit.*, p. 179. Trouvant dans cette expérience un moyen de mater les colères de son élève, Itard écrit : « ... j'ouvre avec violence la croisée de sa chambre située au quatrième étage et donnant perpendiculairement sur de gros quartiers de pierres. Je m'approche de lui avec toute les apparences de la fureur et le saisissant fortement par les hanches, je l'expose sur la fenêtre, la tête tournée vers le fond de ce précipice. Je l'en retirai quelques secondes après, pâle, couvert d'une sueur froide, les yeux un peu larmoyants, et agité encore de quelques légers tressaillements que je crus appartenir aux effets de la peur ». On pourrait concevoir pareillement que l'*agoraphobie* s'explique par la hantise du point d'appui. On comparera, cependant, l'explication par *déplacement* que Freud donne de cette dernière, comme aussi de l'*acrophobie*, ou peur des tours, fenêtres et précipices (*supra*, n. 57, p. 81).

[88] On connaît l'expérience cruciale de Watson (cf. *l. c.*) frappant violemment une barre de fer au moment où l'enfant porte les mains vers un lapin familier, et créant par *conditionnement* une peur du lapin, étendue ensuite par généralisation à tous les animaux à fourrure.

Un *déconditionnement* symétrique (par association à la nourriture) a été décrit par JONES, 1924 (transcrit dans CANDLAND, 1962, pp. 91-99).

De telles peurs conditionnées sont évidemment fréquentes. Un exemple est celui de ce conducteur qui n'osait plus presser la pédale de frein, après qu'un freinage eut provoqué un dérapage. Plus généralement, on sait à quel point un accident peut inhiber le conducteur qui l'a subi.

La question est de savoir si *toutes* les peurs peuvent s'expliquer par conditionnement à partir des réactions au bruit ou à la perte du support (ou, dans l'hypothèse freudienne, par déplacement à partir de l'*Angst* de la naissance). Après une courte période de grande popularité, la thèse watsonienne a été contestée par H. E. JONES-M. C. JONES, 1928 (peur des serpents); VALENTINE, 1930; JERSILD et HOLMES, 1935.

Plus récemment, Hebb a repris le problème à partir d'observations sur les chimpanzés (1946, transcrit dans CANDLAND, 1962, pp. 139-169; 1946, 1954, 1955, transcrit dans PRIBRAM, 1969, t. IV, pp. 173-190. Cf. aussi 1949).

[89] HEBB, 1946, pp. 153-155 et 161-163 (CANDLAND); 1955, pp. 186-187 (PRIBRAM); on comprend que ces peurs ne se manifestent pas d'emblée, mais seulement après qu'*habitude* ait été prise d'un certain environnement. On comprend aussi qu'à l'âge adulte adaptation soit faite à des environnements de type différent.

C'est vers quatre mois que le chimpanzé prend peur de congénères ou êtres humains nouveaux. Si, cependant, il est élevé dans le noir jusqu'à cet âge, il accueille sans émoi les premières personnes qu'il rencontre et ne redoute les étrangers qu'au moment où il reconnaît les familiers. La peur n'apparaîtra pas, d'autre part, s'il est confronté d'emblée avec de nombreux individus.

Hebb laisse le choix entre deux explications : *sensory deficit* et suspension des stimulations habituelles dans le sens que nous indiquons dans le texte; mélange de connu et d'inconnu et conflit entre *incompatible perceptual and intellectual processes*, notion qui va être commentée par nous (1946, pp. 161-163). A la vérité, il n'est pas impossible que ces deux explications se ramènent à une seule et qu'il soit passé, par degrés insensibles, de l'une à l'autre.

[90] Hebb, 1955, p. 187.

[91] L'insolite étant ici soit la mutilation, soit le manque de réponse *(lack of responsiveness)* (Cf. Hebb, 1946, pp. 139-150; 1954, p. 549; 1955, pp. 175-176). Expérimentant sur ces deux facteurs, Hebb a observé des terreurs caractéristiques chez les chimpanzés à la vue de crânes ou de modèles de têtes d'hommes, de chimpanzés, de chiens (en argile ou plâtre; colorés ou non; grandeur nature ou réduites; aux mâchoires mobiles ou non); à la vue de silhouettes articulées de singes; enfin, — faute de cadavres — à la vue de chimpanzés inanimés sous narcose.

[92] Köhler, 1928, pp. 306-310; Hebb, 1954, p. 549; 1946, p. 144; Valentine et Jersild-Holmes, *op. cit*. Répétons que l'insolite survenant, par définition, sur un fond de familier, les peurs susdites supposent un minimum de maturation et apprentissage préalable. Ainsi l'enfant peut-il ne s'effrayer des animaux ou jouets animés qu'au cours de la seconde année.

[93] Maupassant, *La peur*, dans *Contes et Nouvelles*, Albin Michel, 1957, t. II, p. 798. Maints des contes de cet auteur seraient à citer ici : *La peur*, p. 957; *Lui?*, p. 852; *Le Horla*, p. 1087; *La nuit*, p. 1138; *Qui sait?*, p. 1186, etc.

[94] Cf. Dollard, 1943; Grinker et Spiegel, 1945.

[95] Schwarz, 1949, p. 188.

[96] Wallon note avec profondeur que la présence d'autrui est source d'une excitation particulière, génératrice de *joie*, si elle s'écoule librement, d'*irritation* et de *colère* si elle s'accumule, enfin de *peur* et *timidité*, si elle prête à hésitation et incertitude (*La vie mentale*, p. 8. 24. 4).

Plus singulier, et illustrant à merveille le rôle de l'imagination dans la peur, est le cas de cette chanteuse d'opéra expérimentée qui demeura aphone la première fois qu'elle se produisit à la Radio et dut s'y reprendre à deux fois avant de triompher de son inhibition.

[97] Cf. là-dessus, Lacroze, 1938, pp. 155-245; Odier, 1947, pp. 57-151 (cf. *supra*, pp. 52-53).

[98] On a relevé dans la *pellagre* des peurs psychotiques (d'amis, de parents, de phantasmes hallucinatoires) dissipées par l'acide nicotinique (Hebb, 1946, p. 163). Le même auteur attribue en partie les timidités de l'adolescence à des facteurs endocriniens.

[99] Harlow, 1959, en particulier pp. 48 ss. On comparera la *fragilité et insécurité intérieures* décrites par Odier dans les *névroses d'abandon* (*op. cit*., pp. 151 ss.). La « bonne mère », dans les expériences de Harlow, est, rappelons-le, non pas celle qui, décevante au toucher par sa texture métallique, fournit du lait, mais celle qui, par son revêtement extérieur moelleux, offre au jeune macaque un *contact* gratifiant.

[100] Cf. *supra*, p. 52.

[101] D'où le recours aux reviviscences et abréactions sous narco-analyse dans le cas des névroses de guerre et peurs mal liquidées. Cf. Gellhorn, 1963, pp. 287 ss.

[102] Nous nous référons à la liste des *psychic needs* de W. I. THOMAS *(aventure et expériences nouvelles; sécurité; considération; réponse)* et de LINTON *(need for emotional response from other individuals; need for security of the long term sort; need for novelty of experience)*. Cf. LINTON, 1945, p. 6.

[103] Cf. sur cette différenciation, tant des réactions émotionnelles que des stimuli qui les déclenchent : BANHAM BRIDGES, 1932, reproduit dans CANDLAND, pp. 100-125; M. C. JONES, 1933; MALRIEU, 1952-1967, 1958, 1963. Enfin, mériteraient d'être discutées les idées de SPITZ relatives à la *proleptic function of emotion*.

[104] BOURJADE, 1937, p. 160.

[105] Cette phrase figure en exergue du roman *Le petit Chose* entrepris, de façon impromptue, par Daudet lorsque, retournant dans le pays de sa jeunesse, il y revécut les émotions subies jadis par lui comme surveillant de collège (histoire racontée par Léon Treich dans *Le Soir* du 11 novembre 1962).

Sur l'application des mêmes lois à la sexualité, non seulement humaine, mais animale, cf. KINSEY, 1953, pp. 643 ss. (Chiens et chats excités sexuellement lorsqu'ils se retrouvent en des endroits où ils ont copulé, montrant des préférences pour un partenaire antérieur, entrant en érection à la vue de la personne qui les a caressés, etc.).

[106] MASLOW-MITTELMANN, 1941, pp. 88-93. Maslow cite l'exemple d'un sujet qui, ressentant une violente antipathie contre les roux, et cherchant à se l'expliquer, finit par se remémorer une unique scène de son enfance où l'avait malmené un compagnon roux. L'antipathie s'était immédiatement fixée et généralisée, insensible aux rencontres ultérieures avec des roux inoffensifs.

CHAPITRE III

LES CONDUITES INSTINCTIVES

Nous traitons, sous ce titre, des conduites *innées* et *spécifiques* qui permettent aux vivants de se nourrir, copuler sexuellement, prendre soin de leurs petits, combattre un ennemi, fuir un prédateur, etc., et, par là, assurer tant leur survie que celle de l'espèce.

Rudimentaires chez les invertébrés inférieurs, ces conduites se développent en proportion des centres suprasegmentaires, et revêtent une complexité extrême chez les arthropodes et insectes sociaux. Masquées chez les vertébrés par l'apprentissage, et chez l'homme, davantage encore, par cette forme d'apprentissage en quoi consiste la *culture*, elles devraient en principe reparaître à l'état pur en cas de décortication. Si ceci s'observe à la rigueur aux niveaux inférieurs, par exemple, chez la grenouille, et si l'oiseau dont le cortex est peu développé fait montre d'instincts complexes à l'état de relative pureté, la télencéphalisation, à l'œuvre chez les mammifères, a tendu à transférer dans l'écorce les composantes perceptives et motrices de l'instinct, souvent d'ailleurs — et par là même — indiscernables de l'intelligence. Seule est restée logée dans l'hypothalamus et ses annexes — au moins pour les *viscerogenic drives* — la motivation proprement dite ou incitation interne mettant l'acte instinctif en branle.

L'instinct a souvent été conçu, dans une perspective vitaliste, comme une potentialité mystérieuse et *sui generis*, permettant à l'animal d'atteindre *à coup sûr* ses fins, et quelque chose de cette conception survit chez un McDougall ou un Bergson. Il est à peine besoin de dire que les conduites instinctives s'expliquent intégralement par l'organisation neurophysiologique de l'animal, elle-même produit de l'évolution et de la sélection. Quant à la prétendue infaillibilité de l'instinct — outre que celui-ci implique dans son déploiement concret pas mal d'apprentissage —, elle peut sans doute faire illusion dans les conditions naturelles auxquelles est adapté l'animal, mais est démentie par les nombreux *ratés* que révèle l'analyse expérimentale, lorsqu'elle modifie ces conditions.

> Il est essentiel de dissocier l'*inné* de ce que lui ont adjoint l'*imprinting*, l'expérience antérieure et la loi de l'*effet*, enfin l'imitation. Tous les pinsons ont le même chant, que l'on serait tenté de considérer comme instinctif. Élevés dans l'isolement, cependant, ils n'en produisent qu'une ébauche qui ira se perfectionnant à l'audition des congénères. Passé la première saison des amours, l'ébauche reste à l'état d'ébauche.
>
> Comme exemples de *ratés* de l'instinct, ou, plus exactement, de détermination rigoureuse des stimuli qui le déclenchent, citons les suivants, relatifs à la récognition des partenaires sexuels, des œufs et des petits.
>
> C'est la zone rouge du ventre de l'épinoche qui provoque l'intérêt de la femelle et l'agression des autres mâles. Ces réactions s'abolissent en présence d'une épinoche postiche non teintée de rouge. Elles se déploient, au contraire, au vu d'une modèle de forme quelconque, pourvu du rouge nécessaire (Tinbergen).
>
> Le rouge-gorge attaque un mâle empaillé que l'on introduit dans son territoire. Si, cependant, on enlève à ce dernier et dépose à quelque distance le bouquet de plumes rouges qu'il porte à la poitrine, c'est le bouquet, et non l'oiseau, qui est attaqué.
>
> Décisives, de même, dans leurs effets, sont, chez le canard mâle, les plumes vertes du cou, et chez les perruches *Melopsittacus*

les très petites écailles vertes ou bleues que mâles et femelles, respectivement, ont à la base du bec.

L'oiseau reconnaît-il ses œufs? On peut faire couver quantité d'objets des plus divers aux grands oiseaux. Les petits témoignent de plus de discernement. Si, cependant, chez la linotte qui pond quatre œufs, et, le jour d'après, un cinquième, on remplace les œufs initiaux par d'autres de couleur différente, ceux-ci sont acceptés, tandis que, le lendemain, c'est le cinquième et seul bon qui se verra rejeter. — La mouette, qui se nourrit d'œufs, s'abstient de manger, outre les siens, ceux d'autres espèces que l'on y mêle. Elle dévore, par contre, les siens propres, pour peu qu'ils soient déplacés à quelque distance du nid.

L'oiseau reconnaît-il ses petits? S'il prend soin de ces derniers, et pourchasse, en principe, ceux d'autre espèce, voire d'autre nichée, le déclenchement de l'une ou de l'autre conduite dépend le plus souvent de facteurs définis. C'est ainsi que le milan qui est *nidicole* commence par accueillir le poussin qui est *nidifuge*, mais le massacre quand il s'enfuit, ou que la poule, d'abord maternelle au jeune corbeau, le met à mort quand il croasse. Ainsi encore que la dinde sourde massacre, au sortir de l'œuf, ses propres petits dont elle n'entend pas le cri, déclencheur obligé des soins maternels et inhibiteur de l'agression. En retour, la dinde normale accueille n'importe quel oiseau empaillé, pourvu qu'un petit haut-parleur diffuse le cri attendu [1].

A ces *ratés* qui concernent la perception et récognition de l'objet font pendant ceux qui affectent l'*action* instinctive. L'exemple le plus démonstratif que l'on puisse donner consiste dans le *tonneau des Danaïdes* décrit par J. H. Fabre, R. W. Hingston, etc. chez diverses espèces d'arthropodes. « Le chalicodome des murailles construit une cellule en terre glaise et l'approvisionne en pollen et en miel avant d'y déposer un œuf et de la sceller. Si l'on pratique une ouverture dans la cellule pendant que l'animal est occupé à l'édifier, c'est-à-dire pendant la période même de construction, la brèche est généralement réparée; mais si celle-ci est faite durant le stade ultérieur de l'approvisionnement, elle demeure béante : l'animal poursuit son travail de récolteur sans redevenir maçon et finit par fermer une cellule vide » [2].

1. — **Caractères des conduites instinctives**

Les traits essentiels de l'instinct — au moins tel qu'il s'observe chez les mammifères — ont été notés par Sherrington, lorsqu'aux réflexes, réponses locales et *immédiatement consommatrices*, déclenchées par les *récepteurs au contact* et le SN segmentaire, il oppose des conduites globales, à *consommation différée*, solidaires des *récepteurs à distance* et du cerveau. En effet, tandis qu'à un stimulus tactile ou gustatif il ne peut être répondu que par l'accueil ou le rejet, réactions terminales, vue, ouïe et odorat *orientent* et *dirigent* vers un objet distant, la consommation ne prenant place qu'au moment qu'il est rejoint. Ceci conduit à distinguer dans le décours de l'instinct, trois phases au lieu des deux que compte le réflexe :

a) *Phase de latence*. C'est celle où la motivation se constitue au triple niveau humoral, neurophysiologique et psychique. La tension tonique qui s'institue alors dans l'organisme peut n'être ressentie que comme malaise vague. Elle peut aussi provoquer prise de conscience plus nette et se traduire en pulsion.

b) *Phase de préparation*. Deux hypothèses sont à prévoir, dont les conséquences ultimes sont d'ailleurs les mêmes. Ou bien un *stimulus de préparation* se présente, signalant à distance une occasion de satisfaction, par exemple, au renard affamé, la silhouette, l'odeur ou le caquetage d'une poule. Y fait suite une *réponse de préparation* : guet, locomotion, poursuite, etc., destinée à assurer le contact avec l'objet (ou, au contraire, à l'éviter s'il s'agit de conduite aversive et de fuite). En d'autres cas, la motivation croissant sans cesse et nul stimulus ne s'offrant, l'animal sort *spontanément* de sa torpeur et explore le milieu dans l'espoir ou avec pour résultat de le faire surgir.

On notera que, si le réflexe peut être toujours décrit comme réponse musculaire définie à *un* stimulus, lui-même invariable, les messages les plus divers : visuel, auditif, olfactif, composant *schéma perceptif* d'un objet, peuvent déclencher la même et unique conduite instinctive.

D'autre part, cette dernière, à l'inverse du réflexe, ne peut être caractérisée en termes de contractions obligées et prévisibles. Se réglant sur l'objet, sa localisation, ses déplacements, elle ne s'achève, après durée et épisodes variables, que lorsqu'il est atteint. C'est dire qu'elle constitue une *action* ou une *tâche*, *moyen* en vue d'une *fin*.

Un contraste analogue oppose l'instinct à l'émotion. Celle-ci, une fois libérée, se décharge, nous l'avons vu, par secousses explosives, commandées exclusivement de l'intérieur. L'instinct substitue au *principe du plaisir* le *principe de réalité*, et à la satisfaction *autoplastique* l'efficience *alloplastique*. Au déroulement *explosif* de l'émotion s'oppose, d'autre part, l'écoulement autrement canalisé et *suspensif* de la conduite instinctive, soumise, en cours d'exécution, à ces régulations d'*effort* ou de *fatigue* dont Janet a laissé des descriptions si profondes. Si la décharge autoplastique n'est pas, à vrai dire, absolument exclue de l'instinct, au moins est-elle tenue en suspens jusqu'à l'obtention du but, se traduisant alors — s'il reste des énergies disponibles — sous forme de joie.

c) *Phase de consommation.* Le contact avec l'objet assuré, et les stimuli et récepteurs *ad hoc* entrant en scène, la conduite de consommation — par exemple, pour le renard, manger la poule — peut enfin prendre place. Soulignons à nouveau qu'à la différence du réflexe, modifiant le stimulus, celle-ci affecte l'objet même, source de stimulation. Après quoi, la satiété survenant et la motivation s'éteignant pour un temps, l'animal rentre en repos.

C'est au stade de l'instinct, on le devine, qu'apparaît la *conscience cognitive et épicritique* (Head), siège de *sensations* et *perceptions*, celles-ci « projetées » et ordonnées dans un cadre général, l'*espace vital (life space,* Lewin), lieu des locomotions et manipulations possibles. Relevons de plus, avec Sherrington encore, que si l'*affective tone* domine dans les données des récepteurs au contact, celles des récepteurs à distance se caractérisent, au contraire — en plus d'un étonnant pouvoir de *discrimination* — par leur coloration *conative (conative tone).*

> Il importerait ici de définir et d'opposer l'une à l'autre *sensation* et *perception*, question largement étudiée depuis un bon siècle, et que nous ne pouvons qu'évoquer.
>
> Chaque appareil sensoriel (récepteur, nerf centripète, centre cérébral de projection) répond à une catégorie définie d'excitants par une *sensation* ou phénomène mental *sui generis* : clarté, *couleur* (vue), *son* (ouïe), *odeur* (odorat), *saveur* (goût), *contact, froid, chaud, douleur* (sensibilité générale extéroceptive).

La *perception* d'un *objet* suppose, évidemment, une *fusion* ou *synthèse* des sensations provoquées par lui dans les divers récepteurs, l'une quelconque de celles-ci évoquant ensuite, par *association* et *signalisation*, toutes les autres.

Il existe des constellations de sensations ou *schémas perceptifs* innés, sur lesquels l'éthologie animale, d'une part, la Gestaltpsychologie, de l'autre, ont, de points de vues différents, attiré l'attention.

Ces schémas se perfectionnent, au cours de l'existence individuelle, par l'apprentissage, soit que le *trial and error* et la loi de l'effet y opèrent des analyses et différenciations, soit que l'association par contiguïté et le conditionnement étoffent et enrichissent les synthèses initiales.

On ne s'étonnera pas que cette part d'apprentissage revête une importance extrême chez l'homme. Le meilleur exemple qu'on en puisse donner est le transfert qui s'effectue, dans les premiers mois de l'enfance, des données du toucher aux informations fournies par la vue. Instructif à cet égard est le cas des aveugles-nés, opérés de la cataracte, dont la première et insurpassable relation — concernant un enfant de 13 ans — a été fournie en 1728 par Cheselden.

« Dans les premiers temps, loin d'être en état d'apprécier les distances, il s'imaginait que tous les objets qu'il voyait touchaient ses yeux, de même que les objets sentis sont au contact de la peau... »

« Il ne se faisait pas d'idée de la forme des objets, il ne les reconnaissait pas, quelles que fussent leurs différences de forme et de grandeur; mais quand on lui désignait les objets qu'il avait reconnus d'abord à l'aide du toucher, il les considérait attentivement afin de les reconnaître plus tard. A cause du nombre considérable de choses qu'il avait à apprendre à la fois, il en oubliait beaucoup, et, comme il disait, il apprenait à connaître et oubliait de nouveau mille choses en un jour » (exemple d'un chien et d'un chat confondus par la vue et distingués par le toucher).

« On crut d'abord qu'il n'avait pas tardé à comprendre ce que représentaient des images qu'on lui montrait, mais on s'aperçut par la suite qu'on s'était trompé; il s'aperçut subitement que les tableaux représentent des corps solides; jusque-là, il ne les avait considérés que comme des plans couverts de différentes couleurs. Ce qui ajouta à sa surprise, c'est qu'il s'attendit alors à ce que les tableaux lui représentassent au toucher, la même sensation que les objets représentés, et son étonnement fut extrême en remarquant que les parties que les effets d'ombre et de lumière faisaient paraître rondes et inégales, semblaient unies à la main, comme le reste. Il demandait quel était le sens qui le trompait, si c'était le toucher ou la vue».

« Lorsqu'on lui montra le portrait de son père, dans un médaillon, en lui disant ce que c'était, il en reconnut la ressemblance, mais il témoigna une grande surprise; il demanda comment on avait pu représenter une figure si grande dans un espace si restreint, ajoutant que cela lui aurait paru tout aussi impossible que de mettre le contenu d'un boisseau dans une pinte».

« Au commencement, tout ce qu'il voyait lui paraissait d'une grandeur démesurée; en voyant des objets plus grands, il reconnut que ceux qu'il avait vus d'abord étaient plus petits, parce qu'il ne pouvait pas se représenter de lignes en dehors de l'étendue qu'il voyait; il savait bien, disait-il, que la chambre dans laquelle il se trouvait n'était qu'une partie de la maison, mais il ne pouvait concevoir comment la maison en entier pouvait paraître plus grande que la chambre. » [3].

Une malade guérie par Wardrop commence, de même, par ne rien comprendre aux lois de la perspective, confondant la taille réelle des objets avec leurs dimensions momentanées dans le champ visuel, et leur forme réelle avec l'aspect occasionnel qu'ils présentent (de face, de côté, etc.) à la vue. Il ne lui faut pas moins de 18 jours pour identifier visuellement les figures planes : cercle, carré, etc. et davantage encore pour reconnaître à coup sûr les solides — tables, chaises — sous la multiplicité de leurs apparences changeantes. Quant aux déplacements des objets, ils sont rapportés aux mouvements des globes oculaires, après que ceux-ci se sont exercés à suivre les mouvements des mains [4].

On prendra garde, cependant, de ne pas étendre sans plus à l'animal ce qui se constate chez l'homme : à peine sorti de l'œuf, le jeune poussin picore sans défaut les grains qui lui sont offerts.

Mais la perception ne se borne pas à fusionner des sensations. Elle ajoute à celles-ci des caractères qui lui sont propres. Première *Physique* naïve, mais suffisante pour l'action, elle substitue à la poussière des impressions subjectives, changeantes, discontinues qui nous assaillent, la notion d'un monde stable d'*objets*.

Objets *constants* dans leur forme, leur grandeur, leur couleur. Une porte est *perçue* par nous comme rectangulaire, même si elle est *vue* (de côté) comme un trapèze. — Nous ne déclarons pas plus petit qu'un arbuste proche — même s'il nous *apparaît* tel — le chêne que nous voyons à distance, ni ne risquons de faire nôtre cette réflexion qu'Anatole France prête à un caniche : « C'est étrange, quand les objets s'approchent de moi, ils grandissent, tandis que, quand je m'approche d'eux, je reste le même. » — Nous ne remarquons pas que la craie dans la pénombre est réellement de même teinte que le charbon au soleil, ni qu'une pelotte blanche à la lumière du jour prend à celle du gaz la couleur d'une orange (Hering) [5].

Les objets sont *perçus* comme *permanents dans le temps*, même s'ils cessent pour un temps d'être *vus*, et le prédateur n'interrompt pas sa poursuite quand la proie disparaît au détour du chemin.

Ils sont, de plus, *localisés dans l'espace*, cadre général, constitué lui-même à partir d'impressions tactiles, kinésiques, visuelles, auditives, olfactives. L'animal tient compte des déplacements de l'objet dans ce cadre, et ne cherche pas celui-ci (par ex. le chien son maître) à la place accoutumée, s'il vient de le voir ailleurs [6].

Enfin — et c'est là l'essentiel, dont tout le reste découle — la perception implique *objectivation*, c'est-à-dire constitution de réalités extramentales à partir d'impressions subjectives. Chez l'homme, la dite objectivation se couronne par la *dénomination*.

La tâche du dessinateur et du peintre, en particulier du peintre impressionniste, consiste justement, défaisant le travail perceptif, à restituer dans leur nudité les sensations originelles, ce qui fait dire magnifiquement à Proust (à propos des marines d'Elstir, où c'est la terre qui prend l'aspect de la mer et inversement) : « J'y pouvais discerner que le charme de chacune consistait en une métamorphose analogue à celle qu'en poésie on nomme métaphore, et que *si Dieu le Père avait créé les choses en leur donnant un nom, c'est en leur enlevant leur nom, ou en leur en donnant un autre qu'Elstir les recréait* ». [7] L'attitude pragmatique fait place alors à l'attitude ludique et esthétique.

La dissociation du *perçu* et du *senti*, de l'*interprété* et du *donné*, est réalisée d'autre manière par la pathologie dans les divers types d'*agnosies* (tactiles, visuelles, auditives; des formes ou *amorphognosies*, des matières ou *ahylognosies*, de l'espace, des couleurs, des bruits, des sons ou rythmes musicaux, des mots écrits ou prononcés), mais surtout dans les *agnosies sémantiques* ou *asymbolies*, où la sensation, indemne et parfaitement analysée, n'évoque plus rien d'autre qu'elle-même, à l'exclusion de tout objet reconnu; on sait que ce sont alors les *centres d'association*, et non plus de *projection* qui sont en cause [8].

Différentes des agnosies sont les *illusions* et *trompe-l'œil*, dans lesquels le travail perceptif s'effectuant correctement, ou peu s'en faut, une méprise se produit cependant, quant à l'objet, soit que ceci résulte de la structure de l'appareil récepteur *(dessins et peintures suggérant le relief; mouvements stroboscopiques et cinématographiques; chocs de figures imposant l'idée de causalité dans les expériences de Michotte)*, soit que la perception des détails soit faussée par celle du tout *(illusions géométriques)*, soit, enfin, que tout ou partie des stimuli normalement déclencheurs du schéma perceptif soient délégués par un objet insolite *(cf. plus haut les « méprises » des épinoches, rouges-gorges,* etc.). Dans ce dernier cas, l'illusion perceptive est grandement favorisée par l'habitude, l'attention expectante, enfin l'état émotif et conatif (cf. les expériences de tachistoscopie). D'une façon générale, d'ailleurs, l'instinctivo-affectivité joue un rôle notable dans la perception, rendant attentif et sélectif aux plus faibles indices de satisfaction ou frustration possibles.

La psychologie américaine a décrit comme *motivated, purposive* ou *goal directed behavior* les conduites supra-segmentaires évoquées par Sherrington, et comme *instrumental act*, d'une part, *end* ou *goal response*, de l'autre, les phases respectives de *préparation* et *consommation* [9]. Précisons qu'il s'agit ici de démarches observées chez les mammifères, les primates et l'homme, et n'excluant pas, au niveau de l'*instrumental act*, une part variable d'apprentissage. Ce qui, cependant, y demeure d'irréductiblement instinctif et inné, c'est la tendance à une certaine *action* sur un certain *objet*. Bien loin que, comme l'ont soutenu des physiologistes (Pavlov, H. Roger), la séquence instinctive se réduise à une chaîne de réflexes, réglés par stimuli successifs, il apparaît que, tout le long de sa quête, l'animal *anticipe* l'acte final et la satisfaction qu'il en tirera (*Purpose implies foresight*, McDougall). « Qu'une tendance persistante appelle de l'intérieur la réaction de consommation, on le voit, lorsque, par exemple, un chien de chasse perd la trace du gibier. Si ses allées et venues s'expliquaient simplement par une succession de stimuli déclenchant de purs réflexes, il cesserait de chasser aussitôt que disparaît la trace ou la resuivrait en sens inverse. Or, ce qu'il fait, c'est d'explorer de droite et de gauche et de chercher la trace, comme on dit. Cette recherche que n'évoque aucun stimulus externe (mais bien plutôt l'absence d'un tel stimulus) ne peut être mue que par une force interne. Et les circonstances ne permettent pas de douter que cette motion interne est dirigée vers la capture de la proie » [10].

En va-t-il de même chez les vertébrés inférieurs et invertébrés? L'éthologie animale invite à une réponse nuancée sur ce point. Il apparaît, d'abord, qu'à ces niveaux élémentaires, le *schéma perceptif* se réduit à peu de chose, et l'*objet* à un stimulus ou groupe de stimuli étroitement circonscrits (exemple : le ventre rouge de l'épinoche mâle). L'*action* n'est pas non plus ce que donnerait à croire l'interprétation anthropomorphique, mais réaction stéréotypée à l'*innate releasing mechanism* (cf. Le *tonneau des Danaïdes*). Souvent, la séquence instinctive, superficiellement une et liée, se scinde en phases discrètes, dont chacune est fermée sur elle-même *(idem)*. Enfin, dans la mesure où on peut parler de préparation et consommation, nommées ici respectivement *taxis, conduite appétitive, tool reaction* et *instinct*, au sens strict, ou *goal reaction*, il apparaît que « la part relative de ces deux composantes en des conduites comparables d'animaux divers, diffère quantitativement suivant leur capacité mentale. Plus haut est situé l'organisme dans l'échelle phylétique, plus variable est son comportement relativement à un but. Prenons comme extrêmes les conduites alimentaires d'un oiseau de proie et d'un être humain. Chez l'oiseau, la phase appétitive se réduit à quelque exploration de type primitif, à peine influencée par l'expérience individuelle, et prenant fin quand la proie est en vue. Hormis les plus simples *taxes* orientatrices, ce qui survient alors, ce sont des actions proprement instinctives, et celles-ci représentent le but émotionnel vers lequel tend subjectivement l'animal. Au contraire, le comportement d'un homme motivé par le seul souci de gagner son pain, inclut pratiquement toutes les plus hautes performances psychologiques dont il est capable. Le motif, l'action consommatrice de « mordre et mâcher » qui constitue son but subjectif s'est confinée à l'extrême fin de la chaîne d'actions, sans d'ailleurs rien perdre de sa nature instinctive ». Aussi bien importe-t-il de noter que, « chez l'homme pas plus que chez l'animal, le but subjectif, objet d'appétence, n'est à identifier avec l'utilité biologique objective de la chaîne d'actions » (entendons : *mâcher* et *manger* avec *se nourrir*, ou *copuler* avec *se reproduire*) »[11].

Si la taxis implique appétence, recherche et poursuite d'un but, adaptation à l'environnement sous l'effet des *stimuli orienteurs (directing stimuli)*, enfin variabilité et perfectionnement par l'apprentissage, la réponse *instinctive* finale constitue, elle, un automatisme invariable, « libéré », en règle par l'*innate releasing mechanism*, quoiqu'il puisse, en son absence, jaillir spontanément et déferler

« in vacuo ». A ces composantes distinctes correspondent des bases neurophysiologiques distinctes. Enfin, ce qui ressort de la comparaison entre espèces, c'est que ces composantes se combinent, suivant les cas, en proportions variables, le progrès de la capacité mentale, à l'œuvre dans la taxis, réduisant d'autant la part de l'automatisme, originellement dominante [12].

L'éthologie a, de plus, mis en lumière le rôle complémentaire des facteurs externes et internes, *stimulation* et *motivation*, dans le déploiement de l'instinct, et ordonné les réactions possibles entre deux cas limites : celui du *stimulus motivant* (Tinbergen), induisant par sa seule présence une motivation initialement nulle; celui des réactions *in vacuo*, déferlant en l'absence d'objet sous l'effet d'une motivation contraignante *(cour à des partenaires inexistants; couvaison d'œufs imaginaires; becquée apportée à des petits non sortis de l'œuf; etc.)*. Dans l'entre-deux, le stimulus voit son seuil décroître et sa spécificité se brouiller dans la mesure où la motivation grandit. On voit des oiseaux, pressés de copuler, couvrir, à défaut de la femelle, soit un partenaire de même sexe, soit un congénère immature, soit enfin — faute d'objet plus approprié — le doigt de l'expérimentateur [13].

La psychologie américaine va dans le même sens, lorsqu'elle note, avec Stellar, que « la quantité de comportement motivé est fonction directe de la quantité d'activité qui prend place dans certains centres excitateurs de l'hypothalamus », cette activité dépendant pour partie de l'état organique et humoral, et pour partie des stimulations afférentes et incitations corticales [14]. La pression corticale s'imposant de plus en plus, au cours de la phylogénie, et avec elle l'apprentissage, rien d'étonnant que l'instinct — tout présent qu'il demeure — semble si souvent masqué chez l'homme.

2. — Les conduites instinctives de base

On classe les conduites instinctives suivant les réactions de consommation qui les terminent, ou — ce qui revient au même —

suivant les *motifs, tensions, besoins, buts...* (comme on voudra les appeler) qui les mettent en branle.

Stéréotypée chez l'animal, la réponse consommatrice revêt davantage de variabilité chez l'homme, des actes symboliques ou verbaux remplaçant les actions motrices (par exemple : des injures les coups), des buts intermédiaires, comme l'argent, tendant à s'imposer provisoirement pour eux-mêmes, enfin la *culture* imprégnant en profondeur les tendances innées, devenues sous son impact *instinctivo-habituelles* (Dalbiez).

Il résulte de là qu'au niveau humain, la délimitation des instincts ne va pas sans un minimum d'hypothèse théorique, ni l'organisation des *data* sans intervention de *constructs*. La part de la théorie est maximale, quand, quittant le plan des *buts subjectifs* de l'individu (Lorenz), on déduit les instincts de base d'une conception générale de la vie ou du psychisme. Ainsi des *Ichtriebe* et *Sexualtriebe*, plus tard des *Instincts de Vie* et de *Mort*, chez Freud, ou de la *Libido* de Jung. Piaget remarque, à cet égard : « Nous n'avons pas à discuter ici du rôle respectif des instincts sexuel et de conservation dans l'inconscient humain. Après que les présocratiques eurent décidé, à tour de rôle que la « nature des choses » était l'eau, l'air et le feu (ou encore cette substance infinie et indéterminée qui rappelle l'« énergie psychique » de Jung), le progrès des connaissances a montré qu'il ne s'agissait pas là d'éléments simples ni uniques » [15].

Dans l'inventaire qui suit, nous nous tenons au plus près de l'observation concrète, sans pour autant exclure toute réduction héorique. On distingue ainsi des besoins *viscérogéniques*, analysables au triple niveau humoral, neurophysiologique et psychique (conduites *alimentaires, sexuelles, maternelles, protectrices*) et des besoins *psychogéniques (sociabilité, domination, appropriation, curiosité)*, qui ne souffrent — provisoirement? — que description psychologique [16]. On y joindra les tendances supérieures par où l'homme, et l'homme seul, cherche à se situer dans l'ordre des choses.

1. CONDUITES ASSURANT LA SATISFACTION DES BESOINS BIOLOGIQUES ET L'HOMÉOSTASIS

Il s'agit des besoins d'*oxygène*, de *chaleur*, de *nourriture* et de *boisson*, de *défécation* et de *miction*, enfin de *repos* et de *sommeil*. On peut y ajouter — quoique évoluant très tôt vers des formes plus hautes — le souhait d'un *environnement stable*, facteur de sécurité et assurance tonique et celui de *liberté de mouvement*, permettant décharges cloniques. Aux réactions *appétitives* s'opposent, d'autre part, des réactions *aversives* mettant en mesure, soit de *suspendre (escape)*, soit d'*éviter (avoidance)* tout ce qui menace l'intégrité des organismes : lésions, chocs électriques, etc.

La plupart des conduites relatives à ces besoins sont réglées par l'hypothalamus. Celui-ci contient des *thermo-*, *osmo-* et *chemorécepteurs* sensibles aux variations du milieu humoral, les uns *excitateurs*, agents d'activation, les autres *inhibiteurs*, responsables de la satiété [17]. A titre d'*emergency mechanisms* interviennent aussi des sensations périphériques : *étouffement; froid; faim et soif; repletion; fatigue; douleur physique*. — Il est remarquable qu'à des déficits spécifiques (en vitamines, en sel, etc.) font suite des choix compensateurs [18]. Les incitations originelles s'affermissent ou s'infléchissent alors suivant la *loi de l'effet*, le bien-être qu'a procuré une nourriture *renforçant* par exemple — consciemment ou non, il n'importe — la propension vers celle-ci. Cela ne va pas, cependant, sans mécompte possible, et l'effet gratifiant peut ne pas aller de pair avec l'utilité biologique : la saccharine est recherchée par les rats à l'égal du sucre.

Le jeu harmonieux de ces mécanismes peut se déranger sous influences psychiques, et susciter des troubles en *hypo*, en *hyper*, voire en *para* : étouffements de l'asthme; anorexies, boulimies, faims spécifiques (par exemple de sucreries) sans rapport avec les exigences physiologiques; polydipsies, alcoolisme, toxicomanies; constipations, coprophilies, énurésies; insomnies ou somnolences incoercibles.

L'animal, nous l'avons vu, atteint ses fins par des conduites d'autant plus stéréotypées qu'il est d'espèce plus fruste. Guère plus avancé n'était l'homme paléolithique, apaisant sa faim par la cueillette et la chasse. A la révolution néolithique (agriculture, élevage, tissage, construction) a fait suite, bien plus tard, le prodigieux essor des industries de l'alimentation, de la boisson, des vêtements, du bâtiment, du chauffage, etc., dont nous sommes les témoins.

Ce qu'il importe de noter encore, c'est que, chez l'homme, la *culture* marque de son sceau, non seulement les moyens, mais les fins et objets de consommation. Chaque société a son type de denrées comestibles, de préparations culinaires et de rituel de la table. Par là-dessus interviennent les goûts individuels, produits de l'habitude et de la loi de l'effet. Il existe, d'ailleurs, en ce domaine comme en d'autres, de bonnes et de mauvaises habitudes, et s'il s'en faut que notre régime alimentaire réponde en tous points aux vœux de la nature, les fines régulations dont il a été fait mention ayant cessé de jouer.

Cela ne va pas sans dommage pour la vie psychique elle-même, tributaire plus qu'on ne croit de ces humbles fonctions organiques. « Car une bonne digestion est tout dans la vie. C'est elle qui donne l'inspiration à l'artiste, les désirs amoureux aux jeunes gens, des idées claires aux penseurs, la joie de vivre à tout le monde, et elle permet de manger beaucoup (ce qui est encore le plus grand bonheur). Un estomac malade pousse au scepticisme, à l'incrédulité, fait germer les songes noirs et les désirs de mort »[19].

2. LES CONDUITES SEXUELLES

Le but de la nature (si l'on peut s'exprimer ainsi) est, dans la sexualité, d'assurer la perpétuation de l'espèce par la fusion de gamètes, spermatozoïdes et ovules, issus d'individus de sexe différent. Au service de ce but, dont ils n'ont nulle conscience, les partenaires déploient un riche éventail de conduites, dont le résultat dernier est de mettre les gamètes en contact.

L'*éthologie animale* a montré l'extrême diversité de ces conduites dans les multiples directions du règne animal, et l'*anthropologie culturelle* les aménagements variés qu'elles subissent dans les sociétés humaines [20]. Kinsey et ses collaborateurs ont, sur la base de vastes échantillonnages, fait le relevé *statistique* des modes d'approche et de satisfaction dans la culture américaine (non sans confusion malheureuse entre le statistiquement normal et le normatif) [21]. D'un point de vue opposé, cliniciens et psychanalystes ont étudié en profondeur l'évolution de la sexualité au sein de *psychismes individuels*, dégageant, en même temps que l'issue normale souhaitable, les écueils qui se rencontrent et les troubles qui en résultent (Freud, Fromm, Scheler, Schwarz) [22]. La synthèse de ces données relève d'une science spéciale, la *sexologie*, dont nous ne pouvons donner ici qu'un aperçu.

L'activation de la sexualité dépend, comme il est de règle, d'une double série de facteurs : stimulations définies, d'ordre visuel, auditif, olfactif, tactile, en constellations ou successions variables; excitation hypothalamique, entretenue par voie endocrine. Le rôle des hormones apparaît à plein dans la puberté et le rut. Ce sont les gonades, stimulées elles-mêmes par l'antérohypophyse, qui, suscitant au seuil de l'adolescence les caractères sexuels secondaires, exaltent en même temps l'instinct, préalablement inscrit dans les centres nerveux. C'est l'hypophyse encore qui, sous l'effet de la lumière printanière, déclenche en maintes espèces le rut ou « saison des amours ». La phylogénie progressant, cependant, les hormones voient leur rôle se réduire, tandis que s'imposent en proportion croissante stimulations externes, incitations corticales et apprentissage (cf. les expériences de castration). Cette corticalisation est maximale chez l'homme, « seul animal, comme on l'a dit, qui puisse copuler en tous temps et boire sans avoir soif » [23].

La fécondation revêt des modes variés. Le plus simple est que mâles et femelles, sans conjonction aucune, *excrètent* abondamment œufs et spermatozoïdes, leur rencontre étant laissée à la chance (cf. les huîtres). Une collaboration plus active des partenaires suppose, d'abord, que ceux-ci s'orientent et progressent l'un vers l'autre, sous l'effet de signaux à distance (cf. le chant des oiseaux). Il importe ensuite que, la rencontre s'opérant, le mâle conjure, par sa *cour*, la fuite ou résistance de la femelle, ou, qu'inversement, celle-ci apaise par *séduction* l'agressivité du mâle. Ceci acquis, et la motivation ayant crû au cours de ces échanges, diverses conclusions sont possibles. Chez des poissons comme l'épinoche, c'est un stimulus tactile — secousses rapides imprimées au dos de la femelle par le museau du mâle — qui provoque la ponte, les œufs étant immédiatement fertilisés et la femelle chassée. La conjonction est plus intime chez les crapauds, où le mâle *embrasse* la femelle et féconde les œufs à mesure qu'ils en sortent. Un ultime progrès s'effectue chez les oiseaux et mammifères, avec le *coït* assurant fécondation interne.

Tout ce processus, chez les animaux à fort automatisme instinctif, s'effectue par succession de couples : *stimulus-réponse*, n'impliquant ni prescience ni conation [24]. Cependant, quand un chimpanzé en érection frappe du pied contre la cage où se trouve une femelle réceptive, et — un observateur venant à passer — pointe du doigt vers le cadenas de la porte [25], il est hors de doute qu'il éprouve et manifeste un désir.

Chez nombre d'animaux, le coït s'opère au hasard des rencontres, les partenaires se quittant aussitôt fécondation faite. En d'autres cas, les géniteurs se consacrent ensemble au soin des jeunes et demeurent associés soit pour une saison, soit pour toute la vie. Entre eux se noue alors un *lien personnel* (Lorenz), ébauche de ce qui deviendra chez l'homme la *tendresse*.

Très divers est, à cet égard, le régime des primates. On sait que ces animaux vivent en bandes, parfois très nombreuses, et comprenant, avec les femelles et leurs petits échelonnés suivant l'âge, un nombre variable de mâles. Pacifiques et tolérants, les singes du Nouveau Monde entourent à plusieurs une femelle en œstrus, s'en désintéressant quand l'œstrus se termine. Davantage agressifs et épris de *dominance*, les singes de l'Ancien Monde inclinent à des choix plus durables et exclusifs. Chez les babouins, souvent comparés dans leur genre de vie (à découvert, par bandes compactes) aux plus anciens hominiens, les mâles dominants se constituent des harems, dont la taille varie en proportion de la dominance, les célibataires forcés profitant de l'inattention ou du bon vouloir des pachas. Les anthropoïdes vivent en forêt, en groupes plus restreints, constitués en règle d'une seule famille, monogame chez les gibbons, polygame chez les autres [26].

Chez les chasseurs du paléolithique, le mariage, sans doute monogame, a une finalité économique plus encore que sexuelle [27], l'homme se consacrant à la chasse, la femme aux tâches mineures et au soin des enfants, longtemps dépendants. Essentielle, de plus, et proprement humaine est la prohibition de l'inceste, ainsi que l'*exogamie*, régulatrice de l'instinct et facteur d'entente entre groupes.

Au cours de sa longue histoire, l'humanité, diversifiée en *cultures*, a, souvent pour des raisons extra-sexuelles, fait l'essai de tous les mariages possibles : monogamie, polygamie, polyandrie. Invariablement, le progrès psychologique et moral a remis en honneur l'idéal monogame, impliquant non seulement désir et satisfaction érotique, mais tendresse mutuelle, engagement durable, coopération et partage des tâches, enfin souhait et soin d'une progéniture [28].

C'est, en effet, la capacité de tendresse et de don qui signale, dans notre culture, la maturité affective et sexuelle, et c'est elle seule qui rend apte au mariage. La détumescence et décharge autoplastique de l'orgasme se subordonne alors à l'amour qu'elle *exprime*. Il s'en faut, cependant, que ces deux composantes — sexualité et tendresse — soient immédiatement conjointes dès la puberté, l'adolescent oscillant pour un temps entre amours platoniques et orgasmes sans amour, en tout cas sans amour durable [29]. « L'homme mûr sexuellement est celui qui désire la femme aimée » (Schwarz). Il semble que, sauf pression culturelle adverse, l'évolution de la jeune fille soit différente, et que la sexualité ne s'éveille chez elle que dans le sillage de la tendresse [30].

> Ce n'est sans doute pas chez les primates que l'on trouverait, concernant la tendresse dans la sexualité, des occasions de rapprochement avec l'homme (quoique le babouin cède sa dominance

et abandonne les meilleurs morceaux à la femelle *en œstrus*), mais, chez les oies cendrées, décrites par Heinroth et Lorenz. « Les rapports assez lâches et, dans un certain sens, unilatéraux qui existent, chez l'oie, entre le cérémonial de triomphe et la copulation, montrent des analogies assez profondes avec des rapports qu'on constate aussi chez l'homme entre le fait de tomber amoureux et les réactions sexuelles d'ordre physique. L'amour le plus « pur » mène par la voie de la tendresse au contact physique, sans que ce dernier soit considéré comme l'essentiel de ce lien. Inversement, les situations stimulantes et les partenaires provoquant les pulsions sexuelles les plus fortes ne sont pas nécessairement les mêmes qui font qu'on tombe amoureux. Chez l'oie cendrée, ces deux cycles de fonctions peuvent se dissocier et devenir aussi indépendants l'un de l'autre que chez l'homme. Ce qui n'empêche que « normalement » ils aillent de pair et doivent concerner le même partenaire pour remplir leur tâche dans l'intérêt de l'espèce » (LORENZ, *L'agression*, p. 210). L'analogie va jusqu'à ceci que, « chez l'oie cendrée, beaucoup plus que chez le jars, l'envie de copuler est liée à l'état amoureux. Autrement dit, chez les oies aussi, la fameuse dissociation entre le lien d'amour et les pulsions sexuelles est plus fréquente et plus accentuée chez les mâles que chez les femelles » (p. 219. Cf. la conclusion, p. 234).

Ce que l'on ne soupçonnait guère, mais que l'École Freudienne a révélé, c'est que la sexualité humaine, bien loin qu'elle émerge *de novo* à la puberté, comporte une préhistoire dont les origines rejoignent celles de l'enfance. A la *libido objectale* et capacité de *don*, caractéristique de l'âge adulte, s'oppose, en effet, une *libido narcissique* où l'enfant, apte seulement à *recevoir*, se prend pour centre d'intérêt. A la *période génitale* qui s'ébauche à l'adolescence, fait pendant — par-delà les années de *latence* (de 6 à 12 ans) — une *période narcissique* divisée en trois phases, d'après les *zones érogènes* successivement en exercice et les affects qui y sont liés [31].

a) La *phase orale* (première année) correspond au plaisir de sucer, téter, manger et boire, en contact intime avec la mère et en se sentant, d'elle, choyé, protégé, *dépendant*. Elle s'achève à l'épreuve critique du *sevrage*. Lui fait suite une *phase orale tardive* (de 8 à 18 mois) où domine le plaisir de mâcher et de mordre, avec sentiments ambivalents — valorisation, destruction — vis-à-vis de l'objet incorporé (cf. « Je voudrais te croquer »).

b) A la *phase anale* (de 1 à 3 ans), l'intérêt se porte sur la défécation, l'*expulsion* s'accompagnant d'*orgueil, self-assertion,* voire *agression,* et la *rétention,* plus tardive, d'*obstination, méticulosité* et *avarice.* L'apprentissage de la propreté, imposé par la mère, fait obstacle à ces complaisances.

c) Au cours de la *phase phallique* (de 3 à 6 ans), l'enfant, découvrant ses organes génitaux, les manipule ou les exhibe, de préférence devant la mère, non sans vive élation narcissique.

Au même moment se noue dans la famille une constellation *œdipienne,* par où le petit garçon, dès lors attentif à son père, tente de lui disputer la possession de la mère. « Si le petit sauvage était abandonné à lui-même, qu'il conservât toute son imbécillité, et qu'il réunît au peu de raison de l'enfant au berceau la violence des passions de l'homme de trente ans, il tordrait le cou à son père et coucherait avec sa mère » (Diderot). Impuissant et dominé, l'enfant renoncera à son premier amour et, s'identifiant au père, adopté comme modèle, projettera de nouer, plus tard, avec une autre femme, la même union que la sienne.

Chez la petite fille, l'absence de pénis engendre humiliation et sentiment confus de castration. Quant au *complexe d'Œdipe,* il s'inverse en *complexe d'Électre,* avec conclusion symétrique.

On a pu voir que chacune de ces phases se clôt par un renoncement, une réduction du narcissisme au profit d'un *don* relatif, enfin une victoire du *principe de réalité* sur le *principe du plaisir.* Ce renoncement s'obtient sans trop de peine si les parents, *tous deux présents,* prodiguent à l'enfant une affection et *acceptation inconditionnelle,* non exempte de fermeté, mais procédant plus par encouragements que par menaces. Parmi les circonstances adverses figurent l'absence ou mort des parents, la faiblesse, inconsistance, gâterie de ceux-ci, l'acceptation conditionnelle et la menace qui rendent l'enfant anxieux, conformiste et dépendant, enfin la réjection et la contrainte qui provoquent soit révolte, soit acquiescement de pure surface, soit soumission masochiste [32].

L'idéal est que l'enfant traverse positivement les stades susdits, sans cependant s'y attarder. L'*excès* ou la *négation* brutale de satisfactions ont tendance à l'y *fixer*. Ainsi se constituent des caractères *oraux* et dépendants, des caractères *anaux*, sadiques ou avares, des caractères *phalliques*, solitaires et fermés sur eux-mêmes. Ce qui les caractérise en commun, c'est la persistance du narcissisme originel et l'inaptitude à *donner*.

Les remous de la première enfance sombrent dans l'oubli au cours de la *période de latence*. Mais le caractère qu'ils ont marqué et gauchi reparaîtra dans toutes les sphères de l'activité, et singulièrement dans la vie sexuelle, qui s'en trouvera faussée. Le drame est que ces sujets frustrés ou gâtés, si d'aventure ils contractent mariage, ne pourront prodiguer l'affection sereine dont ils ont manqué eux-mêmes, ce qui perpétuera chez leurs enfants les déficiences dont ils souffrent [33].

La pathologie de la sexualité est l'une des plus complexes, et — dans maintes de ses formes — des plus étranges qui soient. Elle s'explique, soit par des *conflits*, par exemple entre une sexualité exigeante et un *super-ego* trop strict, tel qu'il sévissait naguère *(inhibitions et symptômes névrotiques)*, soit par des déficiences dans l'*imprinting* et l'absence d'objets ou de modèles souhaitables *(sujets élevés exclusivement par des hommes ou par des femmes)*, soit enfin et surtout par des *fixations* anciennes et une persistance du *narcissisme* *(psychopathies, perversions, character neurosis)*. On y distingue :

1º *Des troubles en hyper : donjuanisme, messalinisme*. Encore importe-t-il de ne pas confondre ici poursuite obsessive (Chateaubriand, Stendhal) et signe de richesse (Casanova, Hugo). Ce qui permet d'en décider, c'est le témoignage des partenaires. Comme le note St. Zweig, Casanova n'a laissé chez celles-ci que de bons souvenirs.

2º *Des troubles en hypo : impuissance, frigidité*. Elles comportent maints degrés, depuis l'impuissance totale jusqu'au célibat persistant, en passant par toutes les formes de coïts perturbés *(éjaculation précoce, inhibée*, etc., cf. Rousseau). Leur trace la plus bénigne consiste sans doute dans le refus du mariage et de ses responsabilités [34].

3° *Des troubles en para* ou *perversions : exhibitionnisme, voyeurisme, fétichisme, sadomasochisme, homosexualité*. C'est ici que narcissisme et inaptitude à la relation *objectale* sévissent à plein.

Le sadomasochisme remonte au stade anal. Quant à l'homosexualité, elle présente des formes et causes complexes, peut-être parfois d'ordre organique [25], le plus souvent, cependant, sociales et psychodynamiques : absence d'une mère, objet d'amour, ou d'un père, servant de modèle; mère rejetante et père trop faible (cf. Gide); intimité trop tendre entre mère et fils, père trop lointain (cf. Proust). Des facteurs culturels expliquent aussi la recrudescence de cette tare : les femmes se dressant de plus en plus en rivales de l'homme, celui-ci bat en retraite et se retourne vers son propre sexe (Kardiner, 1955).

En fin de compte, cependant, ce qui décide de la sexualité adulte, c'est le type particulier de relations qui se nouent entre parents et enfants suivant le caractère de chacun, c'est surtout la façon dont est vécu, liquidé, perpétué ou évité le complexe d'Œdipe. La littérature abonde en exemples illustratifs de cette loi.

> Il n'est pas sans conséquence que Racine, Boileau, Rousseau, Stendhal, Bourget aient perdu leur mère dès l'âge le plus tendre, ni Baudelaire, Lawrence ou Sartre leur père. Un complexe d'Œdipe, en tous points transparent, a été décrit — sans référence à Freud — par Léautaud *(Le petit ami, Lettres à ma mère)*, Lawrence *«Sons and Lovers, The Rainbow)*, Baudelaire (cf. A. FEUILLERAT, *Baudelaire et sa mère*, Corti, et la lettre inédite, citée p. 16 : « Qu'est-ce que l'enfant aime passionnément dans sa mère, dans sa bonne, dans sa sœur aînée? Est-ce simplement l'être qui le nourrit, le peigne, le lave et le berce? C'est aussi la caresse et la volupté sensuelle. Pour l'enfant, cette caresse s'exprime à l'insu de la femme, par toutes les grâces de la femme. Il aime donc sa mère, sa sœur, sa nourrice pour le chatouillement agréable du satin et de la fourrure, pour le parfum de la gorge et des cheveux, pour le cliquetis des bijoux, pour le jeu des rubans, etc., pour tout ce *mundus muliebris* commençant à la chemise et s'exprimant même par le mobilier où la femme met l'empreinte de son sexe ») enfin, par Stendhal (*Vie de Henri Brulard* : « Ma mère, Madame Henriette Gagnon, était une femme charmante et j'étais amoureux de ma mère. Je me hâte d'ajouter que je la perdis quand j'avais sept ans. En l'aimant à six ans, peut-être, 1789, j'avais absolument le même caractère qu'en 1828 en

aimant à la fureur Alberthe de Rubempré. Ma manière d'aller à la chasse du bonheur n'avait au fond nullement changé, il n'y a que cette seule exception : j'étais pour ce qui constitue le physique de l'amour, comme César serait s'il revenait au monde pour l'usage du canon et des petites armes. Je l'eusse bien vite appris et cela n'eût rien changé, au fond, à ma tactique. Je voulais couvrir ma mère de baisers et qu'il n'y eût pas de vêtements. Elle m'aimait à la passion et m'embrassait souvent, je lui rendais ses baisers avec un tel feu qu'elle était souvent obligée de s'en aller. J'abhorrais mon père quand il venait interrompre nos baisers. Je voulais toujours les lui donner à la gorge. Qu'on daigne se rappeler que je la perdis par une couche quand à peine j'avais sept ans » [36].

3. LES CONDUITES PARENTAIRES

Non moins variées que les conduites sexuelles sont celles qui, dans le règne animal, président au soin des jeunes, et ont pour effet de les nourrir, de les tenir au chaud et de les protéger. Y interviennent le plus souvent la mère, parfois le père (épinoches), parfois les deux, comme on le voit chez les oiseaux et l'homme.

La conduite maternelle résulte de l'interaction de facteurs internes (hormone hypophysaire, la prolactine, déclenchant couvaison ou lactation) et des facteurs externes : schéma perceptif des œufs ou des petits et signaux spécifiques émis par ces derniers (par exemple, l'ouverture du bec chez l'oisillon). Ce schéma s'altérant avec la croissance, le nursing fait place à l'agressivité, jusqu'alors inhibée.

Les femelles anthropoïdes comblent de soins leurs petits tout le long de la lactation, mais prennent leurs distances quand celle-ci se tarit et que reparaît l'œstrus. Harlow a montré que le jeune singe cherche chez sa mère bien plus que nourriture et qu'il est sensible à la douceur de son contact. Quant au mâle, il se contente de protéger mère et enfant, sans guère s'occuper de ce dernier.

L'accouchement et la montée du lait suscite chez la femme qui s'y attend le moins, une explosion de sentiment maternel dont les origines instinctives et hormonales ne laissent guère de doute. Dans maintes sociétés inférieures, ce sentiment décroît lors du sevrage.

Il persiste chez nous bien au-delà, jusqu'à s'exagérer en *overprotection*, génératrice chez l'enfant de *dépendance* et *succorance* (Murray). Quant au père, ce n'est que peu à peu qu'il manifeste un intérêt qui ira grandissant.

Essentielle à l'épanouissement de la femme, la maternité peut être refusée par elle — non sans dommage — pour des motifs névrotiques. La femme sans enfant peut, cependant, en les sublimant, compenser ses tendances frustrées.

4. LES CONDUITES PROTECTRICES

Aux mécanismes instinctifs qui dirigent le prédateur vers la proie s'opposent ceux par lesquels celle-ci tente d'échapper. Ils varient avec les signaux et types de dangers possibles : le lièvre court en lacets devant le renard (ou l'auto) et s'immobilise ou se met à couvert au vu du rapace (ou de l'avion). Chez les animaux sociaux, ou dans les relations parents-enfants, des cris *ad hoc* déclenchent la réaction appropriée. Si, faute d'espace, la fuite est jugée impossible, l'animal peut répondre par l'attaque. Une *distance critique* règle ainsi les réactions des fauves vis-à-vis de l'homme.

Il n'est pas exceptionnel qu'en temps de guerre, des combattants « perdent la tête » et cèdent, devant le danger, à une fuite *instinctive*, quitte à reprendre leurs esprits quand ils sont loin. Résister à une telle fuite ne va pas sans conflit aigu, cause possible de *névrose de guerre*.

5. LES CONDUITES SOCIALES

Nombre d'animaux vivent *solitaires* et n'émettent de conduites sociales qu'à l'occasion de l'accouplement, du soin des jeunes, de la poursuite ou de la défense. D'autres se rassemblent en agrégats de types divers : bandes anonymes et inorganiques de harengs, d'étourneaux, de ruminants, comparables aux foules humaines; colonies de rats, se reconnaissant par l'odeur et farouchement hostiles aux « tribus » étrangères; meutes de chiens, de loups, de singes, hiérarchisées suivant la dominance et faisant une place croissante à la récognition individuelle [37].

Dans ces groupes se déploient ou s'ébauchent des conduites d'un type non encore rencontré : coopération ; initiative et imitation ; enseignement et apprentissage ; leadership et obéissance ; amitiés et liens personnels ; communication, soit automatique et réflexe, soit intentionnelle ; au niveau humain, langage sous ses deux formes : impérative et assertive [38].

Peu d'animaux sont aussi sociables que l'anthropoïde et l'homme. « *Un* chimpanzé n'est pas un chimpanzé » disait Yerkes. Quant à l'homme, ce qu'il souhaite par-dessus tout, et plus encore que la nourriture et le sexe, c'est d'être *accepté, compris, approuvé* de ses semblables, de s'*exprimer* à eux par l'émotion, et d'obtenir en retour leur participation [39].

A mesure, cependant, que la personnalité se développe, elle prend conscience croissante de son unicité, et d'une part d'elle-même à jamais inaccessible aux autres. D'où chez tant de grands hommes — comme, pour des raisons différentes, chez les aliénés [40] — un sentiment parfois accablant de solitude. « Nous mourons tous inconnus » (Balzac). « Quelles solitudes que tous ces corps humains » (Musset). « Nous sommes tous dans un désert. Personne ne comprend personne » (Flaubert). « Parmi tous les mystères de la vie humaine, il en est un que j'ai pénétré : notre grand tourment vient de ce que nous sommes éternellement seuls, et tous nos efforts, tous nos actes ne tendent qu'à fuir cette solitude » (Maupassant). On sait à quel point l'existentialisme a fait de cette angoisse une mode.

S'il la ressent avec moins d'acuité, l'homme moyen n'échappe pas à cette inadéquation des échanges. En aggravant son isolement, la vie moderne tend à le rejeter, par réaction, vers les formes les plus frustes de l'association : celles de la bande et du troupeau.

Beaucoup, à vrai dire, dépend ici des jeunes années et de l'influence de la mère. L'enfant mal aimé risque de se sentir toujours un étranger dans le monde. L'autre accédera à l'*autonomie*, acceptant avec philosophie la part d'incommunicable qui grève les rapports humains.

6. LES CONDUITES D'AGRESSION, DE DOMINATION ET DE COMPÉTITION

L'agression dont nous parlerons n'est pas celle, *défensive*, de l'animal acculé contre un prédateur, ou du groupe l'effrayant préventivement par le harcèlement *(mobbing)*. Elle n'est pas davantage l'attaque occasionnelle entre animaux d'espèces voisines, rivales pour la nourriture [41]. Ce dont il s'agit ici, c'est de *l'agression intra-spécifique*, mettant aux prises des congénères, et apparemment destructrice de la *sympathie* qui préside aux conduites sociales [42].

Elle peut faire complètement défaut, ainsi qu'on le voit dans les *bandes anonymes* comme celles des harengs. Si une paix inaltérable règne dans les sociétés de fourmis ou de rats, celles-ci se livrent, cependant, à des guerres sauvages contre sociétés étrangères, différentes par l'odeur et la descendance. Où l'agression intra-spécifique atteint son paroxysme, c'est dans les luttes que se livrent les mâles de maintes espèces (poissons, reptiles, oiseaux, mammifères) pour la possession des femelles, pour la défense des *territoires* destinés à les accueillir, enfin, pour la conquête d'une place avantageuse au sein du groupe et l'imposition de la *dominance*.

L'effet bénéfique de ces conduites, apparemment inquiétantes, est de répartir harmonieusement les couples en des aires où tous trouvent une subsistance, et d'assurer, pour l'accouplement, la reproduction, la défense des petits et du groupe, la sélection des mâles les plus vigoureux. Quant à la dominance, si elle procure des privilèges, elle implique aussi des responsabilités. Dans les hordes de babouins où elle règne sans partage, le fort protège le faible contre les vexations des moins forts. En cas de circonstances critiques, ce sont les vieux mâles dominants qui prennent des initiatives, assurés d'être suivis par les moins expérimentés. Et dans la mesure où une forme d'enseignement, certes rudimentaire, existe dans les sociétés animales, elle est toujours le fait de sujets prestigieux qui en imposent aux plus dociles [43].

La nature a, d'ailleurs, paré aux dangers de l'agression en *ritualisant* en beaucoup de cas celle-ci, et en transformant un combat destructeur en un *combat d'honneur*. Même demeurée destructrice, elle est bloquée, chez l'agresseur, par les conduites d'*apaisement*, de *soumission* et de *séduction* — originellement infantiles ou sexuelles — qu'adopte l'animal qui reconnaît sa défaite [44]. Mais le produit le plus imprévu de l'agression est que, éveillée d'abord contre un partenaire, mais aussitôt détournée et redirigée ailleurs, elle crée entre lui et son assaillant initial un *lien personnel*, fugace ou durable, forme élémentaire de l'amour [45]. Qu'il n'y ait pas d'amour sans agression sous-jacente, c'est aussi ce qu'enseignait Freud, les grands attachements impliquant, selon lui, *fusion* des *Instincts de Vie et de Mort*, et leur *défusion* éventuelle, passage de l'amour à la haine [46].

On l'aura compris, ce qui vient d'être dit de l'agression chez l'animal, vaut — *mutatis mutandis* — pour l'homme. Suivant une vue optimiste, celle du *bon sauvage*, l'agression humaine n'aurait d'autre source que la société et ses maux, un ordre idéal ne pouvant manquer de l'éliminer. La vérité est que, comme l'ont vu tant un Freud qu'un Lorenz, le psychisme humain contient un potentiel agressif irréductible, qui exige absolument de se dépenser, et que la civilisation ne peut que sublimer.

Aux combats acharnés de familles de rats correspondent les luttes entre tribus, entre peuples, entre sectes, entre classes sociales. Rien n'est plus facile à éveiller, surtout chez les jeunes, que l'*enthousiasme militant* (Lorenz) en faveur de la cause — bonne ou mauvaise — que sert une propagande adroite.

Quant à l'agression individuelle, elle se libère à l'état pur, non tempérée par le *super-ego* culturel, dans les conduites *destructrices*, *sadiques* ou *homicides* du psychopathe, de l'ivrogne, du barbare, de l'émeutier, du guerrier, du conquérant.

« Vois-tu, mon fils, disait le chef Alaman Krok devant le *limes*, tu ne peux espérer égaler les Romains en construisant, mais tu peux les surpasser par la destruction ». On ne détruit d'ailleurs pas que des villes et ce qu'elles contiennent, mais plus subtilement, des foyers, des carrières, des institutions, des traditions.

Concernant l'agression *stricto sensu*, où s'illustrèrent tant de chefs de guerre, « le plus grand plaisir de l'homme, dit Gengis Khan, c'est de vaincre ses ennemis, de les chasser devant soi, de leur ravir ce qu'ils possèdent, de voir les personnes qui leur sont chères le visage baigné de larmes, de monter leurs chevaux, de presser dans ses bras leurs femmes et leurs filles » [47].

Peut-être rien ne dépasse-t-il en horreur les exploits dont se glorifient les conquérants Assyriens. Voici en quels termes Assour-Nasir-Pal (884-859 av. J.-C.) relate les siens : « Avec la multitude de mes troupes, je m'abattis sur la ville et la conquis. Six cents de leurs guerriers, je passai au fil de l'épée. Trois mille prisonniers je livrai aux flammes et je n'en laissai pas un seul en vie pour servir d'otage. Leurs corps, je les entassai en monceaux. Hulaï, leur gouverneur, je l'écorchai. Sa peau, sur la muraille, je l'étendis. La ville, je la détruisis, la ravageai, la livrai aux flammes.

La ville de Téla était puissamment forte, entourée de trois remparts. Par bataille et carnage, je donnai l'assaut à la ville et la conquis. Je fis un grand nombre de prisonniers vivants. Aux uns, je coupai les mains et les doigts, à d'autres le nez et les oreilles. A beaucoup, j'enlevai la vue. Je fis un tas avec les vivants et un autre tas avec les têtes. Je liai leurs têtes aux ceps de vigne de la cité. Leurs jeunes gens et leurs jeunes filles, je les ai jetés dans le feu, j'ai détruit la ville, l'ai dévastée et livrée aux flammes. Sur les ruines, mon visage s'épanouit. Dans l'assouvissement de mon courroux, je trouve mon contentement » [48].

A ceux qui considéreraient un tel témoignage comme décidément hors du commun, nous rappellerions les scènes auxquelles a donné lieu, tout au long de l'Histoire et jusqu'en 1945, le sac des villes, les *jeux du cirque* auxquels se complaisaient des Romains très cultivés, les exécutions et tortures de condamnés, spectacles de choix pour les sociétés polies du XVIIe-XVIIIe siècles, les crimes nazis, etc., toutes horreurs qui peuvent toujours se produire à nouveau « parce qu'il n'y a rien dans notre espèce comme telle — dans notre biologie — qui rende les gens révoltés par de telles choses » [49].

Contrairement à ce que l'on pourrait croire, d'ailleurs (au moins dans les sociétés non évoluées), la cruauté rehausse, bien plus qu'elle n'ébranle, l'autorité du chef, « considéré comme un faiblard, écrit Linton à propos des Bantous, si jamais il ne lui arrive d'abuser de son pouvoir ».

Nulle vie sociale ne serait possible « dans un état de guerre de tous contre tous ». Aussi, la *culture* se substituant à la *nature* (seule en cause chez l'animal), a-t-elle prévu, pour contenir l'agression, les mêmes freins que celle-ci. Les combats se sont ritualisés dans les tournois, la « guerre en dentelle », les duels, les matches de boxe, les sports. Chez l'homme comme chez l'animal, la *soumission* a désarmé l'agression, réduite à l'état de *menace*. La lutte pour la dominance, encore très visible dans les bandes scolaires, s'est muée en compétition pour le pouvoir, la considération, les honneurs, le succès professionnel, l'ascension sociale, l'argent, et pour leurs signes visibles : luxe du train de vie, de l'habitat, de la voiture, de la toilette. D'âpres rivalités se font jour, là où on les attendrait le moins, dans les sociétés scientifiques (cf. *Les Maîtres,* de Duhamel). Mais féroce par-dessus tout est le *snobisme* qui gouverne les *coteries* mondaines (cf. Proust).

Paradoxalement, c'est dans les démocraties, éprises d'égalité, que la compétition laisse le moins de repos. Les chances étant égales au départ, chacun souhaite l'emporter sur les autres, risquant de trouver *injuste,* s'il n'y réussit pas, que d'autres, plus doués, l'emportent sur lui. Des penseurs éminents — un De Greeff, un Russell — ont mis en garde contre cette *justice instinctive, envie* mal déguisée, qui menace de figer les régimes démocratiques [50].

L'homme moderne a trouvé d'autres motifs d'élation dans les prouesses de la technique qui accroît au centuple son empire sur les choses. Si chaque progrès dans la manipulation ou la marche engendre chez l'enfant une fierté non douteuse, que dire du sentiment de puissance que fournit à certains l'usage des armes à feu ou de l'auto?

L'agression s'est sublimée, cependant, dans la compétition avec soi-même et le désir de *se surpasser,* soit en sport et performance physique, soit en action persévérante et réussie, en héroïsme, en sainteté, en maîtrise de soi. « Nous ignorons quels sont, parmi les nombreux types de comportements humains, ceux qui incluent l'agression comme facteur motivant, mais à mon avis, il doit y en avoir beaucoup. Ce qui semble certain, c'est qu'avec l'élimination de l'agression, de l'*aggredi* au sens original et le plus large du mot, se perdrait beaucoup de l'élan avec lequel on s'attaque à une tâche ou à un problème, et du respect de soi-même sans lequel il ne resterait rien de tout ce qu'un homme fait du matin au soir, du

rasage matinal jusqu'à la création artistique et scientifique » [51].
Il est significatif qu'à ce stade, la *destruction* des origines a fait place, comme moyen de s'affirmer, à la *construction*, et la haine à l'amour. Construction d'une œuvre, d'une carrière, d'un foyer, d'un état [52], mais, première entre toutes, construction de soi-même, suivant la maxime stoïcienne : « Sculpte ta propre statue ».

Le grand théoricien de la *Volonté de Puissance*, dans le groupe des cliniciens et psychanalystes, a été Alfred Adler, disciple dissident de Freud. C'est lui également qui a, le premier, décrit et nommé son principal trouble : le *complexe d'infériorité*. Il s'agit d'un *complexe d'Œdipe* retourné, où la compétition avec le père prend le pas sur l'accaparement de la mère, et d'une *réaction d'échec*, affectant la valorisation sociale.

Pressé de grandir et de se mesurer avec l'adulte, l'enfant s'inquiète de ses chances et moyens d'y parvenir. L'infériorité ressentie fait place progressivement à la confiance, moyennant pression *encourageante* des parents et attrait de *modèles*, à la fois prestigieux et accessibles. Elle persiste et dégénère en complexe chez l'enfant *brimé* et l'enfant *gâté*, tous deux, quoique de manière différente, inhibés dans leur faculté de progrès. L'échec alors consommé peut affecter le psychisme dans son ensemble. Plus souvent, il portera électivement — suivant les cas — sur l'apparence corporelle, les capacités physiques, les aptitudes scolaires et intellectuelles, les chances auprès des femmes, la réussite professionnelle.

La place dans la famille joue ici un rôle notable. L'enfant unique, en contact exclusif avec des adultes, est à la fois couvé et poussé hors de ses moyens. L'aîné, longtemps unique, risque de se sentir détrôné, tandis que le cadet, braqué sur ce modèle proche, accepte ou conteste sa supériorité. Le plus menacé est le benjamin, choyé et écrasé par tous. Quant à la petite fille, souvent moins considérée que ses frères, elle peut, soit se déprécier indûment, soit se rebeller. Naît alors chez elle la *protestation masculine*, camouflée en *complexe de castration*, et racine d'un futur féminisme.

Il est des infériorités réelles, comme celles de l'infirme, du contrefait, du bègue (S. Maugham), certes particulièrement enclins au repli. Elles sont, cependant, toujours compensables et au-delà (cf. Démosthène, Roosevelt, etc.). Il en est d'autres, subjectives, où la réaction d'échec joue à vide, sous le poids des seuls facteurs internes. Ce sont les plus difficilement modifiables, enracinées qu'elles sont dans l'inconscient infantile.

Leurs effets vont de l'anodin au tragique. Elles se soldent, suivant les cas et personnalités en cause, par le retrait, la démission, le mimétisme et l'imitation, le ressentiment, la revendication, la délinquance. Dans les cas les plus graves, le sujet frustré tourne son agression sur lui-même ou sur les autres. C'est ce qu'on observe, notamment, dans les *suicides* et *crimes passionnels*, où comme De Greeff l'a montré (1942), l'amour-propre a plus de part que la sexualité.

Observons, enfin, qu'il est des complexes d'infériorité collectifs, générateurs de haines et de conflits entre peuples (« On ne rend pas justice à l'homme allemand » disait déjà Luther), entre ethnies (cf. le mouvement flamand ou les revendications du Tiers-Monde), entre classes sociales. Là se trouvent les racines de maintes guerres ou révolutions.

7. LES CONDUITES POSSESSIVES

La possession chez l'animal, c'est, avant tout, celle du territoire, lieu d'accouplement, de procréation et de subsistance âprement défendu contre toute intrusion de congénères. Il appartient au couple, pendant les amours, ou — chez les animaux sociaux — à la dizaine ou centaine d'individus qui y circulent en bande. De structure et de taille constante pour chaque espèce (de 1 à 8 km^2 pour les macaques du Japon), il est délimité par signaux optiques chez les poissons et les reptiles, acoustiques chez les oiseaux et les anthropoïdes, olfactifs (urine, fèces, sécrétions) chez les mammifères. Plus que tout autre, l'homme a un vif sentiment du *chez soi*, d'où tout étranger est exclu. Il s'exprime symboliquement par l'acte de *s'asseoir* (« Asseyez-vous » dit-on au visiteur que l'on traite en intime) (Hediger, 1961).

Outre sa maison, son lopin de terre, ses champs, l'homme possède ses meubles, ses outils, ses bibelots. Plus qu'à tout le reste, il s'attache, dans nos sociétés, à l'argent, signe universellement échangeable et symbole de puissance. La possession chez l'animal peut aussi s'étendre aux choses. Le rat a tendance à amasser, et il amasse davantage à l'âge adulte, s'il a été frustré de nourriture dans l'enfance (Hunt, 1941). Le chimpanzé glisse dans ce qui lui sert de « poche de pantalon » (l'endroit situé entre le bas-ventre et les cuisses), de menus objets — chiffon rouge, pierre polie, etc. — qu'il traite apparemment comme bibelots ou fétiches [53]. Il garde ou n'échange qu'à bon escient les jetons diversement colorés qui lui serviront à obtenir grains de raisin, eau, etc., dans un distributeur *ad hoc* (Wolfe, 1936; Cowles, 1937).

Il n'est pas douteux que le sentiment de *posséder* épanouisse la personnalité et accroisse son autonomie. Dans la même mesure, la condition de prolétaire engendre abjection et aliénation. Le remède à la concentration « capitaliste » n'est, cependant, pas dans une collectivisation forcée, frustrante pour tous, mais dans une judicieuse répartition des biens [54].

Posséder et conserver demande un effort dont tous ne sont pas capables. Le prodigue y échappe en dilapidant. L'avare s'éprouve sans cesse menacé ou lésé. Cette anxiété de *perdre*, d'être *dépouillé* peut proliférer en obsession, voire en délire paranoïaque.

8. LES CONDUITES EXPLORATRICES

D'abord quête de nourriture ou de partenaire sexuel, l'exploration trouve en elle-même sa fin chez les animaux supérieurs, enclins dans leur jeunesse à la *curiosité*, à l'attention sensorielle, à la manipulation et locomotion pour le plaisir, enfin, au jeu sous toutes ses formes. Tels sont les humbles débuts de ce qui deviendra chez l'homme observation et expérimentation scientifiques. Signe de vitalité, la curiosité s'oblitère dans le grand âge ou chez l'individu accablé de conflits intimes.

Souvent décrite chez l'enfant, cette ardeur exploratrice n'est pas moindre chez le chimpanzé ou le rat (HARLOW, 1953; NISSEN, 1954, pp. 298-304; WOODWORTH, 1958, pp. 76-88). Elle invite à poser, en termes neufs, la question de la motivation. Suivant des maîtres largement écoutés, les seuls *motifs primaires* résideraient dans les besoins vitaux, les autres en dérivant, soit par *sublimation* (Freud), soit par *renforcement secondaire* (Hull). Mais comment expliquer, dans cette optique, l'extrême diversité des *intérêts* humains? Et comment comprendre que toute tâche, commencée même à contrecœur, finisse par s'imposer, réclamant complétion (Lewin, McClelland)? Il est courant que ce qui était *mécanisme* et moyen se mue en *drive* et fin (*functional autonomy of motives* d'Allport). Il semble qu'il faille dire plus encore, et — si justifiée que soit la distinction entre *capacité* et *motivation* — admettre avec Nissen que « toute capacité est sa propre motivation, entendons par là qu'elle implique et porte en soi une tendance à s'exprimer » (*l. c.*, p. 301. Cf. de même : LORENZ, 1965, pp. 70-78). Toute capacité, si elle sert d'outil aux instincts, tend indépendamment à s'exercer pour elle-même. « Il existe une tendance à parler, pour le simple plaisir de parler, même chez ceux que nous ne considérons pas comme fous, et hors de toute question de savoir si l'acte de parole transmet de l'information, fait vendre la machine à laver ou décide le patron à accorder une augmentation » (NISSEN, *l. c.*, p. 317). C'est pour ces raisons qu'à la *need-primacy theory*, Woodworth oppose une *behavior-primacy theory* exactement contraire, où traiter avec l'environnement (*dealing with the environment*) devient l'unique motif de l'activité (*l. c.*, pp. 101-133).

9. LES CONDUITES HUMAINES SUPÉRIEURES

Les conduites jusqu'ici passées en revue sont communes à l'animal et à l'homme, quoique, comme on l'a vu, elles prennent, chez ce dernier, des développements majeurs. Caractéristiques des seules sociétés humaines sont la philosophie, la science, l'art, la morale et la religion, qui introduisent au monde des *Valeurs* : le *Vrai*, le *Beau*, le *Bien*, le *Sacré*. Ces entreprises ont longtemps passé pour produits exclusifs de la *Culture*, sans racines particulières dans les psychismes individuels. Contre cette vue se sont élevés, plus récemment, un Fromm, un Maslow, une Charlotte Bühler, promoteurs d'une *Humanistic Psychology*, et théoriciens d'un ordre de *Besoins* spécifiquement humains [55].

Moins impérieux, certes, que les tendances animales, ces *higher needs* supposent, pour se développer, que celles-ci soient raisonnablement satisfaites. Discrets dans leur pression, ils demandent à être cultivés et entretenus. Vivaces dans l'enfance, ils ne s'étiolent que trop souvent à l'âge adulte. D'eux dépendent, cependant, l'épanouissement et le bonheur seuls capables de combler l'homme.

Commentant ces vues, Margaret Mead écrit excellemment : « Il est, en effet, bien possible qu'existe un ordre de comportement instinctif humain, un besoin de se référer à l'univers ou à l'ordre naturel, qui s'exprime dans la philosophie, dans l'art, et, de nos jours, dans la recherche scientifique. Ce besoin particulier, spécifiquement humain, semble réclamer non moins biologiquement satisfaction que les tensions discutées au cours du présent Symposium. Les affects qui accompagnent ce besoin *(need)* — ou cette tension *(drive)* — ont été décrits de diverses manières. Je suppose que le terme le plus indiqué pour désigner la sorte d'affects impliqués, est celui d'« extase ». Et le trait le plus frappant, concernant les expériences qui se rangent sous cette rubrique — celles de découverte scientifique, de création artistique, de vision religieuse — est qu'elles ne sont pas interpersonnelles. Au contraire, ce sont là expériences de la relation qui s'établit entre l'individu et l'univers tel qu'il le perçoit. Il semble bien qu'il possède, en fait, ce que l'on a nommé un *sens cosmique* ».

« Aussi convient-il d'explorer la possibilité que l'incapacité de satisfaire chez l'enfant ce désir d'une relation perceptuellement significative à l'univers qui l'entoure, engendre des troubles non moins graves dans le développement humain, que l'inaptitude à former des liens de confiance et d'affection à l'égard des autres hommes, ou à substituer plus tard, aux liens de l'enfance, ceux qui permettent mariage heureux et reproduction » [56].

Voici un demi-siècle, le psychologue Spranger, distinguant du point de vue des *Geisteswissenschaften* six types de valeurs : *théorique, esthétique, religieuse, économique, sociale, politique*, proposait de classer les individus d'après celle qui domine chacun [57].

On pourrait, suivant le même critère, caractériser les *cultures*. La nôtre, en cette hypothèse, risque de faire pauvre figure. Qu'y voit-on, en effet? Une philosophie logomachique, coupée de la science et du réel (Revel), une science plus soucieuse de puissance que de l'idéal contemplatif prôné par les plus grands (un Einstein, un Russell), un art sans style, une morale sans idéal de *Bien*, clairement perçu, une religion oublieuse de la Prière et du Sacré.

On comprend que des contestations aient surgi devant un tel vide. Elles n'ont, hélas, qu'aggravé le mal, tournant le plus souvent le dos aux valeurs authentiques.

3. — L'issue des conduites instinctives : succès, échec, frustration, conflit

Enchaînant préparation et consommation, en d'autres termes : moyens et fins, les conduites instinctives posent un problème qu'ignorent les réactions immédiatement consommatrices et explosives (réflexes et émotions) : celui de leur issue. Du prédateur et de la proie, engagés dans des actions contraires, l'un *réussit* et l'autre *échoue*.

LE SUCCÈS ET L'ÉCHEC

De quoi dépend le succès? De facteurs externes, d'une part, internes, de l'autre, opérant en mesure variable. Un cas extrême où les circonstances sont seules maîtresses, est celui des *jeux de hasard*. Redoutée par les uns, l'incertitude du résultat suscite, chez d'autres, une excitation particulière, recherchée de façon compulsive par le *joueur*. Ce goût du risque, conjugué parfois avec une indolence de surface, ne se confine pas au jeu *stricto sensu*. On le voit à l'œuvre chez maints hommes d'action : politiques, militaires, industriels, financiers [58]. L'atteinte du but peut dépendre, en retour, des seules ressources de qui le poursuit. Ainsi du succès des études chez l'étudiant capable. Le plus souvent, cependant, efforts et occasions conjuguent leurs effets.

Une tendance naturelle à l'homme est d'incriminer le jeu des événements, volontiers hypostasié en *Fortune* ou *Chance*. On se rappellera que, des multiples divinités de l'Antiquité, la dernière à survivre, et de laquelle subsistent le plus grand nombre de temples, fut celle de Τύχη ou *Fortuna*. Au caprice de la Fortune s'attribue, cependant, outre la part d'inconnu que réserve le monde extérieur, l'effet de nos attitudes secrètes. Soyons sûrs que qui se plaint d'une malchance persistante en amour, affaires, etc., est plus qu'à demi l'artisan de ses déconvenues.

> On connaît la réponse de Talleyrand à ce fonctionnaire effacé qui, promu pour son zèle à un poste important, venait lui témoigner sa gratitude.
> — Excellence, je tiens d'autant plus à vous remercier que jusqu'à présent, je n'ai guère eu de chance dans ma vie.
> — Guère de chance! dit Talleyrand. Comme c'est malheureux. J'ignorais ce détail. Et déchirant l'acte de nomination qu'il tenait en mains, il congédia l'intéressé.

Héraclite disait déjà :

$$\text{ἦθος ἀνθρώπῳ δαίμων}$$

c'est le caractère d'un homme qui constitue sa chance. Il est peu de succès que n'obtienne une volonté avisée et persévérante. Rien, en revanche, ne peut mener au but celui qui, affecté d'un *complexe d'échec*, s'arrange secrètement pour le manquer [59].

LA FRUSTRATION

On a vu ce qui, de l'échec, faisait une frustration : intense engagement dans l'action en cours *(ego involvement)*; réussite en vue et, à tort ou à raison, fermement escomptée; succès d'autrui rendant plus cuisante la défaite.

Une théorie célèbre — la *frustration aggression hypothesis* — présente frustration et agression comme solidaires [60]. Vérifiée en de nombreux cas, cette thèse pèche par double généralisation. Inhérent au psychisme humain est un potentiel hostile irréductible qui exige absolument de se dépenser (ou sublimer), frustration ou pas. La frustration engendre en retour bien d'autres effets que l'agression. Rosenzweig distingue, à côté des réactions *extrapunitives*, des réactions *intrapunitives*, comportant sans doute pas mal d'angoisse, et d'autres, encore, *impunitives*, impliquant refoulement [61]. L'école de Lewin a, par le secours d'expériences ingénieuses, mis en lumière la *régression* de l'enfant frustré [62]. Enfin Maier (1949) oppose au *goal directed behavior*, efficient et alloplastique, le *comportement de frustration (frustration instigated behavior)*, dénué de tout but et indifférent au monde extérieur, à ses récompenses comme à ses châtiments. Soumis dans le *jumping stand* à des problèmes insolubles qu'ils n'ont pu maîtriser, certains rats se déchargent en crises convulsives, suivies de catatonie et *flexibilité cireuse*. D'autres font choix d'une *fixation* dont plus rien — effet heureux ou malheureux, soit enregistré, soit même perceptivement prévisible — ne les fera changer. La *loi de l'effet* est dès lors tenue en échec. Le châtiment, bien loin qu'il décourage une conduite, l'enracine davantage en ce qu'il accroît la frustration. C'est celle-ci qu'il importe de conjurer par réassurances et encouragements. On devine l'impact de ces conclusions sur certaines formes d'éducation trop coercitives. Pareillement invitent-elles à reconsidérer le cas de maints délinquants récidivistes, tels les voleurs compulsifs.

La frustration n'est, à vrai dire, qu'un cas particulier de la situation plus générale de *conflit*. C'est dans le cadre d'une étude des conflits — plus spécialement de ceux qui surgissent entre individu et monde extérieur — qu'il convient d'en situer les effets.

LES CONFLITS PSYCHIQUES

Des conflits entre conduites incompatibles, simultanément éveillées, se présentent à tous les niveaux du psychisme : réflexe, émotion, instinct. Ils s'observent au laboratoire non moins qu'en clinique.

Les plus simples sont ceux que Pavlov a rencontrés à l'occasion des réflexes conditionnels et qui mettent aux prises excitation et inhibition. Ceci survient notamment dans les cas d'E_c dommageable intense (choc électrique), de délai trop long imposé à l'E_n, enfin de différenciation trop fine contre E_c, les uns positifs, les autres négatifs (ellipse et cercle lumineux projetés sur un écran, l'ellipse voyant le rapport de ses demi-axes passer progressivement de 2:1 à 9:8). A ce moment, « le chien qui, auparavant, était calme, devient nerveux, hurle sur l'établi, se tortille, arrache les appareils, coupe avec ses dents les tubes de caoutchouc allant de l'appareil vers l'investigateur, chose qui n'était jamais arrivée auparavant ». D'autres animaux, de type *inhibiteur* plutôt qu'*excitateur*, répondent en sens contraire par le retrait et la somnolence. Ces réactions, liées à la situation expérimentale, peuvent se reproduire au vu de tout ce qui l'évoque (laboratoire, expérimentateur, type de nourriture), voire laisser dans le comportement et l'organisme des traces durables, qualifiées, depuis Pavlov, de *névroses expérimentales*. Un de leurs effets est d'abolir l'acquis des apprentissages antérieurs [63].

Des « névroses » comparables, ou plus articulées encore, ont été créées chez des moutons, des chèvres, des cochons par Liddell, chez des chats par Masserman, chez des rats par Maier. Opérant sur des conduites de niveau instinctif, les unes aversives, les autres appétitives, ces auteurs combinent en proportions variables les difficultés de différenciation et le jumelage de la récompense et du châtiment (nourriture, choc électrique, jet d'air sur le museau, etc.). Les symptômes engendrés, à dominance soit excitatrice, soit inhibitrice, varient avec les situations, les espèces et les individus : tensions toniques et décharges convulsives, agitations motrices, agressivité, anxiété diffuse, régression et retour à la généralisation, phobies, fixations et compulsions, résignation, catatonie, somnolence, dysfonctionnements végétatifs de toute nature — bref, sous des formes certes simplifiées, le tableau à peu près complet de la névrose chez l'homme [64].

Nul n'a surpassé Freud dans l'analyse clinique des conflits humains. C'est de ses vues que nous nous inspirerons *librement* pour en traiter. Essentielle dans cette perspective est la division du psychisme en trois instances : *Id, Ego, Super-ego* [65].

Le *Id*, ou instinctivo-affectivité, comprend la double couche des émotions et des instincts. Ceux-ci, selon Freud, se rangent en deux groupes, corrélatifs psychiques de l'*anabolisme* et du *catabolisme vital* : les *Instincts de Vie*, d'une part, *de Mort*, de l'autre, nommés encore Éros et Thanatos, Amour et Haine, Sexualité et Agression.

Redoutables sous leurs formes primaires, ces instincts souffrent sublimation. L'Éros se désexualise dans l'amour parental ou filial, l'amitié entre congénères, l'attachement aux Valeurs [66]. Le sadisme de l'agression s'estompe ou disparaît dans la compétition, la lutte pour l'excellence, la tension vers un but. Non moins que d'autrui, il existe — sublimés ou pas — des amours ou agressions de soi-même (on se rappelle la double direction possible de la Libido : *narcissique* ou *objectale*, de même que les réactions soit *extra-*, soit *intrapunitives* et masochistes). Enfin, bien loin qu'ils ne se déploient qu'à l'état pur, Éros et Thanatos *fusionnent* le plus souvent en proportion variable, l'agression sous-tendant l'amour, quitte à se libérer en cas de *défusion*.

> Un exemple saisissant de défusion de ce genre est relaté dans *Samuel* (II, 13) à propos d'Ammon, amoureux de sa demi-sœur Tamar. A peine l'eut-il violée qu' « Ammon éprouva pour elle une très grande haine, car la haine qu'il éprouva pour elle fut plus grande que l'amour dont il l'avait aimée. Et Ammon lui dit : « Lève-toi, Va-t-en ! » Mais elle lui dit : « Non, mon frère, car me chasser serait un mal plus grand que l'autre que tu as commis envers moi ». Mais il ne voulut pas l'écouter. Il appela le garçon qui était à son service et dit : « Chassez donc celle-ci au-dehors loin de moi et verrouille la porte derrière elle ». (trad. Dhorme).

On peut certes reprocher à cette théorie freudienne des Instincts son caractère spéculatif [67]. Ce que tous peuvent en retenir, c'est l'importance hors pair de la sexualité et de l'agression, la menace qu'elles recèlent pour la vie sociale, enfin la nécessité dans l'intérêt de celle-ci d'un efficace système de freins. Ces freins résident dans le *Super-ego*.

Celui-ci revêt diverses formes. La première et la plus générale est celle du *Super-ego tribal* qui a pour sanction l'*honneur* et la *honte*. Il suppose *intériorisation* des règles de bienséance et bonne conduite en vigueur dans le groupe : originellement la tribu, plus tard la nation, la classe sociale, les bandes d'enfants ou d'adolescents, les sociétés professionnelles, militaires, mondaines, sportives. Chaque collectivité a son *code d'honneur* qu'elle impose à ses membres, sous peine de rejet, mépris ou dérision. C'est au rejet que répond la honte, ressentie dans les cas graves avec tant d'acuité qu'elle ne laisse d'autre issue que le suicide. Un progrès majeur s'accomplit lorsque, honteux initialement en présence d'autres, l'individu *intériorise* leur verdict et s'abstient de toute transgression par la *honte qu'il aurait de lui-même (self-respect)*.

A ce *Super-ego* archaïque, exclusif ou dominant chez maints peuples arriérés, voire parfois raffinés (Japon), se superpose en Occident un *Super-ego parental*, agent de *bonne conscience* ou de *culpabilité*. Il suppose, entre parents et enfants, des relations plus intimes (sans doute œdipiennes) et, de la part des parents, des règles dictées en leur nom propre, hors de toute référence au groupe. Son ressort réside dans le retrait de l'affection, générateur de culpabilité. Celle-ci, à la différence de la honte, peut être conjurée par repentir, confession, expiation et pardon. Liée originellement aux reproches du père, elle s'en libère ensuite, l'adulte se sentant, les parents disparus, *coupable devant lui-même*.

Si honte et culpabilité existent en puissance chez tout homme, leur degré d'activation et d'intériorisation varie avec les sociétés. C'est donc avec raison qu'il a été parlé, au moins idéalement, de *shame cultures* et de *guilt cultures*. Ajoutons que le contenu des injonctions ou prohibitions n'est pas moins contingent. Le même acte, qui procure considération dans certain milieu (par exemple, celui des coupeurs de tête), est jugé infamant ou condamnable ailleurs [68].

L'exposé qui précède simplifie quelque peu la question de la culpabilité. Sous-jacente à la crainte du père existe, en effet, dans le psychisme humain, une appréhension plus élémentaire : celle des forces cosmiques. Liée à une expérience millénaire est l'idée — *archétype* au sens jungien — que le bonheur est éphémère et invariablement *puni* de peine. D'où, au sein de la réussite, une anxiété paradoxalement dissipée par l'épreuve. Malheur à l'homme qui cherche à trop connaître (*Genèse*, III, 22 : « Voici que l'homme est devenu comme l'un d'entre nous, grâce à la science du bien et du mal »), prétend dominer par la technique (*Tour de Babel, mythe de Prométhée*), enfin provoque par ses succès la Némésis et le φθόνος divin. C'est cette jalousie qu'entend désarmer le sacrifice, celui des plus beaux épis de la moisson, des meilleures bêtes du troupeau, de la plus jolie fille de l'année (précipitée du haut des Chutes par les Indiens du Niagara. Cf. de même, dans Dodds, 1951, p. 37, le *Locrian Tribute*). C'est de cette culpabilité persistante, assimilée à une *souillure* (μίασμα) que visent à purifier (κάθαρσις) des ablutions et pratiques originellement magiques (rituel que l'on retrouve chez maints névropathes).

Cette condition tragique de l'espèce humaine a été soulignée, parfois jusqu'à l'excès, par l'un des courants du christianisme (S. Paul, S. Augustin, Luther, Calvin, Jansénius, contrastant avec Pélage et S. Thomas). Nul ne l'a analysée avec plus de profondeur qu'Erich Fromm. Parmi les hommes de lettres, c'est sans doute Giraudoux qui l'a le plus ressentie *(Combat avec l'Ange; Guerre de Troie)*. « Nous sommes nés pour souffrir et pour n'être plus », écrivait aussi Jacques Rivière.

Si nécessaires qu'elles soient pour contenir les instincts, honte et culpabilité ne se déploient pas sans dommage. Acquises par docilité irraisonnée dans l'enfance, elles exercent une pression compulsive, insoucieuse du détail changeant des situations (cf. l'horreur du sexe chez le puritain et la passivité de l'enfant « obéissant »). Comme toutes les réactions émotionnelles, celles-ci peuvent jouer *à vide*, une indignité ressentie à tort conduisant parfois, suivant une séquence inversée, à des transgressions qui la justifient[69]. Enfin, le danger est que le *Super-ego* mobilise les énergies agressives du *Id* et en nourrisse ses reproches, fondés ou non *(autopunition)*. Ces méfaits du *Super-ego* ont incité des théoriciens à courte vue à proposer de le bannir, l'enfant devant faire choix, à mesure qu'il grandit, des règles qui lui conviennent. L'expérience a montré qu'un tel système ne formait que des *psychopathes*, à jamais insensibles à l'*obligation morale*.

Ce qu'il faut souhaiter, c'est que, tout en gardant leur force impérative, les règles reçues soient soumises à discrimination, seules demeurant acquises celles qui paraissent fondées. Elles s'intègrent alors à l'*ego* et à l'*idéal personnel (ego ideal)* que celui-ci, mû par les *higher needs*, forme en s'aidant de modèles. A la pression compulsive, succède l'adhésion rationnelle et libre. Ce stade où parvient, dans nos sociétés, l'adulte digne de ce nom, est celui de la *conscience morale.* L'écueil qui guette cette dernière, réside dans le laxisme. « Ma conscience est bonne fille, disait Churchill, je m'arrange toujours avec elle ».

Cette analyse permet de départager et de concilier BERGSON *(Les deux sources de la morale et de la religion,* 1932*)* et Ch. ODIER *(Les deux sources, consciente et inconsciente, de la vie morale,* 1943*),* à première apparence très divergents. A peu près d'accord sur la *conscience morale* et *l'ego ideal,* Bergson et Odier lui opposent, l'un le *Super-ego tribal,* l'autre le *Super-ego parental.* Le premier ignore le rôle de la culpabilité infantile, et le second celui de la honte. C'est de *trois Sources* qu'il faudrait parler.

Toute cette doctrine a été remarquablement anticipée par Spinoza. Cf. *Éthique,* III, 27. « ... il n'est pas étonnant que absolument tous les actes que l'on a l'habitude d'appeler *pervers,* soient suivis de tristesse, et ceux qu'on appelle *corrects,* de joie. Car cela dépend surtout de l'éducation... les parents, en effet, en reprochant les uns et et en admonestant souvent leurs enfants à leur propos, en leur conseillant, au contraire, les autres et en les louant, ont fait que les uns fussent unis à des mouvements de tristesse, les autres, au contraire, à des mouvements de joie. Ce fait est prouvé par l'expérience elle-même. Car la coutume ni la religion ne sont les mêmes pour tous les hommes. Au contraire, ce qui est sacré chez les uns est profane chez d'autres; et ce qui chez les uns est honnête, est honteux chez d'autres. Donc, suivant l'éducation que chacun a reçue, il se repent d'un acte ou s'en glorifie ».

En scolie au théorème IV, 54 (« *Le repentir n'est pas une vertu, autrement dit, il ne naît pas de la raison; au contraire, celui qui se repent de ce qu'il a fait, est deux fois malheureux et impuissant* »), Spinoza remarque encore : « Comme les hommes vivent rarement d'après les principes de la raison, ces deux affections, à savoir l'Humilité et le Repentir, et, outre celles-là, l'Espoir et la Peur, procurent plus d'avantages que de désavantages, et par conséquent, s'il faut pécher, il est préférable de pécher en ce sens. Car si les hommes impuissants d'âme étaient tous orgueilleux, ils n'auraient plus honte de rien et ne craindraient plus quoi que ce soit. Au moyen de quoi, alors, pourrait-on les réunir et les maintenir dans les liens de société? Le vulgaire est effrayant, s'il ne craint pas. C'est pourquoi, il n'est pas étonnant que les Prophètes, qui se sont souciés, non de l'utilité de quelques-uns, mais de l'utilité commune, aient tant recommandé l'Humilité, le Repentir et le Respect. *Et, à la vérité, ceux qui sont sujets à ces affections peuvent être beaucoup plus facilement que les autres amenés à vivre enfin sous la conduite de la Raison, c'est-à-dire à être libres et à jouir de la vie des heureux* ».

Nous en venons ainsi à l'*Ego* ou *Je* conscient. Informé du monde extérieur par la connaissance et maître de la commande motrice, siège de la raison et du vouloir, il balance entre Instinct, d'une part, *Super-ego* ou *Réalité* de l'autre. Un *ego* faible s'épuise dans ce conflit qui se perpétue non sans dommage. L'*ego* fort est celui qui impose son arbitrage, soit qu'il concilie les forces en présence, soit que, faute d'autre issue, il adopte fermement l'un des partis possibles, rejetant les autres sans retour. Impliquée en ceci est une capacité notable de *frustration tolerance* (Rosenzweig). De quoi dépend celle-ci? De la constitution, sans doute, mais aussi, au cours de l'enfance, d'un heureux dosage des satisfactions et déceptions, aussi éloigné de la gâterie que de la tyrannie [70].

De cette analyse se dégagent quatre types possibles de conflits :

1. Entre *Id* et *Super-ego*, soit *tribal*, soit *parental*, soit intégré à l'*ego ideal*.

2. Entre *Id* et Monde extérieur, refusant ou rationnant à l'excès les gratifications, ce qui entraîne frustration.

3. Entre *amour* et *agression*, mal fusionnés en cas d'objet *ambivalent*. « On veut faire tout le bonheur, ou, si cela ne se peut ainsi, tout le malheur de ce qu'on aime » (La Bruyère). Cette ambivalence est d'ailleurs la règle, ce qu'on donne à autrui réduisant d'autant ce qu'on destinait à soi-même. « Toutes les relations humaines comportent quelque degré d'ambivalence, parce que pour le noyau narcissique de l'*ego*, tout objet d'amour est un ennemi » [71].

4. Entre *honte* et *culpabilité*, sanctionnant des options contraires. C'est le conflit mentionné dans l'Évangile entre souci du Monde et fidélité au Maître. Qu'il suffise de rappeler l'apôtre Simon Pierre, reniant Jésus par pusillanimité, puis « pleurant amèrement » (Mathieu, XXVII, 69-75) [72].

LES RÉACTIONS AU CONFLIT

Elles sont de niveau très divers. 1° La *réaction intelligente*, éminemment alloplastique, est celle qui concilie les instances en désaccord. L'exemple le plus simple est le *détour* spatial qui atteint le but en évitant l'obstacle. Mais les caractères du détour — fusion de deux conduites standard en une unité originale, conçue sur mesure — se retrouvent dans toute manipulation intelligente des conflits. Dans cette perspective s'inscrit la morale de Rousseau qui élimine renoncement et sacrifice par une approche judicieuse de l'environnement [72].

2º Il se peut que toute conciliation soit impossible, ou hors des moyens du sujet. A la solution intelligente s'oppose la *réaction émotionnelle*, essentiellement autoplastique. Si elle ne résout rien, au moins décharge-t-elle des tensions insoutenables, permettant ainsi d'en terminer avec le problème ou de l'aborder par un autre biais. Ce que l'on observe alors, ce sont, soit des sanglots et des larmes (angoisse, échec), soit des crises de colère (interférence), soit enfin des convulsions, comme chez les rats de Maier.

3º Le problème demeurant posé, et la catharsis émotionnelle faisant défaut [74], il y a menace de *réactions pathologiques* : psychosomatiques, névrotiques, psychotiques.

Dans les *troubles psychosomatiques*, la tension persistante influence les fonctions organiques par le canal des systèmes végétatifs (*ulcère gastrique, colite, asthme bronchique, urticaire, goitre exophtalmique, hypertension*, etc.). Est affecté de préférence l'organe ou appareil marqué chez les sujets, d'une fragilité préalable. Des corrélations s'observent, cependant, entre types de conflits et troubles définis, par exemple entre colères rentrées et hypertension [75].

Dans les *névroses*, la tendance sacrifiée est, non pas *supprimée* comme il arrive en cas d'*ego* fort *(suppressed)*, mais *refoulée* dans *l'inconscient (repressed)*. Refoulement, cependant, non pleinement réussi. Si, *pour la plus grande part*, le comportement demeure normal et adapté au double monde physique et social, si l'*ego* garde sa faculté critique et le *super-ego* son pouvoir régulateur, les désirs proscrits et sanctions qu'ils provoquent se traduisent en *inhibitions* et *symptômes* qui, détachés de leur contexte inconscient, et d'ailleurs souvent symboliques et déguisés, paraissent incompréhensibles à qui les subit [76].

On distingue parmi les *névroses*, groupements *cliniques* et *syndromes* plus qu'*entités nosologiques* :

La *neurasthénie*, à base de fatigue, de retrait et d'inhibition généralisée.

L'*hypochondrie*, où l'impression de fatigue fait place à celle de maladies imaginaires.

La *névrose anxieuse* et les *phobies*, où domine l'anxiété, soit diffuse, soit localisée, mais dans les deux cas non objectivement fondée.

L'*hystérie*, scission de la personnalité se traduisant en : anesthésies, amnésies, paralysies, aphonies sans cause organique; tics, tremblements, crampes, crises convulsives; somnambulisme, fugues, personnalités doubles [77].

La *psychasthénie* ou *névrose obsessionnelle*, faite d'obsessions et de compulsions, les premières issues de l'*Id*, rompant la barrière du *refoulement*, remplacé par l'*isolement*, les secondes, solidaires du *Super-ego* « défaisant ce qui a été fait » *(undoing what has been done)* par recours à des rites stéréotypés (se laver les mains, etc.).

Tous ces syndromes impliquent régression vers des stades archaïques de l'évolution psychosexuelle. On considère en général que les tendances à l'œuvre dans l'hystérie sont du niveau phallique ou génital, celles de la névrose obsessionnelle du niveau anal-sadique.

Dans les *psychoses*, enfin, c'est le comportement tout entier qui est perturbé. *Ego* et *Super-ego* sont submergés par le *Id*, l'adaptation au réel est compromise et la socialisation abolie. L'affectivité, en excès ou en défaut, est sans rapport avec les situations. La croyance *délirante* échappe au contrôle de l'expérience. Il n'est pas jusqu'à la perception qui ne se falsifie parfois en hallucination. Il s'agit là, au sens propre, d'*aliénation* (*alienus* = étranger), justifiant internement dans un asile psychiatrique.

Une question très débattue est de savoir dans quelle mesure les psychoses résultent, soit de facteurs organiques, soit de conflits non résolus. Il est hors de doute qu'une hérédité chargée y prédispose, et que, dans le passage que l'on observe parfois de la névrose à la psychose, et de l'obsession au délire, un « processus » non encore identifié semble s'interposer. Les difficultés rencontrées n'en exercent pas moins une influence déclenchante, suivant la formule : $S \rightarrow I \rightarrow R$, si souvent de mise en psychologie.

On sait que, depuis les travaux de Kräpelin, Bleuler et Kretschmer, les psychoses sont rangées en deux groupes, solidaires des constitutions soit *cyclothyme*, soit *schizothyme*, liées elles-mêmes (assez lâchement) à des structures corporelles contrastées : *eurymorphe*, *leptosome*.

La *psychose maniaque-dépressive*, déjà évoquée par nous, se caractérise par une hyperthymie aberrante et des alternances de joie et d'angoisse, d'élation et de dépression, non justifiées par les circonstances. Il existe des dépressions *réactives*, limitées dans leurs effets, de structure névrotique. Autrement aiguë est l'angoisse mélancolique, génératrice de délires d'indignité et culpabilité, voire d'idées de suicide. Il s'agirait là, suivant la psychanalyse, d'une régression au stade oral-dépendant, et d'une agression de soi-même, par introjection de l'objet aimé, très ambivalent à ce stade. Cette agression, alertant le *super-ego*, s'alimente de ses reproches.

Quant à la *schizophrénie*, elle implique, dans le polymorphisme de ses symptômes et la diversité de ses formes *(simple, hébéphrénique, catatonique, paranoïde)*, une méconnaissance ou falsification de la réalité, sacrifiée à la pensée subjective. Si l'*ego* échoue ainsi dans sa tâche essentielle de *reality-testing*, c'est apparemment qu'à un stade très précoce, antérieur à la formation du *super-ego*, la distinction du moi et du monde extérieur n'a pu, par déficience constitutionnelle, fermement s'établir. Cette détérioration de l'*ego* est un peu moins prononcée dans la *paranoïa*, où elle ne porte que sur un point limité, celui du délire systématisé (persécution, jalousie, etc.).

LES MÉCANISMES DE DÉFENSE

On range sous cette rubrique les mécanismes par quoi l'*ego* se défend contre les forces instinctuelles, les conflits et anxiétés qu'elles provoquent, enfin les dangers externes ou internes qui menacent de ce chef son intégrité [78]. La plupart opèrent sous mode automatique, hors de toute conscience ou volonté délibérée. Ils sont de niveau fort divers, les uns féconds et constructifs, les autres autoplastiques et soulageant l'individu sans effet utile sur l'environnement. Il arrive que ces derniers s'exercent sans dommage et assurent un équilibre précaire. Ils peuvent aussi jouer hors de propos, formant alors le ressort d'une névrose ou d'une psychose [79].

L'usage préférentiel de l'une ou l'autre technique varie avec les sujets et résulte tant de la constitution (incluant le sexe) que de l'habitude (loi de l'effet). Il dépend aussi de l'âge, plusieurs de ces mécanismes trouvant une place marquée à un stade défini de l'évolution mentale, quoiqu'ils puissent se perpétuer bien au-delà [80].

1. *La satisfaction différée* impliquée peu ou prou dans toute conduite instinctive, *réaction à consommation retardée*, joue un rôle majeur dans les entreprises humaines, dont beaucoup imposent une longue attente. Supporter celle-ci et la frustration temporaire qu'elle cause, est un signe non douteux de la maturité.

2. Dans la *satisfaction déguisée avec rationalisation*, l'acte instinctuel est camouflé en chose louable et présenté au *Super-ego* comme conforme à ses vœux. Deux romans d'Anatole France illustrent à merveille ce travestissement, l'un à propos du sexe *(Thaïs)*, l'autre, de l'agression *(Les dieux ont soif)*. A l'œuvre dans tous les fanatismes, où la haine de l'opposant se déguise en amour de Dieu, de la Patrie, de la Justice, du Bien Public, etc., la rationalisation épargne peu de consciences individuelles, toujours promptes à trouver aux actes les plus contestables des mobiles avantageux [81].

Non moins que le super-ego, l'instinct peut être abusé. C'est ce que l'on observe dans la *dépréciation défensive (sour grapes)* et sa contrepartie : le *sweet lemon*.

3. Les *déplacements* consistent en substitutions d'*actes* ou d'*objets*. L'agression est, par exemple, soit détournée sur un *bouc émissaire*, soit liquidée dans une compétition sportive. Ces substitutions revêtent divers modes.

Parmi elles prennent place les *compensations*, remédiant, selon Adler, aux infériorités réelles ou supposées. Elles sont, soit *constructives*, toute personnalité, même gravement infirme, pouvant s'épanouir autour d'un succès (J. Anderson), soit *destructrices* et *régressives* : vagabondages, vols, cruautés, délits sexuels.

Dans les *symbolisations*, actes ou objets hors d'atteinte cèdent la place à des substituts de nature spéciale : portraits, symboles, images mentales, qui les évoquent par parenté perceptive ou affective : faute de revoir un disparu, on visite et fleurit sa tombe. Ces *conduites symboliques* sont, vidées de leur charge affective, appelées à un grand avenir du côté de l'intelligence. Le danger est que, chez des sujets prédisposés, elles n'empiètent sur la vie active et, perdant tout lien avec le réel, ne mènent à la rêverie stérile, à la pensée autistique ou déréistique, et, dans les cas les plus graves, à la schizophrénie.

Enfin, dans les *sublimations*, la tendance est tournée vers un objet plus noble, suivant une dialectique illustrée, bien avant Freud, par Platon et S. Augustin. Ou bien l'objet demeurant le même, c'est l'acte le concernant qui est transformé. Ainsi de l'attrait charnel s'épurant en amour courtois et platonique. Cette transmutation joue un rôle insigne dans la création, comme l'a montré E. Gilson dans l'*École des Muses* (1951).

> Chopin écrivait dans le même sens à son amie Delphine Potocka : « J'ai longuement réfléchi à l'inspiration et à l'œuvre créatrice; lentement, très lentement, j'en suis venu au point crucial de la question. L'inspiration, les idées neuves ne me viennent que si je suis resté longtemps éloigné des femmes. Quand je me suis dépensé auprès d'une femme, l'inspiration m'échappe, et aucune idée nouvelle ne se forme en mon esprit.
>
> N'est-ce pas étrange et merveilleux? Ainsi ces mêmes énergies servent à féconder la femme, c'est-à-dire à créer *l'homme*, et à créer une œuvre d'art. C'est ce principe fécondant, si précieux, qu'un mâle gaspille pour un instant de plaisir!...
>
> Dieu seul sait combien de mes inspirations et de mes créations musicales, et des meilleures, se sont ainsi perdues. *Operam et oleum perdidi*... des ballades, des polonaises, et, autant que je le sache, tout un concerto peut-être, furent engloutis... ainsi vous êtes toute pleine de musique et enceinte de mes œuvres » [82].

A la vérité, c'est ne pas rendre pleine justice à la sublimation que de la traiter comme une défense parmi d'autres. Elle est beaucoup plus que cela. C'est grâce à elle que, suivant Scheler, l'homme s'élève au-dessus de l'animal et accède à une vie proprement humaine.

> Toute étude des *déplacements* serait incomplète, si n'étaient mentionnés ceux que l'Éthologie a relevés dans le comportement animal (Lorenz, Tinbergen). Ils résultent cependant, non de l'acquisition individuelle, mais du jeu combiné de la mutation et de la sélection [83].
>
> Ils surviennent : 1°) en cas de conflit, par ex. entre l'attaque et la fuite; 2°) quand la motivation reste en suspens, faute des

stimulations attendues du partenaire, notamment dans le manège amoureux; 3°) quand le but est trop vite atteint, un surplus de motivation restant à dépenser.

Dans tous ces cas, on voit l'animal chercher décharge dans le champ d'un autre instinct : le coq, partagé entre l'attaque et la fuite, se met tout à coup à picorer, comme s'il voulait se nourrir. « Il s'agit là, remarque Lorenz, d'exutoires par où s'échappe un surplus de motivation. Ils ont une fonction cathartique et apaisante, comme le sait tout fumeur, car fumer n'est en essence rien d'autre, non plus, qu'une activité de déplacement » (1957, p. 298). Cependant, un lien strict s'établit chez l'animal entre types de conflits et déplacements définis. Ultérieurement dans la phylogénie, ceux-ci se chargent de sens et prennent valeur expressive : les coups de bec du coq sont signal de *menace*, interprétés comme tels par le partenaire. Perdant leur but premier et indifférents aux stimuli orienteurs (il n'y a rien à picorer ou l'animal picore au hasard), ils se sont *ritualisés*.

Ritualisation et déplacement interviennent encore dans les *symbolisations* animales, par ex. les combats fictifs remplaçant les combats réels, au bénéfice de la survie de l'espèce.

De type très différent, et comparables aux réactions humaines, sont les déplacements *individuels* (et non plus *phylogénétiquement déterminés*) qui s'observent chez les chimpanzés en cas de frustration. Les plus jeunes cèdent au temper tantrum, à la destruction, à l'agression (d'autrui ou de soi-même), à la défécation. Les plus âgés font choix d'alibis : suçage du pouce, grooming, se gratter, boire, etc. [84].

4. Les *fixations* ou *répétitions compulsives* pourraient figurer à la rigueur parmi les déplacements. La stéréotypie et contrainte qu'elles comportent leur assigne plutôt une place à part. Il faut bien voir, en outre, que la composante autoplastique s'y déploie à l'exclusion de tout but (*Behavior without a goal*, Maier).

Rappelons celles dont font montre les rats, soumis dans le *jumping stand* à des problèmes insolubles. On les voit, cent fois de suite, sauter à droite et s'y cogner le nez, alors que la voie est ouverte, et la nourriture visible, à gauche.

Des compulsions non moins rebelles s'observent chez l'homme, les unes anodines (*sucer son pouce, ronger ses ongles, mâchonner, fumer*), d'autres préoccupantes à des degrés divers (*passion du jeu, dipso-* ou *kleptomanies, délits sexuels, actes manqués* et *conduites d'échec*) [85].

Fixation et symbolisation se combinent dans nombre de symptômes névrotiques, particulièrement chez les obsessifs. Ils traduisent, sous forme déguisée et ritualisée, les pulsions du *Id* ou contremesures du *Super-ego*.

5. Le *refoulement*, qu'on ne confondra pas avec le rejet volontaire, est un mécanisme normal dans l'enfance, non armée pour traiter avec *insight* des conflits qui la dépassent. Il se maintient chez divers adultes (plus souvent des femmes) qui paient leur tranquillité relative d'un appauvrissement de la personnalité. Les tendances refoulées peuvent n'affleurer qu'en rêve, ou dans divers tics et actes manqués. Elles peuvent aussi se traduire en symptômes morbides. Sous-jacent à toutes les névroses, le refoulement occupe une place particulièrement apparente dans l'hystérie *(anesthésies; amnésies; somnambulisme; doubles personnalités)*.

6. L'*isolement*, alternative du refoulement, fréquente chez les obsessifs (surtout masculins), sépare du comportement habituel, conforme au *Super-ego*, des pulsions ou actions où le *Id* trouve son compte, mais que le sujet ne reconnaît pas pour siennes, quoiqu'il les enregistre consciemment. Stevenson a poussé à l'extrême la peinture de cette dissociation dans l'histoire du Dr Jekyll et de Mr Hyde.

7. La *formation réactionnelle*, à l'œuvre dans la même névrose, contient les tendances proscrites en renforçant d'autant leurs contraires. Il existe ainsi des pacifiques d'apparence, secrètement très agressifs, des puritains obsédés par la sexualité, des hommes à femmes, homosexuels inavoués (quand ce n'est pas l'inverse). Un amour importun se déguise de même en hostilité, et celle-ci en sollicitude excessive.

8 et 9. La *projection* situe en autrui ce qu'on refuse d'admettre en soi :

> « Dire que j'étais folle de ce garçon! Maintenant, je ne peux plus le regarder. *Mon Dieu, comme les hommes changent!* » (H. Becque, *La navette*).

L'*introjection* fait l'inverse :

« J'ai mal à *votre* poitrine » (Mme de Sévigné, à sa fille malade).

Ces mécanismes renvoient à une phase ancienne de l'enfance, celle où se fait le départ entre données internes et externes. Si les autres défenses opèrent dans les névroses, celles-ci, propres aux psychoses, servent quand l'*ego*, inapte au refoulement, défaille sous les produits du *Id*. La seule ressource est alors de les répartir indûment entre moi et non-moi. L'introjection domine dans la mélancolie, et la projection dans la paranoïa, où « je le hais » est traduit : « il me persécute » [86].

10. L'*identification* implique confusion ou indistinction de soi et de l'*autre*, dont on ressent les émotions, mime les actions, adopte les valeurs et partage les triomphes. Elle est source (ou effet?) d'*empathie*, de *sympathie* et d'*imitation*. On a vu que l'enfant sain résout le complexe d'Œdipe par identification à son père, choisi comme modèle (et intériorisé dans le *Super-ego*). Ce prestige de modèles joue un rôle d'importance tout le long de la croissance psychique. Il console aussi de bien des déceptions, le raté trouvant réconfort dans les succès d'un proche, d'un leader ou d'un héros de roman à qui il s'identifie. Le deuil s'apaise en retour par recréation de la personne aimée en soi-même [87].

11. La *régression* : au cours de la croissance, l'action progressive de l'*ego*, chargé d'adaptations neuves, se heurte sans cesse à l'inertie du *Id*. Celle-ci l'emporte en cas de déboires et provoque régression vers des stades plus anciens. Un exemple parmi d'autres est celui de l'enfant mouillant son lit lors de la naissance d'un petit frère, tenu pour un rival. Une déception amoureuse se solde de même par un retour au narcissisme.

Toute névrose, à vrai dire, implique régression, non moins que refoulement. Séparées de l'*ego*, les tendances rejetées n'ont pu évoluer avec lui. Fixées dans l'inconscient à un stade archaïque : phallique, anal, oral, elles n'en demeurent pas pour autant inactives et se traduisent en *symptômes*. Il se peut qu'à l'inverse, elles transparaissent à nu dans un psychisme évolué quant au reste. La névrose ne serait ainsi, suivant le mot de Freud, que l'*envers de la perversion*.

12. Enfin, la défense la plus simple, en cas de problème non soluble, consiste dans le *retrait*, matérialisé en fatigue, voire en sommeil incoercible. On l'observe à un degré extrême dans la neurasthénie et les dépressions.

Ne quittons pas les conflits sans évoquer ces revirements spectaculaires qui prennent place dans certaines vies, et par où des tendances contenues l'emportent tout à coup sur leurs rivales. Telles sont les *conversions*. Sans chercher des exemples du côté des saints, où ils sont nombreux, qu'il suffise de rappeler le cas de Racine, renonçant en pleine maturité, au théâtre, au monde, aux femmes, pour se consacrer à la plus austère vie de famille. L'inverse se produit aussi, et la conversion (à rebours) du Dr Faust n'a pas fini d'inspirer poètes et musiciens.

4. — Évolution des conduites instinctives : maturation et apprentissage

Les conduites instinctives mûrissent, comme toutes les autres, au cours de l'enfance. C'est chez l'homme que, l'enfance étant la plus longue, la maturation offre le plus de complexité. Elle se complète par l'*imprinting* et suppose, à chacun de ses stades, la présence d'objets et d'incitations appropriés. Sensible aux encouragements, elle achoppe aux obstacles, se figeant alors en peur de grandir, peur du métier, peur du mariage. D'où les *fixations* et *régressions*, affectant notamment sexualité et valorisation.

Il faut noter ici l'incidence de ce que les éthologistes ont décrit sous les noms d'*imprinting* ou *Prägung* (Heinroth, 1910; Lorenz, 1935). Il arrive qu'en des cas extrêmes, la maturation ne développe qu'*en creux* une potentialité qu'il appartiendra au milieu d'actualiser et de fournir d'objets. Passé un certain délai fixe, et non complétée de la sorte, la potentialité s'éteint sans retour.

L'exemple classique est celui des jeunes canards qui, entre 13 et 16 heures après la sortie de l'œuf, suivent à distance définie le premier objet mobile qui s'offre à eux : la mère, dans l'ordre naturel, mais aussi, éventuellement, un animal d'autre espèce, un éleveur humain, voire une silhouette artificielle quelconque. A ce *following* caractéristique des nidifuges correspond chez les nidicoles le *begging* sollicitant la becquée. L'adoption d'un type *spécifique* d'objets est immédiate, irréversible et exclusive de tout autre. De plus, elle influence à long terme les choix sociaux et sexuels de l'adulte. Les jeunes choucas dont prend soin Lorenz à la sortie de l'œuf le traiteront plus tard en congénère et partenaire sexuel, tandis qu'ils ne verront dans leurs frères que des étrangers [88].

Des faits comparables s'observent chez les mammifères et l'homme, quoiqu'on puisse discuter s'ils relèvent de l'*imprinting* au sens strict ou de l'apprentissage et loi de l'effet. C'est la maturation qui, entre deux et treize ans, ouvre l'enfant à la culture et au langage, mais il dépend du milieu d'en fournir les *modèles* actualisateurs, faute de quoi, l'âge limite franchi, l'ouverture disparaît. Instructif est, à cet égard, le cas de Victor de l'Aveyron, à jamais inapte à parler. La construction d'un Super-ego tribal ou parental, avec l'aptitude à la honte ou culpabilité qui en résulte, suppose, comme on l'a vu, influence prestigieuse soit du groupe, soit du père. C'est, en retour, par la présence affectueuse de la mère que le petit enfant acquiert la capacité d'amour et de don, la tolérance de frustration, enfin le sens du temps et de la satisfaction différée. En cas d'absence durable de la personne maternelle se constitue l'*affectionless character* décrit par Bowlby (1947). Enfin, il est probable que, comme il a été dit, les orientations homo- ou hétérosexuelles de l'adulte trouvent leur cause dans des fixations de l'enfance.

A la maturation s'ajoute l'apprentissage. Il intervient surtout à la phase de préparation, dans le choix des *moyens* aptes à conduire au *but*. Ceci demande une étude à part, à laquelle nous viendrons dans un moment. Cependant, l'apprentissage affecte aussi, quoique dans une moindre mesure, l'*action consommatrice* sur l'*objet*.

Contre l'opinion des premiers éthologistes, l'*objet* peut ne s'imposer qu'après tâtonnements, par la satisfaction qu'il cause et le *renforcement* qui en résulte *(loi de l'effet)* (Lorenz, 1965). L'habitude crée des préférences et exclusives durables *(loi de l'exercice)*. Mais surtout, culture, suggestion et mode exercent ici leur pression, comme on le voit par les canons changeants qui régissent la beauté ou toilette féminine. Mentionnons enfin les *goûts* individuels, ainsi que les *cathexes* concentrant la *libido* (ou tout autre instinct) dans un unique objet. « Un seul être vous manque et tout est dépeuplé ».

Même l'*action consommatrice* peut faire problème et réclamer initiation. Les chimpanzés élevés au zoo restent incertains devant la femelle, faute d'avoir observé le coït de congénères. Non moins maladroites sont, vis-à-vis de leurs petits, les mamans anthropoïdes qui ont manqué d'exemples (Hediger, 1961). C'est chez l'homme, cependant, que l'acte symbolique supplantant si souvent l'action motrice, l'influence de la culture est à nouveau dominante.

Mais c'est à la *phase de préparation* que l'apprentissage joue un rôle majeur, variable d'ailleurs suivant les espèces. Inchoatif ou limité chez les annélides, mollusques et arthropodes, il s'affirme chez les vertébrés à mesure que grandit l'écorce, « appareil enregistreur d'engrammes » (Kretschmer) [89]. Si spectaculaires qu'apparaissent ses apports, en particulier dans le cas de l'homme, c'est bien à tort qu'on leur dénierait tout fondement génétique. « De nos jours encore, certains éthologistes *(outre, presque unanimes, les psychologues de laboratoire)* paraissent attachés à l'idée que les éléments du comportement chez l'animal sont ou bien innés ou acquis, chacun de ces deux modes excluant absolument l'autre. Cette conception est entièrement erronée, comme Lorenz l'a vigoureusement démontré. Lorsque le comportement implique des éléments acquis par l'expérience, ils le sont dans un *programme* qui, lui, est inné, c'est-à-dire génétiquement déterminé. La structure du programme appelle et guide l'apprentissage, qui s'inscrira donc dans une certaine « forme » préétablie, définie dans le patrimoine génétique de l'espèce. C'est sans doute ainsi qu'il faut interpréter le processus primaire d'apprentissage du langage chez l'enfant. Il n'y a aucune raison de supposer qu'il n'en soit pas de même pour les catégories fondamentales de la connaissance chez l'homme, et peut-être aussi pour bien d'autres éléments du comportement humain, moins fondamentaux, mais de grande signification pour l'individu et la société » [90].

La maturation est donc toujours présente, suscitant dans un cas conduites définies, et, dans l'autre, *potentialité* d'acquisition de conduites, de variabilité croissante suivant l'échelle des espèces, quoique en fin de compte toujours soumises à contraintes. « Avec le développement du système nerveux, avec l'apprentissage et la mémoire, se relâche la rigueur de l'hérédité. Dans le programme génétique qui sous-tend les caractères d'un organisme un peu complexe, il y a une part fermée dont l'expression est strictement fixée; une autre ouverte qui laisse à l'individu une certaine liberté de réponse. D'un côté, le programme prescrit avec rigidité structures, fonctions, attributs; de l'autre, il ne détermine que potentialités, normes, cadres. Ici il impose, là il permet. Avec le rôle croissant de l'acquis se modifie le comportement de l'individu » [91].

Le problème de l'apprentissage que nous rencontrons à cette place est de ceux qui ont le plus occupé — et divisé — les psychologues de laboratoire. Nous n'en dirons que le peu qu'exige, à titre de complément, notre étude des conduites innées, renvoyant pour plus de détails à quelques ouvrages de base [92].

Il importe, dans cette question, de distinguer des *faits* observés et décrits, l'*interprétation théorique* qu'on en donne. Voyons d'abord les faits. Les associationnistes depuis Hartley (1749), Ebbinghaus dans ses études expérimentales sur la mémoire (1885), poursuivies dans l'analyse du *rote learning* (McGeoch, 1942), enfin Pavlov, Bechterev et l'École russe, opérant sur les réflexes, mettaient en évidence, dans des secteurs variés, des apprentissages par *liaison associative* et *conditionnement*, d'ailleurs familiers à la pensée populaire *(par cœur)*. — Dans le même temps où Pavlov observait le chien salivant au son de cloche, les Américains, avec Thorndike (1898 ss.), plus tard Hull (1932 ss.), Skinner (1938 ss.) et bien d'autres, expérimentaient sur le rat dans le labyrinthe ou le *puzzle box* et décrivaient des apprentissages par *trial and error* ou *conditionnement instrumental*, où jouent *loi de l'effet* et *renforcement*. — Enfin Köhler (1914 ss.) et Yerkes (1916 ss.), confrontant les anthropoïdes à des problèmes d'ordre plus complexe, signalaient un troisième mode d'acquisition : par compréhension et *insight*, étendu ensuite du rat à l'homme par Maier (1929 ss.), Tolman et Krech (1932 ss.) [93].

Ces trois groupes de faits s'expliquent-ils par un seul principe ou par deux ou par trois? Des tendances monistes s'affirment chez Pavlov, Watson et Guthrie (1935) qui ne voient partout que *conditionnement* et *contiguïté*, chez Hull qui pose comme unique principe le *renforcement* opérant hors de toute conscience, enfin chez Tolman qui, dans son concept d'*expectancy*, généralise le rôle de l'*insight*, ou tout au moins de la *cognition*, phénomène certes mental, mais dont rien n'interdit (bien au contraire) de chercher le substratum nerveux.

D'autres ont fait choix de positions plus nuancées, distinguant des apprentissages de routine (RC et *trial and error*) ceux qui impliquent *raisonnement* ou *compréhension* [94], ou — plus souvent — opposant aux apprentissages par *contiguïté* (réflexe pavlovien, *rote learning*) les acquisitions de conduites qui sortent l'animal de situations insolites et, en ce sens, résolvent des problèmes *(problem solving)* [95]. Mais la solution de problèmes peut se concevoir de deux manières, soit qu'un *renforcement* mécanique gouverne tout apprentissage et rende compte des faits d'*insight* (Skinner, cf. Hull), soit qu'une *compréhension* rudimentaire joue dans le *trial and error* (ou, comme dit Woodworth, *trial and check*) le plus modeste. Suivant cette dernière vue, « ...celui qui apprend, agit avec autant d'intelligence qu'il le peut dans les circonstances auxquelles il est confronté, en sorte que la solution de problèmes par *insight* est la solution-type » [96].

Un point sur lequel, quoi qu'on ait dit, tous sont d'accord est que, loin de présupposer la conscience, l'apprentissage déborde du champ de celle-ci. Cela est vrai du conditionnement, tant opérant que classique, déjà actif au niveau organique (Metalnikov; Miller), mais aussi du *trial and error* [97], et même de l'*insight* au sens strict, puisque, comme le note Maier, le processus d'invention échappe à la pensée introspective qui n'en perçoit que le résultat [98]. Impliqué dans cette discussion est le problème de la *prise de conscience*, « problème sans doute plus mystérieux encore que celui de l'inconscient, et dont la compréhension est, à coup sûr, la condition préalable à une explication claire de ce dernier » [99].

Que conclure? Il nous paraît qu'en tout cas, deux types d'apprentissage doivent être distingués, suivant les conduites sur lesquelles ils se greffent, *explosives* d'une part, *suspensives* de l'autre.

Liée originellement aux *conduites à consommation immédiate*, quoiqu'elle diffuse bien au-delà, est la *liaison associative* soit entre stimuli, soit entre réponses, soit entre stimuli et réponses. La forme la plus fruste en est le RC classique. La liaison, une fois acquise, tend à persister indéfiniment, fût-ce contre toute utilité, comme l'atteste l'émotion conditionnelle. Si elle se relâche, c'est soit par usure, soit par interférence. Quant aux *réglages* du réflexe pavlovien — inhibition interne, délai, différenciation à partir d'une généralisation, ou plutôt d'une indistinction initiale —, ils doivent être dissociés du RC simple et, puisque impliquant rétroaction du résultat sur la conduite, rangés sous l'empire de la loi de l'effet [100].

Un second apprentissage, solidaire des *conduites à consommation retardée*, se règle comme celles-ci, *non plus exclusivement sur les stimuli de départ, mais sur l'issue de l'action en cours*. Toute espèce animale dispose par innéité de moyens assurant les fins dont dépend sa survie. L'apprentissage lui en fournit d'autres, hors des situations standard seules prévues par l'instinct. C'est à ce niveau que jouent récompense et châtiment, succès et échec, renforcement et loi de l'effet, mais suivant des modalités variables qui dépendent, pour partie, de la situation, et pour une autre, du psychisme de l'animal.

1°) Aux stades les plus humbles, la satisfaction obtenue fixe d'emblée ou moyennant répétitions la conduite qui l'a procurée. C'est ce genre d'acquisitions que l'on observe au *puzzle* - ou *Skinnerbox*, de même que dans les expériences d'*escape* ou d'*avoidance* (choc électrique) symétriques du *reward learning*. Comparable au conditionnement classique, auquel il s'apparente d'ailleurs par plusieurs de ses lois (contiguïté, répétitions, interférence), ce « conditionnement instrumental » peut, comme lui, susciter *ou non* prise de conscience.

2°) Plus complexes sont les situations impliquant alternative, choix, discrimination de signaux uni- ou plurisensoriels, et parfois succession de choix : *jumping stand, labyrinthe*. On peut concevoir qu'au moins dans les cas simples, elles aussi se résolvent à l'aveugle par allées et venues sans loi. Plus méthodique est l'attaque — décidément, consciente — à partir d'hypothèses. On reconnaît là l'approche des sciences expérimentales chez l'homme. Suivant Krech, c'est de cette manière que procéderaient les rats dans le labyrinthe, témoignant ainsi, dans ce qui paraissait pur *trial and error*, d'autant d'*insight* que le permettent les circonstances [101].

3°) Aux situations précitées, passibles de seules attaques motrices, s'opposent celles qui offrent à simple inspection toutes les données du problème, par exemple aux labyrinthes couverts les labyrinthes surélevés [102]. Aux essais moteurs, toujours pratiquables, peuvent se substituer par *intériorisation*, des essais mentaux débouchant sur un *insight*. Telle est la condition des sciences rationnelles chez l'homme [103]. A ce type appartiennent les *détours* simples chez l'animal. On peut même concevoir que celui-ci supplée aux lacunes de l'information présente par le souvenir qu'il a des lieux et la *cognitive map* (Tolman) qu'il s'en est construite. C'est dans cette ligne que s'insèrent nombre d'épreuves conçues par Maier et par Tolman [104]. Il fallait le génie de Lewin pour détecter les mêmes facteurs à l'œuvre chez l'enfant tentant de s'asseoir sur une chaise.

4°) Restent les cas, plus complexes encore, où tout essai moteur serait inopérant et où la solution du problème ne peut jaillir (souvent soudainement) que d'une rumination mentale. C'est ici que se rencontrent les performances des chimpanzés, imaginant des détours compliqués, empilant des caisses ou utilisant (parfois emboîtant) des bambous pour atteindre ou attirer à soi une nourriture hors de prise [105]. Il s'agit là de conduites neuves, jamais expérimentées par voie motrice dans le contexte où elles jouent, d'emblée adaptées à celui-ci, et témoignant d'une invention, exemple privilégié d'*insight* [106].

On aura remarqué qu'à mesure que se développe l'apprentissage, l'animal, d'abord manœuvré par les seuls stimuli présents, se libère peu ou prou de ceux-ci et fait montre d'initiative croissante. Travaillé par la motivation et anticipant ses fins, il cherche, met à l'épreuve ou trouve d'emblée les moyens d'y atteindre. Sa réussite mesure son degré d'*intelligence*. Mais l'intelligence n'agit pas *in vacuo*. Elle dépend, pour chaque espèce, des *discriminanda* et *manipulanda* accessibles à celle-ci, non moins que des *dimensions* : spatiales, temporelles, numériques, verbales, etc., qu'elle est génétiquement capable d'y discerner [107]. Comme le disait Janet, l'homme pense avec ses mains non moins qu'avec son cerveau.

Responsable du réflexe conditionnel, la *liaison par contiguïté* n'est pas moins active au niveau de l'instinct. Elle enrichit le schéma perceptif de stimuli occasionnels et suscite *redintegration* plénière des expériences vécues (Hamilton). Elle permet, chez l'homme, le *rote learning*, la mémorisation par cœur, la rétention des dates, des lieux, des noms, des termes du langage. Elle gouverne le cours de la pensée dans la rêverie détendue. Enfin elle assure, au point de vue moteur, l'acquisition des *skills* et l'automatisation de séquences formées à l'origine par d'autres moyens.

Corrélative de l'apprentissage est la mémoire, et de la fixation, la rétention, la reconnaissance et l'évocation — celle-ci plus laborieuse que celle-là. Deux facteurs se complétant assurent bonne mémorisation : l'intérêt, c'est-à-dire la motivation, et — faute d'intérêt — des répétitions convenablement espacées. Si pas mal de souvenirs persistent inaltérés, d'autres s'effacent apparemment sans retour. Cette dissolution, qui croît avec l'âge, atteint un point extrême dans l'amnésie, soit progressive, soit même régressive de la démence sénile [108]. Il apparaît, cependant, qu'inaccessibles à l'évocation, maintes expériences subsistent intactes dans les engrammes corticaux : on les voit resurgir dans la cure psychanalytique, dans la sorte d'état second décrit par Proust, enfin lors d'interventions sur le lobe temporal [109].

Une bonne mémoire concrète s'accommode d'une intelligence fruste, comme on le voit chez les débiles mentaux. L'inverse est non moins vrai : « on se plaint de sa mémoire, et non de son jugement ». Un cas étonnant de rétention est celui des calculateursprodiges. L'un d'eux, décrit par Luria (1970), restituait *ex abrupto*, à dix-sept ans d'intervalle, tous les chiffres mentionnés lors d'une lointaine séance de travail. Des prouesses comparables ne sont pas rares chez les « primitifs ». C'est un trait des sociétés civilisées et scientifiques que la mémoire concrète y subit régression, compensée, il est vrai, par des ressources d'un ordre bien supérieur : celles qui permettent de *résoudre des problèmes*.

On a vu à satiété que, lors de difficultés accessibles ou non à la pensée consciente, des *symptômes* autoplastiques se fixent chez l'homme par renforcement aveugle, leur dissolution ne pouvant résulter que d'un *insight* [110]. Non moins justiciables de la loi de l'effet et de son mode d'action automatique, sont maintes réactions adaptées, acquises sans prise de conscience. Là est la part de vrai qu'ont vue Hull et Skinner. Cependant, si conscience et idéation ne peuvent être refusées à l'animal, a fortiori tiennent-elles de place chez l'homme.

Qu'est-ce qu'un problème, à ce niveau? Rien d'autre qu'un conflit, vidé de sa charge affective et traduit en termes cognitifs. Il surgit lorsque, dans le déploiement de l'instinct, un obstacle s'interpose entre le sujet et le but, imposant le choix d'un détour. Le propre de celui-ci, témoignage insigne d'intelligence, est de fondre deux conduites innées en une, substituant ainsi à la stéréotypie de l'instinct une approche sur mesure [111].

Face au problème, diverses attitudes sont possibles. La plus fruste est celle de *stupidité*, qui n'en saisit pas les données. Non moins stérile, quoique autrement complexe, est la *réaction émotionnelle*, qui se décharge en agitations. Trop intensément braquée sur le but, elle empêche de s'en *détourner*, fût-ce provisoirement pour y revenir. Préalable à toute réussite est l'*attitude ludique*, qui permet flexibilité et variation des conduites, expérimentation motrice ou mentale, invention et innovation.

Ce qui met l'homme bien au-dessus de l'animal, c'est sa plus grande fertilité en détours de toutes sortes, tant spatiaux que métaphoriques. C'est aussi l'outillage qu'il s'est constitué au cours des siècles et qui lui a valu le nom d'*homo faber*. S'il arrive aux chimpanzés de se servir d'un bambou, les anthropiens, aussi haut qu'on remonte dans leur passé, fabriquent, utilisent et conservent des outils. A la vérité, la stéréotypie des plus anciens de ceux-ci, persistant pareils à eux-mêmes pendant des centaines de milliers d'années, incline à voir en eux, et dans la technicité bornée qu'ils manifestent, un caractère *spécifique*, relevant de la zoologie, « une sécrétion du corps et du cerveau des anthropiens » [112]. C'est chez les néanthropes, pourvus du cortex préfrontal de l'*homo sapiens* (30 000 ans av. J.-C.), qu'un pouvoir d'*invention* jusqu'alors inédit, suscite l'explosion technologique qui s'est perpétuée et amplifiée jusqu'à nos jours.

Non seulement l'*homo sapiens* invente-t-il des outils, mais il les transmet à ses congénères et leur *enseigne* à s'en servir. C'est encore un signe distinctif de l'homme que la capacité, lorsqu'il rencontre un problème, d'observer et faire siennes les solutions fournies par d'autres [113]. De là dérivent les relations entre maître et apprenti, ou entre professeur et élève. De là, plus généralement, résulte la culture, « configuration de conduites apprises et de résultats de ces conduites, dont les éléments composants sont partagés et transmis par les membres d'une société donnée » [114]. A l'*overt culture* qui transmet les techniques s'ajoute d'ailleurs une *covert culture* par où se diffusent les attitudes internes : c'est d'elle que naît le *super-ego*.

Fondée sur le prestige de modèles, la culture n'aurait toutefois pas progressé sans l'aide d'un pouvoir qu'elle marque de son empreinte : le langage. Celui-ci noue entre socii une communication à nulle autre comparable. Il exploite à cette fin une *skill* particulière, d'ordre phonémique, morphémique et syntaxique, inscrite potentiellement dans le seul cerveau humain, et exemple typique de ces *discriminanda/manipulanda* dont parle Tolman. Mais là n'est pas l'essentiel. Le langage, outil sémantique, ne se comprend que comme mode d'une fonction plus vaste : la *fonction symbolique* [115].

Au rebours de l'animal, braqué exclusivement sur le présent sensoriel, l'homme peut évoquer et *re-présenter* l'*absent*, loin dans le temps ou l'espace, par le *détour* de substituts : portraits, schémas, symboles, signes, termes du langage, images mentales, concepts. Portraits et symboles s'enracinent, on l'a vu, dans la vie affective, et dans les *déplacements* qui protègent des conflits. La nouveauté est qu'épurés en schémas et signes, intériorisés en images et idées, ils servent à des fins cognitives, étendant au cosmos entier — passé, présent, futur, voire simplement possible — l'intérêt du psychisme humain. Au monde des choses perçues, accessibles aux mouvements des membres, se superpose celui de la *représentation*, lieu d'opérations mentales qui « simulent » les démarches motrices et commandent la *croyance*.

Ceci ne va pas, cependant, sans un immense danger. *Les choses, en effet, résistent à nos efforts et nous imposent leurs lois. Les signes se laissent faire.* D'où, dans leur maniement, deux directions possibles : celle de la pensée subjective et *déréistique*, soumise au *principe du plaisir;* celle de la pensée objective et rationnelle, gouvernée par le *principe de réalité*. Celui-ci garantit que les agencements de symboles soient à tout moment transposables en actions sur les choses. Une telle adéquation, posée a priori, suppose dans le psychisme humain une capacité d'anticiper sur le réel et de lui dicter en quelque sorte ses lois. Il s'agit là de la *raison*, tenue à juste titre, non seulement par les philosophes, mais par des biologistes comme Lorenz, pour l'apanage de l'homme. Ajoutons-y la *volonté*, qui transpose dans l'action, nonobstant toute tendance contraire, l'ordre dicté par la raison.

Raison et volonté sont des pouvoirs de l'*ego*, tel que, commentant Freud, le décrit H. Hartmann (1958, 1964).

Mais d'où vient la raison? Suivant J. Monod, non point sans doute de l'expérience individuelle, comme le veut l'empirisme, mais de l'expérience de l'espèce, fixée par sélection dans le patrimoine génétique. « De grands esprits (Einstein) se sont souvent émerveillés, à bon droit, du fait que les êtres mathématiques créés par l'homme puissent représenter aussi fidèlement la nature, alors qu'ils ne doivent rien à l'expérience. Rien, c'est vrai, à l'expérience individuelle et concrète, mais tout aux vertus du simulateur forgé par l'expérience innombrable et cruelle de nos humbles ancêtres. En confrontant systématiquement la logique et l'expérience, c'est en fait toute l'expérience de ces ancêtres que nous confrontons avec l'expérience actuelle » [116].

Vue plus poétique que convaincante. D'autres hommes de science, et non des moindres — un Polanyi, un Sherrington, un Eccles — ont jugé que, muette sur la naissance de la vie, la théorie de l'évolution expliquait moins encore l'émergence de la pensée humaine, pouvoir d'ordre transcendant, irréductible à la matière, et présupposé par la science dont elle est l'artisan [117]. La difficulté est alors de concevoir comment un tel *field of extraneous influence* (Eccles) peut infléchir les processus neuroniques. Convenons qu'au terme de son parcours, la psychologie débouche sur un mystère impénétrable : celui des relations entre le corps et l'esprit.

NOTES DU CHAPITRE III

[1] Cf. sur tout ceci : HEINROTH, 1938, et sur le cas de la dinde : LORENZ, 1965, pp. 36-37, qui se réfère à W. et M. SCHLEIDT dans *Behaviour*, 1960, 16, 3-4.

[2] DE MONTPELLIER, 1946, pp. 23-24 (d'après FABRE). On trouvera, chez cet auteur, divers autres exemples de conduites obtuses, par exemple celui de l'araignée continuant de construire une toile inutilisable, après qu'on a sectionné certains des fils qui la supportent.

[3] La relation de Cheselden a paru dans les *Philosophical Transactions* de 1728. Nous la citons ici d'après DE GRAMONT, 1939, pp. 147-148. Sur les réactions d'autres opérés de la cataracte, cf. VON SENDEN, 1970.

[4] DE GRAMONT, 1939, pp. 148-150.

[5] Cf. CASSIRER, 1938.

[6] De belles expériences de Piaget ont montré le progrès de ces conduites de *permanence* et de *localisation* chez l'enfant. Il existe un stade élémentaire où, l'objet disparaissant derrière un écran, l'enfant ne s'attend plus à le voir reparaître, et, de même, un stade où, habitué par exemple à trouver son père dans son bureau, mais venant de le voir au jardin, il le déclare être dans son bureau (cf. PIAGET, 1961).
Instructives dans la même perspective sont les expériences de *delayed reactions* chez les animaux, et dans lesquelles, maintenant l'un d'entre eux momentanément immobile, on dépose une graine, une banane, etc., sous l'un des deux, trois... pots qui s'offrent à sa vue. On sait que les singes et plus encore les anthropoïdes triomphent dans ces expériences, réussissant avec 90 % de succès des épreuves de dix séries successives (Tinklepaugh, Yerkes).

[7] *Jeunes Filles en fleur*, II, p. 123. Cf. la très profonde analyse qui fait suite.

[8] Cf. DELAY, 1953, ch. II. Dans son livre : *Marcel Proust, sa révélation psychologique* (Didot, 1930), DANDIEU décèle dans l'esthétique et la métaphore proustiennes, une tendance à la *perte progressive du sens du réel*, qui n'est sûrement pas l'agnosie, mais a de commun avec elle une dissolution de l'attitude pragmatique.

[9] Tout comportement est *motivé*, si l'on entend par motivation l'ensemble des conditions internes. Dans l'instinct, cependant, la motivation implique, à la façon d'un vecteur, non seulement *force* et *tension*, mais *direction* vers un certain acte ou objet qui s'impose comme *but* (cf. MUENZIGER, 1942, ch. 2 et 7). *Motif* devient alors, en ce sens particulier, synonyme de *but*, et *motivated behavior* synonyme de *goal directed behavior*. C'est ainsi que MAIER oppose le *motivated behavior* au *frustration instigated behavior* : " In order to make the distinction between motivation and frustration more clear cut, we shall use the term motivation to characterize the process by which the expression of behavior is determined or its future expression is influenced by consequences to which such behavior leads " (1949, p. 93).
Concernant les deux étapes observables dans ce type de conduites, Sherrington parle de *preparatory, anticipatory, precurrent responses* et *consummatory responses* et ces termes se retrouvent chez maints psychologues américains. D'autres parlent d'*instrumental act* et *end* ou *goal responses* (SEARS dans DOLLARD et coll., 1939), de *Start phase* et *End phase* constitutives d'une *Start to End Phase Unit* (MUENZIGER),

de *means-end relationship* (TOLMAN). L'aspect d'*action* et de *tâche* est souligné par LEWIN et MUENZIGER.
On se reportera à nos *Fondements de la Psychologie*, ch. IV, parag. 1.

[10] WOODWORTH, 1918, p. 41.

[11] LORENZ, *The comparative study of behavior*, dans SCHILLER, 1957, p. 251. Sur l'éthologie du comportement animal, on lira les ouvrages fondamentaux de LORENZ et TINBERGEN, ainsi que l'excellente synthèse de RUWET, *Éthologie : Biologie du Comportement*, Bruxelles, Dessart, 1969.

[12] LORENZ, *l. c.*, p. 252.

[13] NISSEN (1954, p. 287) qui se réfère à LORENZ, *Ueber die Bildung des Instinktbegriffes, Die Naturwissenswhaften*, 1937, 25, pp. 289-300, 307-318, 324-331; TINBERGEN, 1959.

[14] STELLAR, 1954; DETHIER et STELLAR, 1961, pp. 75-80.

[15] PIAGET, 1945, p. 207.

[16] *Viscerogenic/psychogenic needs* (Murray); *Physiological/social* (Muenziger); *Physiologically determined/ psychic* (Linton), etc. Relevons toutefois que cette distinction a été excellemment critiquée par NISSEN, 1954 : « En premier lieu, je ne pense pas que, comme biologistes, nous puissions accepter une entité ou force superbiologique. Ensuite, le système nerveux est une partie du corps, et, comme tel, a des exigences homéostatiques comparables à celles des autres organes » (p. 350).

[17] Le rôle de l'hypothalamus est établi en ce qui concerne la nourriture, la boisson, la chaleur, le sommeil, les conduites sexuelles et maternelles. (On sait que la respiration est réglée, elle, par le bulbe). La destruction de points ventromédiaux de l'hypothalamus provoque un manger sans limite, celle de points latéraux un refus total de nourriture. L'excitation de ces points par électrodes a des effets contraires. C'est sur le centre inhibiteur qu'agissent les drogues qui dépriment l'appétit.

De même, l'injection d'une solution saline dans l'hypothalamus provoque une boisson immodérée, celle d'hormone sexuelle une copulation énergique. Cf. DETHIER et STELLAR, 1961, pp. 76-78.

[18] Les rats, dont on a enlevé les surrénales et qui, faute de l'hormone indispensable, ne retiennent plus au niveau du rein le sel qui s'échappe dans l'urine, boivent avec avidité d'énormes quantités de solution salée. Cf. dans DETHIER et STELLAR, 1961, p. 75, l'observation comparable et saisissante d'un enfant qui, atteint d'une tumeur aux mêmes glandes, manifeste pendant des mois un goût compulsif pour le sel.

[19] MAUPASSANT, *Le suicide* dans *Contes et Nouvelles*, Albin Michel, II, p. 825. On fera la part de l'humour dans ces réflexions, dont tout n'est pas, cependant, à rejeter.

[20] Cf. sur cette double diversification : FORD et BEACH, 1951.

[21] KINSEY et al., 1948 et 1953.

[22] Nous mettrons hors de pair les ouvrages d'OSWALD SCHWARZ, 1935 et 1949.

²³ Cf. BEACH, 1958; WINOKUR, 1963.
Le rut chez la femelle, ou *œstrus*, correspond à la maturation et rupture d'un follicule et expulsion d'un ovule (au moins chez les espèces à *ovulation spontanée*). Il entraîne gonflement des mamelles, congestion de l'utérus préparant la nidation et ouverture de la vulve. La femelle, dans cet état, est attirante et réceptive au mâle.
L'œstrus revêt une périodicité variable suivant les espèces animales. Le plus souvent saisonnière, elle est continue chez divers mammifères et chez les primates, ceci expliquant en partie les hordes et associations permanentes où vivent ces animaux.
La menstruation qui ne s'observe que chez la femme et les anthropoïdes, correspond à l'avortement de l'œuf non fécondé et à la dissipation de la congestion utérine, l'ovulation (qui correspond à l'œstrus) se situant à mi-chemin de deux menstrues. A la différence de la femme, continûment réceptive, la femelle anthropoïde présente un œstrus net, d'une semaine environ, au milieu des quatre ou cinq semaines de son cycle menstruel.

²⁴ Un excellent exemple de cet automatisme est le manège amoureux des épinoches, décrit par TINBERGEN, 1967, pp. 20-27 : une femelle gonflée d'œufs venant à passer aux abords de son territoire, le mâle entame une danse en zigzag; la femelle, attirée si elle est mûre, s'approche; le mâle pique vers le nid construit par lui, la femelle le suit; le mâle montre l'entrée du nid, la femelle y entre; le mâle la secoue, la femelle pond; le mâle fertilise les œufs et chasse la femelle.

²⁵ NISSEN, 1947, p. 552.

²⁶ Cf. SAHLINS, 1959, et les contributions de BOURLIÈRE, CHANCE, WASHBURN, DE VORE, HALLOWELL, etc., dans WASHBURN, 1961. Les babouins ont été admirablement décrits par ZUCKERMANN, 1932. Cette description est, cependant, contestée par WASHBURN et DE VORE. Les données concernant les anthropoïdes sont, également, assez incertaines. La thèse de Washburn est que tous les primates non humains (y compris les babouins) se comportent à peu près de même manière (*l. c.*, p. 103), qui diffère de celle de l'homme en ce que : " œstrus is associated with rotating mateship; the family with non cyclical receptivity " (p. 98).

²⁷ Il n'est pas exceptionnel que, chez les peuples demeurés à ce stade, un mari prête sa femme en retour d'avantages socio-économiques (SAHLINS, 1959, p. 65). Variables sont également les réglementations concernant les rapports préconjugaux. On connaît la thèse de Linton suivant laquelle deux foyers de civilisation auraient émergé au néolithique, l'un — en Extrême-Orient — hédoniste et favorisant les rapports précoces entre les deux sexes, l'autre — au Proche-Orient — exigeant et préservant la virginité des filles jusqu'au mariage.
Une excellente description d'un régime extrême-oriental est celle que Malinowski a faite des Trobriandais (1930).

²⁸ Cf. WESTERMARCK, 1969.

²⁹ Dans le trajet qui va des débuts de la puberté à la sexualité adulte, Schwarz distingue, comme stades successifs, ceux de la *sexualité solitaire*, de l'*homosexualité de développement* (?), de la *promiscuité et fréquentation des prostituées*, enfin de la *liaison*. Il s'agit là d'*orientations* qui se font jour successivement chez l'individu, et auxquelles celui-ci cède ou ne cède pas, suivant le système moral qu'il a construit par ailleurs. Ce ne sont pas les restrictions éventuelles qu'il s'impose à ce stade

qui sont responsables de troubles ultérieurs, mais les écueils beaucoup plus lointains rencontrés dans la petite enfance (SCHWARZ, 1949, p. 198). Il reste que l'adolescence est une phase de la vie hérissée de problèmes, et que ces problèmes ont reçu des solutions très variables suivant les cultures (cf. Malinowski, Mead, etc.). Linton note que, tandis que dans nos sociétés, les adolescents sont traités, tantôt en enfants, tantôt en adultes, d'autres cultures les constituent en classe propre. Mais les choses sont en train de changer considérablement chez nous, adolescents et jeunes gens s'opposant maintenant, en commun, tant aux adultes qu'aux enfants.

[30] Moins souvent célébré que l'autre par les romanciers et les poètes, l'amour conjugal a inspiré Jacques de Bourbon-Busset (*L'amour durable*). Que, suivant Schwarz, " a bad marriage is a foretaste of hell " est illustré, en revanche, par l'œuvre — assez répugnante — de Marcel Jouhandeau, narcissique effréné. Autrement nuancés sont, dans la même perspective, un Giraudoux, un Chardonne, une Colette, un Hervé Bazin.

[31] Cf. ABRAHAM, *A short study of the development of the Libido, viewed in the light of mental disorders* (1924) dans *Selected Papers*, 1927, pp. 418-501, et surtout l'ouvrage extraordinairement pénétrant de ENGLISH et PEARSON, *Emotional Problems of Living*, Allen, 1947.

[32] Cf. ENGLISH-PEARSON, 1947 et JENKINS, 1949.

[33] JENKINS, 1949 Cf. le roman de MAUROIS, *Le cercle de famille*. On se rend compte à quel point il est abusif de déduire du Freudisme une apologie de la liberté sexuelle inconditionnelle. A un patient de vie sexuelle très libre, entachée d'aucune culpabilité, et cependant insatisfait, Freud répondait : « Vous n'avez pas besoin de psychanalyse, mais de quelques bonnes inhibitions » (ZILBOORG, 1951, p. 113).

[34] « Facile à quitter », note Stendhal, parmi les avantages d'une maîtresse possible, convoitée par lui. Un conflit d'une nature assez haute se fait jour, cependant, chez les créateurs, balançant entre les exigences de l'œuvre et les charges du mariage (cf. Beethoven, Brahms, etc.). Considération non suffisamment pesée par HITSCHMANN, 1956.

[35] Cf. les contributions de KALLMAN (pp. 5-18) et de MONEY (pp. 19-43) dans WINOKUR, 1963. Seraient à considérer parmi les facteurs organiques : des anomalies dans la formule chromosomique, dans la morphologie génitale interne ou externe (hermaphroditisme), dans les sécrétions gonadales ou cortico-surrénaliennes, enfin, dans la morphologie corporelle générale et *l'image du corps* qu'elle suggère.

[36] Cf. notre étude : *Les deux visages de Stendhal* (1947).

[37] Cf. LORENZ, *L'agression*, 1969, ch. 8 à 11.

[38] Cf. là-dessus notre ouvrage : *La Fonction symbolique et le langage*, 1972, ch. IV.

[39] « Le besoin d'affect positif signifie que chaque personne désire réponse de la part de son environnement humain. On peut comparer ce besoin à une faim, assez pareille à la faim de nourriture, mais davantage généralisée. Sous des conditions qui varient, il peut s'exprimer comme un désir de contact, de récognition, d'acceptation, d'approbation, d'estime, d'autorité »... « Lorsqu'on examine le comportement humain, on voit que les personnes, non seulement vivent

universellement dans des systèmes sociaux, ce qui veut dire qu'elles sont réunies en groupes, mais, non moins universellement, agissent de façon à s'assurer l'approbation de leurs compagnons. Dans cette recherche de l'approbation, elles acceptent librement, et parfois avec empressement, la torture physique, l'accablement mental ou la mort — et même un dur labeur » (GOLDSCHMIDT, 1959, pp. 26 et 28; cf. aussi HAMBURG, 1963).

[40] Cf. BLONDEL, 1928.

[41] Phénomène assez rare dans la nature, contrairement à ce que suggérerait l'expression *Loi de la jungle*. Le plus souvent, il n'y a d'ailleurs pas de lutte, l'une des espèces (non nécessairement la plus faible) s'effaçant régulièrement devant l'autre, par exemple, le chevreuil devant le chamois, et celui-ci devant le bouquetin; le corbeau devant le vautour et celui-ci devant le marabout; le faucon pèlerin, hardi et vigoureux, devant le milan, faible et lâche (HEDIGER).

[42] Cf. LORENZ, *L'agression*, 1969, dont l'exposé qui suit est largement tributaire.

[43] Cf. LORENZ, pp. 56 ss.

[44] *Ibid.*, pp. 144 ss. et pour des exemples saisissants de ritualisation, pp. 123 ss.

[45] Cf. *supra*, pp. 53-54.

[46] Processus admirablement analysé par ALEXANDER, 1930.

[47] GROUSSET, 1944, p. 336.

[48] SÉVERIN, 1927, p. 104.

[49] WASHBURN, dans ROSLANSKI, 1969, p. 185. Le même auteur écrit : « Pensez à la chasse... Pensez aux billions de dollars qui ont été dépensés à élever des faisans, des daims, etc., pour procurer aux chasseurs le « sport de tuer », bien avant qu'il ne soit question d'améliorer les ghettos de nos villes. Il y a là une simple indication de ce qu'il est facile pour l'être humain de considérer comme normal ».

[50] Sur la justice instinctive, cf. DE GREEFF, 1945, pp. 188-213 (certaines analyses du *Gorgias* gardent dans cette optique toute leur actualité). L'esprit compétitif, stimulé, mais non choqué par le succès d'autrui, demeure vivace dans la démocratie américaine. Peut-être, en revanche, est-ce dans la société suédoise que l'envie soupçonneuse se manifeste le plus à nu.

Ajoutons qu'il est des époques stables où chacun a toutes chances de rester à sa place, et d'autres où nulle ambition n'est, au départ, interdite à quiconque. De ces dernières, le plus saisissant exemple est sans doute l'époque napoléonienne, contrastant avec la stabilité de l'ancien Régime (Taine), et fertile en ascensions foudroyantes. Notre temps offre des ressources d'un autre ordre : chanteurs pop, prix de beauté, etc.

[51] LORENZ, 1969, p. 293.

[52] Beaucoup de grands politiques (Louis XIV, Frédéric II, Napoléon, Bismarck, Lénine) ont été, suivant le point de vue, des destructeurs et des constructeurs. C'est le privilège de Lyautey de n'avoir été que l'un, à l'exclusion de l'autre.

[53] KÖHLER, 1928, p. 90.

[54] DE GREEFF, 1945, pp. 170-171.

[55] Cf. FROMM, 1947; MASLOW, 1954; BUEHLER, 1972; et la revue *Humanistic Psychology*. Le premier congrès de l'*International Association for Humanistic Psychology* a eu lieu à Amsterdam en août 1970, sous la présidence de Bühler.

[56] MEAD, 1960, p. 326. L'expression et la notion de *cosmic sense* sont reprises à COBB, *The ecology of imagination in childhood*, — *Daedalus*, 88, 1959, p. 537.

[57] SPRANGER, 1928[1924]. On connaît le *test des Valeurs (Study of Values)* que ALLPORT et VERNON ont tiré des suggestions de Spranger.

[58] Ainsi de Talleyrand, peint avec profondeur par la Duchesse de Dino (*Chronique*, t. II, p. 431) : « Je suis, d'ailleurs, restée convaincue que ce qui aidait à le rendre si imposant, c'était un trait de sa nature qui se sentait à travers son indolence. C'était ce courage plein de sang-froid et de présence d'esprit, ce tempérament hardi, cette bravoure instinctive qui inspire un goût irrésistible pour le danger sous toutes ses formes, qui rend le péril séduisant et donne tant de charme aux hasards. Il y avait, sous la noblesse de ses traits, la lenteur de ses mouvements, le sybaritisme de ses habitudes, un fond de témérité audacieuse, qui étincelait par moment, révélait tout un ordre nouveau de facultés, et le rendait, par le contraste même, une des plus originales et attachantes créatures ».

[59] Cf. LAFORGUE, *Psychopathologie de l'échec*, 1944, qui analyse de ce point de vue Rousseau, Robespierre et Napoléon.

[60] DOLLARD et al., *Frustration and Agression*, Yale U.P., 1939. Cf. les excellents résumés de SEARS, 1944 et 1946.

[61] ROSENZWEIG, 1944. On connaît le *Picture Frustration Test* que Rosenzweig a construit dans le cadre de cette théorie.

[62] BARKER, DEMBO, LEWIN, 1941.

[63] PAVLOV, 1929, leçons XVII, XVIII et XXIII (cf. p. 277). Un exemple saisissant de névrose expérimentale par la méthode de différenciation a été décrit chez son chien *Nick* par GANTT, 1944; cf. le film : *Experimental " neurosis " in a dog*, PCR-73.

[64] LIDDELL, 1944; MASSERMAN, 1943, 1946 et les quatre films : *Dynamics of an experimental Neurosis*, PCR 58-61 ; MAIER, 1949 et les films PCR 22, 31 et 2034 relatifs à l'*Experimentally produced neurotic behavior in the rat* et à *Frustration and Fixation*.

[65] Freud parle de *Es, Ich* et *Ueber-Ich*, que les Français ont transposé en *Çà, Moi* et *Surmoi*, ce qui ne va pas sans contresens. Comme le note Laforgue, c'est *Je* et *Sur-Je* qu'il eût fallu dire. La terminologie adoptée par les Anglo-Saxons : *Id, Ego, Super-ego* tend à devenir internationale et à pénétrer même en France (cf. le récent livre de Monod).

[66] Cf. *Group Psychology*, Hogarth, p. 37. Freud note que toutes les sortes d'amour impliquent désir de rapprochement et sacrifice de soi-même, et que ce n'est pas sans raison que le langage courant les désigne en commun du même terme « aimer ». Il ajoute que l'*Éros* psychanalytique coïncide exactement « dans son origine, sa fonction, et sa relation à l'amour sexuel » avec l'*Éros* magnifié par Platon.

Une conception dualiste très pareille à celle des *Instincts de vie et de mort* a été développée avec profondeur par DE GREEFF dans *Les Instincts de défense et de sympathie*, P.U.F., 1947.

[67] C'est surtout la conception des *instincts de mort* qui, plus encore que le prétendu *pansexualisme* de Freud, a, en dépit de sa profondeur, suscité des oppo-

sitions. DELAY et PICHOT expriment assez fidèlement l'opinion générale lorsqu'ils écrivent (1962, p. 91; cf. aussi pp. 103-104) : « La conceptiion d'un instinct de mort, qui apparaît comme une conception métaphysique, dénuée de tout support objectif, a rencontré de nombreuses critiques, même dans les milieux psychanalytiques, et n'est généralement pas acceptée ». Quant à Lorenz qui part en guerre contre elle dans l'*Agression*, il n'en critique en réalité que le nom, et nullement la substance.

⁶⁶ En tout ceci, nous nous sommes quelque peu écartés de Freud. Celui-ci ne connaît qu'un *Super-ego* (paternel) et qu'une sanction pour les actes qui transgressent ses injonctions : la *culpabilité*. (Cf. cependant, dans un texte de 1896, *Coll. Papers*, I, p. 165, une mention de la *honte*, survenant lorsqu'autrui est informé de telles transgressions). La distinction de la *honte* et de la *culpabilité*, comme régulateurs des instincts, et celle, corrélative, des *shame cultures* et des *guilt cultures* sont dues aux anthropologues. L'initiatrice a été BÉNÉDICT, dans sa monographie sur le Japon (1947). Viennent ensuite : LEIGHTON-KLUCKHOHN, 1948, pp. 104-106; GORER-RICKMAN, 1949, pp. 137-138; MEAD, 1949 et 1950; enfin et surtout, DODDS, 1951, ch. II, pp. 28-63 (opposition de la société homérique fondée sur l'*honneur*, et de la société classique fondée sur la *bonne conscience*).

La distinction des *shame cultures* et *guilt cultures* a été critiquée par LA BARRE, 1948; AUSUBEL, 1955; KLUCKHOHN, 1961, pp. 17-19. Ce dernier auteur note (à propos de Dodds) qu'il s'agit là d'*ideal types* au sens de Max Weber, — ce à quoi nous pouvons souscrire.

Du côté des psychologues et psychanalystes, ALEXANDER (1949) avait opposé aux *guilt feelings and masochistic defenses* (pp. 118-122) les *defenses against inferiority feelings* (pp. 122-127), ces derniers provoquant *honte*; JENKINS (1950) parle dans le même sens de *feelings of inadequacy*; enfin PARSONS et SHILS (1951, pp. 142 et 157) résument assez fidèlement l'opinion généralement admise en écrivant : " guilt and shame are indeed negative sanctions applied to ego by himself for his failure to live up to his own and other's expectations respectively " (p. 157).

Il nous paraît que les auteurs sus-mentionnés n'ont pas suffisamment pris conscience que la honte, certes dépendante de l'opinion d'autrui, peut être *intériorisée* à l'égal de la culpabilité, qui dépend originellement de l'attitude du père. On peut avoir honte devant soi-même *(self-respect)*, non moins que se sentir coupable devant soi-même.

La thèse de PIERS-SINGER (1953) et de LYND (1958), selon qui la honte survient quand l'individu *échoue* à réaliser son *Ego-Ideal* (" shame... occurs when goals and images presented by the *Ego-Ideal* are not reached ", Piers, p. 16; " a falling short of one's own ideal which may or may not occur in the presence of others ", Lynd, p. 163) ne nous paraît pas caractériser la honte originelle, quelle que soit, d'ailleurs, la richesse de contenu de ces ouvrages.

Ce que nous nommons *Super-ego tribal* s'identifie pour l'essentiel au *Collective Super-ego* décrit chez les enfants élevés en kibboutz par BETTELHEIM, 1969, pp. 125-131. Concernant la primauté de ce dernier, l'auteur remarque : « Telle peut bien avoir été la situation pendant la plus grande partie de l'histoire humaine. Mais depuis l'essor de l'individualisme, c'est précisément le super-ego personnel (ou exigence morale) qui s'est imposée » (p. 130). Le même psychanalyste souligne avec bonheur la liaison organique qui s'établit entre le Super-ego personnel et les conduites d'*intimité*.

⁶⁹ Il existe, en effet, une classe de délinquants qui, paradoxalement, *expient* la culpabilité par le crime ou la faute. Certains héros de Dostoïevski, ou encore un Maurice Sachs, entreraient ici en ligne de compte. Quant à la honte endogène, elle est l'un des ressorts de l'œuvre de Moravia.

⁷⁰ La *frustration tolerance* a été commentée avec profondeur par Rosenzweig (1944). Le même auteur mentionne parmi les facteurs susceptibles de la compromettre la *psychic anaphylaxis* résultant d'une expérience particulièrement éprouvante (cf. la *traîne* et le *ricochet* décrits par Bourjade).

⁷¹ ALEXANDER, 1949, p. 225. Suivant Mélanie Klein, ce conflit de l'amour et de la haine jouerait un rôle insigne au cours de la première année, dans les relations de l'enfant avec la mère.

Sur l'*intolerance of ambiguity*, particulièrement élevée dans les personnalités rigides, autoritaires et paranoïdes, cf. ADORNO et al., 1950.

⁷² BETTELHEIM (1969, pp. 129-130) a relevé le conflit qui, concernant la moralité sexuelle, s'institue entre le super-ego parental et la mentalité du groupe, beaucoup plus tolérante; et pareillement le conflit entre la morale chrétienne, prêchant la charité, et le souci de s'imposer dans une société intensément compétitive.

⁷³ Cf. GILSON, *La méthode de M. de Wolmar*, dans *Les Idées et les Lettres*, 1932, pp. 275-298.

⁷⁴ MASLOW et MITTELMANN (1941, p. 441) citent, d'après SAUL, deux cas de patients développant de l'urticaire dans les seuls cas de frustration où ils sont empêchés de pleurer. Ces auteurs ajoutent : " this seems an excellent lead for further research, particularly on the therapeutic effects of weeping ". Suivant Alexander (1968, p. 12), l'asthme résulterait du blocage des pleurs dans la première enfance, sous l'influence d'une mère menaçante.

⁷⁵ Cf. ALEXANDER, 1968. On lira, concernant les troubles psychosomatiques ou névrotiques, l'ouvrage très pénétrant et lucide de DONGIER, *Névroses et troubles psychosomatiques*, Bruxelles, Dessart, 1967.

⁷⁶ Sur le *symptôme* selon Freud, cf. *supra*, p. 81, n. 56. Quant aux *inhibitions*, elles sont, soit spécifiques, soit généralisées. Ces dernières surviennent en cas de tâche mentale épuisante, comme le deuil, ou de blocage coûteux d'une décharge émotionnelle : colérique, agressive, sexuelle. Dans cet effort, « l'ego perd tellement de son énergie qu'il doit en couper toute dépense en de nombreux points à la fois » ce qui se traduit par une « fatigue paralysante » *(Inhibitions, Sympt., Anx.)*.

⁷⁷ Ceci est l'hystérie classique de Charcot et Janet. Freud classe dans l'hystérie la névrose anxieuse et les phobies (rangées par Janet dans la psychasthénie). Il nomme *hystérie de conversion* (celle-ci dépourvue d'anxiété) les cas d'anesthésie, paralysie, tics, tremblement, crampe, vomissement, anorexie sans fondement organique.

⁷⁸ *Inh., Sympt., Anx.*, pp. 32 et 157.

L'ouvrage fondamental sur les mécanismes de défense est celui d'Anna FREUD, 1946. Cf. aussi MAHL, 1969. Sur la découverte progressive de ces mécanismes, depuis la *Traumdeutung*, 1900 jusqu'à la synthèse de HART (1912), cf. HILGARD, 1949. Enfin, sur la vérification expérimentale de ces concepts cliniques, cf. SEARS, 1943.

⁷⁹ « Des recherches plus poussées peuvent montrer qu'il existe une connexion intime entre des formes spéciales de défense et des maladies particulières, comme

par exemple entre le refoulement et l'hystérie », la névrose obsessionnelle impliquant, elle, *isolation* (plutôt que *répression*), *formation réactionnelle, annulation (undoing what has been done)* et *régression au stade anal-sadique (Inh., Sympt., Anx.*, p. 157).

[80] « En outre, nous pouvons conjecturer la découverte possible d'une autre relation d'importance. Il se peut qu'avant sa séparation tranchée en un ego et un id, et avant la formation d'un super-ego, l'appareil mental use d'autres méthodes de défense que celles qu'il emploie quand il a atteint ces niveaux d'organisation » (*ibid.*, p. 157).

[81] Peu de gens pourraient appliquer à eux-mêmes ce témoignage que se rend la Duchesse de Dino, déjà citée : « C'est pourtant une chose utile que la vérité, ce premier des biens, toujours inconnu par les âmes qui ne sont pas fortement trempées; que l'esprit dédaigne souvent, que les caractères élevés seuls savent apprécier; qui effarouche la jeunesse, qui effraye la vieillesse; qu'on n'aime et qu'on n'accueille que lorsqu'on joint aux leçons de l'expérience toute la vigueur de l'âge et de la santé. Que de réflexions j'ai faites depuis hier sur ce sujet! Et que j'ai béni l'homme habile et bon qui a guidé mes premières années et qui m'a donné cette habitude précieuse, devenue depuis un besoin, de me rendre un compte sévère de moi-même, d'être la première à me maltraiter! C'est ce qui a sauvé mon âme, car cela m'a toujours empêché de confondre le bien avec le mal; je ne les ai jamais mis à la place l'un de l'autre dans mon esprit ni dans ma conscience, et si j'ai chargé celle-ci de fautes, je l'ai du moins tenue libre d'erreurs. Grande différence qui permet toujours de revenir sur ses pas; car ce qui perd, c'est la *fausse conscience*. Vérité de l'esprit, vérité du cœur, voilà ce qu'il s'agit de préserver; c'est ce qui conserve de la dignité au caractère, et fait arriver au terme, non sans fautes, mais bien sans lâchetés » (*Chroniques*, I, pp. 248-249).

[82] Wierzynski, *La vie de Chopin*, 1952, pp. 187-188 (nous n'ignorons pas que l'authenticité de cette lettre a été contestée pour des raisons futiles).

[83] Lorenz, *The past twelve years in the comparative study of behavior*, dans Schiller, 1957, pp. 288-310.

[84] Nissen, 1947 et 1951. Nissen ne cite qu'un cas de suçage du pouce chez les chimpanzés. Harlow (1951, p. 132) ne l'observe que chez trois bébés singes, tôt enlevés à leur mère et nourris au biberon.

[85] Des exemples de répétitions compulsives particulièrement élaborées sont décrits, chez les délinquants, par De Greeff, 1949, pp. 144-183. Sur le lien entre vols répétés et l'*Affectionless Character*, dû lui-même à une séparation prolongée d'avec la mère dans les premières années, cf. Bowlby, 1947.

[86] Cf. *supra*, p. 57.

[87] Freud cite l'exemple d'un petit garçon qui, ayant perdu son chat, se console *en faisant le chat*. On devine que l'identification n'est pas sans rapport avec la projection et l'introjection. Ses débuts seraient à chercher, selon Freud, dans l'introjection et incorporation du stade oral. (Cf. *Group Psychology*, pp. 60-70).

Un exemple remarquable d'identification d'un type très primitif, dû à la distraction, est conté par Léautaud (*Journal*, IV, p. 121) : « Morisse met des pantoufles pendant ses heures de bureau. Aussitôt arrivé, c'est son premier soin. Il lui arrive souvent ceci. Une heure après être arrivé et avoir chaussé ses pantoufles, il se figure avoir oublié de les mettre et être encore en souliers. Il tourne sa chaise, ouvre son placard, prend ses souliers et, étant en pantoufles, les chausse. Ce n'est qu'après avoir fini et encore pas toujours qu'il s'aperçoit qu'il vient de faire une besogne déjà faite et la refait.

Ou bien il est arrivé avant moi. Il a défait ses souliers et mis ses pantoufles. J'arrive à mon tour. *L'effet de mon arrivée agit sur lui comme si c'était lui-même qui arrive.* Il s'assied, ouvre son placard, et croyant ôter ses souliers et mettre ses pantoufles, il ôte ses pantoufles et met ses souliers ».

[88] Il existe, sur l'imprinting, une littérature considérable. Cf. pour un historique et une discussion de la question, les contributions de THORPE et de HINDE, dans THORPE et ZANGWILL, 1966, pp. 167-224.

[89] Sur la nature supposée de l'engramme, cf. notre ouvrage : *Les fondements théoriques et méthodologiques de la psychologie*, Dessart, 1965, pp. 28-32. Et sur la phylogénie de l'apprentissage : MAIER-SCHNEIRLA, 1935; WATERS et al., 1960, pp. 177-249 (RIESEN, RIOPELLE); DETHIER-STELLAR, 1961, pp. 90-115.

L'apprentissage n'est attesté avec certitude qu'à partir des annélides. Il faut aux vers quelque 200 essais pour maîtriser un carrefour en T (chose surprenante : avec *ou sans* segments de tête). Largement pourvus de ganglions centraux, céphalopodes et insectes sont davantage éducables. Après épreuves de l'ordre de la dizaine, le poulpe discrimine entre figures ou formes, signalant, les unes un crabe, les autres un choc électrique. Les abeilles distinguent, de même, papier bleu couvert de sucre et papier gris n'en contenant pas. Enfin les fourmis maîtrisent en 35 essais un labyrinthe simple menant du nid à la nourriture, quitte à le réapprendre à nouveaux frais s'il est inversé. Le comportement de ces animaux n'en demeure pas moins, pour la plus large part, soumis à *stéréotypie*, l'apprentissage ne développant toutes ses ressources que dans la ligne des vertébrés, et plus particulièrement des mammifères.

[90] MONOD, 1970, pp. 167-168.

[91] JACOB, 1970, pp. 337-338.

[92] HILGARD et MARQUIS, 1940; KIMBLE, 1961 et 1967; HILGARD, 1948, 1956, 1966; ESTES, 1954; DE MONTPELLIER, 1964.

[93] Sur la notion d'*insight*, cf. KÖHLER, *Gestalt Psychology*, 1947, ch. X, pp. 320-360. L'*insight* a été caricaturé en milieux behavioristes comme faisant intervenir « un mystérieux agent ou faculté, rendu responsable du comportement du singe » (p. 341). La vérité, écrit Köhler, est que « loin de faire référence à une faculté mentale, le concept est employé dans un sens strictement descriptif » (p. 342).

Il s'agit d'un fait d'expérience interne *sous-tendu par des processus nerveux de même structure :* « Nous avons décidé d'utiliser l'expérience interne comme un indicateur des processus qui font médiation entre les conditions externes et le comportement visible de l'animal. Cette procédure se fondait sur le principe d'*isomorphisme*, c'est-à-dire sur la thèse que l'expérience interne et les processus qui la sous-tendent, ont la même structure ».

[94] MAIER, 1935 *(Learning (association* ou *selection)/reasoning)*; KATONA, 1940 *(memorizing/understanding)*.

[95] THORNDIKE (1911) : *Associative Shifting; Trial and error learning.*
MILLER et KONORSKI (1928) : *Conditioning, type I; Conditioning, type II.*
SKINNER (1938) : *Conditioning, type S; Conditioning, type R.*

Hilgard et Marquis (1940) : *Classical/Instrumental conditioning*.
Mowrer (1947) : *Conditioning; Problem solving*.
Cf. sur cette dualité : Richelle, 1966, pp. 11-32.

[96] Hilgard-Bower, 1966, p. 260.

[97] Cf. Tolman, 1932, p. 208 : « Le rat doit avoir en quelque mesure appris inconsciemment avant que la conscience puisse commencer d'apparaître. Il ne peut être conscient que s'il a déjà acquis à quelque degré ce que la conscience ne fera que préciser *(emphasize)* ».

[98] Maier, 1931, pp. 181-194.

[99] Richelle, 1966, p. 168. Cf. les pp. 168-173 et 119-120.

[100] Suggestion déjà émise par Maier et Schneirla, 1942. Cf. Hilgard, 1948, p. 298. Rappelons que, pour Pavlov, l'inhibition interne constitue un conditionnement superposé, laissant reparaître à nu le conditionnement primitif dans les cas de distraction et de *désinhibition*.

[101] Krechevsky, 1932. « Nous pourrions bien trouver que nos vieilles descriptions du comportement des animaux inférieurs comme consistant en réponses « stéréotypées », « émises au hasard », « dénuées d'insight », sont à attribuer, non à un manque d'insight de la part de l'animal, mais à un manque d'insight de la part de l'expérimentateur » (p. 63). C'est également à dégager des *hypothèses* qu'invitent les expériences de *conditional reactions* et *learning sets* pratiquées chez les singes par Harlow (1951).

[102] Le même principe est à la base d'un test d'intelligence bien connu : les *labyrinthes de Porteus*. Pour un exemple d'*insight* chez les rats dans un *elevated maze*, cf. Tolman-Honzik, 1930; et pour un détour simple (barrière à trois côtés) réussi par le chien, le chimpanzé et l'enfant, mais non par la poule, Köhler, 1928.

[103] Rappelons dans cette perspective le problème de l'*aire du parallélogramme*, analysé par Wertheimer, (1945, pp. 14 ss.). Résolu chez l'enfant par découpage *moteur* au moyen de ciseaux, il se prête plus tard à découpage *en pensée*.

[104] Maier-Schneirla, 1935, pp. 460-469 *(reasoning)*; Tolman, 1932, pp. 164-180 *(inference)*. Dans un film étonnant, que nous avons eu la bonne fortune de voir à Harvard, Lewin montrait qu'avant de réussir à occuper une chaise, l'enfant a de la peine, d'abord, lui faisant face, à s'en détourner, ensuite, lui tournant le dos, à reculer vers elle.

[105] Köhler, 1928; Yerkes, 1943. Pour des performances comparables chez les singes, cf. Klüver, 1933; Harlow, 1951. Enfin, sur la pensée créatrice chez l'homme, analysée tant chez l'enfant triomphant de menus problèmes que chez un Galilée ou un Einstein, cf. Wertheimer, 1945; cf. aussi l'ouvrage pénétrant et trop oublié de Duncker, 1945.

[106] Cf. les analyses de Tolman, *op. cit.*, ch. XIV, pp. 219-232, relatives à l'*inventive ideation*, identifiée par lui à l'*insight*. Il note cependant : « ... pour nous, il n'y a pas de solution par « insight » per se. Toutes les solutions représentent un progrès depuis des *sign-gestalts* moins heureuses jusqu'à des *sign-gestalts* plus heureuses. Certaines de ces progressions sont relativement lentes et graduelles,

et d'autres sont relativement soudaines. Certaines se produisent sans guère d'accompagnement conscient ni idéatif, et d'autres impliquent une large part d'accompagnement de ce genre. Dans certaines, les nouvelles *means-end-relations* qui se révèlent effectives, sont relativement limitées et n'ont qu'un champ d'application restreint; dans d'autres, elles sont relativement étendues et ont une applicabilité plus large » (p. 223 n. Cf. pp. 197-201).

Il résulte de cette continuité des apprentissages que la notion d'*insight* a des limites flottantes, suivant qu'on y inclut ou non un plus ou moins grand nombre des traits sus-mentionnés. Au sens le plus large, elle n'est rien d'autre que la *means-end-capacity* à l'œuvre dans tout apprentissage.

Contre l'opinion des gestaltistes, partisans d'une réorganisation soudaine du champ perceptif, Harlow (1951, pp. 216 ss.) soutient qu'aussi bien chez l'homme que chez l'animal, " no insightful behavior can take place without antecedent practice ". Il s'agit toujours de transfert et utilisation d'un " training in related situations ". Mais ceci a été reconnu et souligné par les psychologues gestaltistes (cf. DUNCKER, 1945, pp. 69-72 : influence des moyens instinctifs et du jeu préalable avec le bâton sur l'usage de celui-ci comme outil chez l'enfant). C'est justement dans ledit transfert qu'opère la restructuration.

[107] TOLMAN, 1932, pp. 183-203, qui note avec raison sa rencontre avec Spearman sur ce point. On se reportera aussi aux remarques de Monod transcrites au début de la présente section.

[108] DELAY, 1942. On sait que la mémorisation comprend deux phases, l'une de courte durée, sans doute physiologique, permettant fixation du souvenir, l'autre, probablement anatomique, assurant sa consolidation. C'est cette seconde phase qui est compromise dans l'amnésie progressive, les souvenirs anciens subsistant seuls, sauf amnésie régressive. A l'inverse, les chocs de toute nature, notamment l'électrochoc, entravent la fixation.

[109] Cf. les ouvrages de Penfield, par ex. PENFIELD-ROBERTS, 1959, pp. 45-47. Sur la signification des expériences proustiennes, et sur la conception bergsonienne du *souvenir pur*, à jamais persistant, cf. JANET, 1936, pp. 137-199.

[110] Quelque peu dévaluée chez les théoriciens de l'apprentissage, la notion d'*insight* joue un rôle essentiel en psychologie clinique, *counseling* et psychothérapie, rôle d'ailleurs conforme aux suggestions de Köhler. Selon celui-ci, en effet, l'*insight*, expérience et compréhension immédiate d'un lien causal, intervient dans le champ de l'émotion et de la motivation, non moins qu'en celui de l'intelligence : " ... taken in its basic sense, the term *insight* refers to experienced dynamics in the emotional and motivational field no less than to experienced determination in intellectual situations " (1947, p. 342).

[111] Sur le détour et sur l'instrument (dont nous allons parler), voir les pénétrantes analyses de JANET, 1935, pp. 121 ss.

[112] LEROI-GOURHAN, 1964, p. 132.

[113] Sur quelques exemples d'apprentissage et solution de problèmes par imitation chez les chats, singes ou anthropoïdes, cf. RIOPELLE dans WATERS, 1960, pp. 224-233. Les éthologistes ont noté, pour leur part, qu'il n'y avait imitation de ce genre que du dominant par le dominé, mais jamais l'inverse.

[114] LINTON, 1945, p. 32. Sur des rudiments de « culture » chez les singes du Japon, cf. HARRIS, 1971, pp. 55-58.

[115] Cf. notre ouvrage : *La fonction symbolique et le langage*, Dessart, 1972, auquel nous renvoyons pour tout ce qui va suivre. On comparera les quelques pages pénétrantes consacrées par Monod à la « fonction de simulation » (1970, pp. 164-173).

[116] Monod, 1970, p. 172.

[117] Eccles, 1970; et sur les deux « sauts » de l'Évolution (vie et conscience), impliquant *evolutionary transcendence* : Dobzhanski, 1969.

BIBLIOGRAPHIE

ABRAHAM K., *Selected Papers*, Londres, Hogarth, 1927.
ADLER A., *Social Interest : a challenge to Mankind*, Londres, Faber, 1938.
— *La psychologie de l'enfant difficile*, Paris, Payot, 1952.
ADORNO T. W., E. FRENKEL-BRUNSWIK, D. J. LEVINSON, R. N. SANFORD, *The Authoritarian Personality*, Harper, 1950.
ALEXANDER F., *The Psychoanalysis of the total Personality*, N. Y., Nerv. and Mental Disease Publ. Cy, 1930.
— *Fundamentals of Psychoanalysis*, Londres, Allen, 1949.
— *Psychosomatic Specificity*, I, Univ. Chicago P., 1968.
ALLPORT G. W. et P. E. VERNON, *Studies in expressive movements*, Macmillan, 1933.
ALLPORT G. W., *Patterns and growth in Personality*, Holt, 1961.
ANDREANI T., *Les conduites émotives*, P.U.F., 1968.
ARNOLD M. B., *Physiological Differentiation of Emotional States*, dans *Ps. Rev.*, 52, 1945, pp. 35-48.
— *Emotion and Personality*, 2 v., Columbia U.P., 1960.
— (éd.) *The nature of emotion*, Penguin Books, 1968.
— (éd.) *Feelings and Emotions, The Loyola Symposium*, Acad. Press, 1970.
AUSUBEL D. P., *Relationships between shame and guilt in the socializing process*, — *Psych. Review*, 62, 1955, pp. 378-90.

BANHAM BRIDGES K. M., *Emotional Development in early Infancy*, — *Child Development*, 3, 1932, pp. 324-341.
BARD P., *Central Nervous Mechanisms for the expression of anger in animals*, dans M. L. REYMERT, 1950, pp. 211-237.
BARKER R., T. DEMBO, K. LEWIN, *Frustration and Regression : an experiment with young children*, Univ. of Iowa Press, 1941.
BEACH F. A., *Neural and Chemical Regulation of Behavior*, dans H. F. HARLOW-C. N. WOOLSEY, 1958, pp. 263-284.
BENEDICT R., *Patterns of culture*, Houghton-Mifflin, 1934.
— *The Chrysanthemum and the Sword*, Londres, Secker, 1947.
BERGSON H., *Les deux sources de la morale et de la religion*, Alcan, 1932.
BETTELHEIM B., *Children of the Dream*, Londres, Thomas et Hudson, 1969.
BLACK P. (éd.), *Physiological correlates of Emotion*, Academic Press, 1972.
BLONDEL CH., *La conscience morbide*, Alcan, 1928.
BOURJADE J., *L'intelligence et la pensée de l'enfant*, Alcan, 1937.
BOWLBY J., *Forty-four Juvenile Thieves*, Londres, Baillière, 1947.
BRADY J. V., *The Paleocortex and Behavior Motivation*, dans H. F. HARLOW-C. N. WOOLSEY, 1958, pp. 193-235.
BÜHLER CH. et M. ALLEN, *Introduction to Humanistic Psychology*, Brooks-Cole, Monterey, Cal., 1972.

CANDLAND D. K. (éd.), *Emotions : Bodily changes, an enduring problem in Psychology, Selected Readings*, Van Nostrand, 1962.
CANNON W. B., *Bodily Changes in Hunger, Pain, Fear and Rage*, Appleton, 1915.
— *The James-Lange theory of emotion : a critical examination and an alternative theory*, — Americ. J. Psych., 39, 1927, pp. 106-124.
— *Again the James-Lange and the thalamic theories of emotion*, — Psych. Rev., 38, 1931, pp. 281-295.
CASSIRER E., *Concept de groupe et perception*, — Journal de Psychol., 35, 1938, pp. 368-414.
COBB S., *Emotion and clinical Medicine*, Norton, 1950.
COWLES J. T., *Food-tokens as incentives for learning by chimpanzees*. — Comp. Psych. Monogr., 14, n° 7, 1937.

DANDIEU A., *Marcel Proust, sa révélation psychologique*, Didot, 1930.
DARWIN CH., *The Expression of the Emotions in Man and Animals* (1872), Philos. Library, 1955.
DAVITZ J. R., *The communication of emotional meaning*, McGraw Hill, 1964.
— *The language of emotion*, McGraw-Hill, 1969.
DE GREEFF E., *Amour et crimes d'amour*, Dessart, 1942 [1], 1973 [2].
— *Notre destinée et nos instincts*, Plon, 1945.
— *Les Instincts de défense et de sympathie*, P.U.F., 1947.
— *Ames criminelles*, Casterman, 1949.
DELAY J., *Les dissolutions de la mémoire*, P.U.F., 1942.
— *Les dérèglements de l'humeur*, P.U.F., 1946.
— *Études de Psychologie Médicale*, P.U.F., 1953.
DELAY J. et P. PICHOT, *Abrégé de Psychologie*, Masson, 1962.
DETHIER V. G. et E. STELLAR, *Animal Behavior, Its Evolutionary and Neurological Basis*, Prentice-Hall, 1961.
DIEL P., *La peur et l'angoisse, phénomène central de la vie et de son évolution*, Payot, 1956.
DOBZHANSKI T., *The pattern of human evolution*, dans ROSLANSKI, 1969, pp. 41-70.
DODDS E.R., *The Greeks and the irrational*, U. Calif, P., 1951.
DOLLARD J. et al., *Frustration and Aggression*, Yale U.P., 1939.
DOLLARD J., *Fear in Battle*, Yale Univ. Press, 1943.
DONGIER M., *Névroses et troubles psychosomatiques*, Dessart, 1967.
DUFFY E., *An explanation of « emotional » phenomena without the use of the concept « emotion »* — J. Gener. Psych. 25, 1941, pp. 283-93.
— *Activation and Behavior*, Wiley, 1962.
DUMAS G., *Nouveau Traité de Psychologie*, Alcan, 1930 ss.
— *La vie affective*, Paris, P.U.F., 1948.
— *Le sourire*, P.U.F., 1948 [2].
DUNCKER K., *On problem solving*, — Psychological Monographs, 58, 5, 1945.

ECCLES J. C., *Facing Reality, Philosophical Adventures by a Brain Scientist*, Springer, 1970.
ENGEL G. L., *Toward a classification of affects*, dans KNAPP, 1963, pp. 266-294.
ENGLISH H. B. et A. C. ENGLISH, *Diction. of Psych. and Psychoanal. terms*, Longmans Green, 1958.
ENGLISH O. S. et G. H. J. PEARSON, *Emotional Problems of Living*, Allen, 1947.
ESTES W. K., *Modern Learning Theory*, Appleton, 1954.
EYSENCK H. J., *Dimensions of Personality*, Kegan, 1947.

FERENCZI S., *Sex in Psychoanalysis*, Basic Books, 1950.
FORD C. S. et F. A. BEACH, *Patterns of Sexual Behavior*, Harper, 1951.
FREDERICQ H., *Traité élémentaire de Physiologie Humaine*, Masson, 1944 ².
FREEMAN G. L., *The postural substrate*, — *Psych. Rev.*, 45, 1938, pp. 324-34.
— *The Energetics of Human Behavior*, Cornell U.P., 1948.
FREUD A., *The ego and the mechanisms of defence*, Intern. U.P., 1946.
FREUD S., *Origins of Psychoanalysis : Letters to Wilhelm Fliess, Drafts and notes, 1887-1902*, Basic Books, 1954.
— *Group Psychology and the Analysis of the Ego* (1921), Hogarth, 1955.
— *The Ego and the Id* (1923), Hogarth, 1927.
— *Inhibitions, Symptoms and Anxiety* (1926), Hogarth, 1936.
— *Collected Papers*, Hogarth, 1949-50.
FROMM E., *Man for himself*, Rinehart, 1947.
FULTON J. F., *Frontal Lobotomy and Affective Behavior*, Norton, 1951.

GANTT W. H., *Experimental basis for neurotic behavior*, — *Psychosomatic Medic. Monogr.*, 1944, 3.
GEISSMANN P. et R. DURAND, *Les méthodes de relaxation*, Dessart, 1968.
GELLHORN E. et G. N. LOOFBOURROW, *Emotions and Emotional Disorders : a Neurophysiological Study*, Harper, 1963.
GILSON E., *Les Idées et les Lettres*, Paris, Vrin, 1932.
— *L'École des Muses*, Vrin, 1951.
GLASS D. C. (éd.), *Neurophysiology and Emotion*, Rockefeller Univ. Press, 1967.
GOLDSCHMIDT W., *Mans'way*, World Publ. Cy, Cleveland, 1959.
GOLDSTEIN K., *Human Nature in the light of Psychopathology*, Harvard U.P., 1951.
GORER G. et J. RICKMAN, *The people of Great Russia*, Londres, Cresset, 1949.
DE GRAMONT A., *Problèmes de la vision*, Flammarion, 1939.
GREENACRE Ph. (éd.), *Affective Disorders, Psychoanalytic Contributions to their study*, Int. Univ. Press, 1953.
GRINKER R. R., *Hypothalamic functions in psychosomatic interrelations*, dans *Psychomatic Medicine*, I, 1939, pp. 19-47.

Grinker R. R. et J. P. Spiegel, *Men under Stress*, Philadelphia, Blakiston, 1945.
Grousset R., *Le conquérant du monde*, Paris, 1944.
Guthrie E. R., *The psychology of learning*, Harper, 1935 [1], 1952 [2].

Hamburg D. A., *Emotion in the perspective of human evolution*, dans Knapp, 1963, pp. 300-317.
Harlow H. F., *Primate Learning*, dans C. Stone et al., *Comparative Psychology*, Prentice Hall, 1951 [3].
— *Levels of integration along the phylogenetic scale*, dans Rohrer-Sherif, 1951, pp. 121-141.
— *Mice, Monkeys, Men and Motives*, — *Psych. Rev.*, 60, 1953, pp. 23-32.
— *Social capacity of primates*, dans J. N. Spuhler, 1959, pp. 40-53.
Harlow H. F. et C. N. Woolsey, *Biological and Biochemical Bases of Behavior*, Un. of Wisconsin Press, 1958.
Harris M., *Culture, man and Nature, An introduction to general anthropology*, Crowell, N.Y., 1971.
Hart B., *The Psychology of Insanity*, Cambridge Univ. Press, 1912.
Hartmann H., *Ego Psychology and the problem of adaptation*, Intern. Univ. Press, 1958.
— *Essays on Ego Psychology*, Int. Univ. Press., 1964.
Hebb D. O., *Emotion in man and animal : an analysis of the intuitive process of recognition*, — *Psych. Rev.*, 53, 1946, pp. 98-106.
— *On the nature of fear*, — *Ps. Rev.*, 53, 1946, pp. 259-276.
— *The Organization of Behavior*, Wiley, 1951.
— *Drives and the conceptual nervous system*, — *Ps. Rev.*, 62, 1955.
— *Alice in Wonderland*, dans Harlow-Woolsey, 1958, pp. 451-467.
Hebb D. O. et W. R. Thompson, *The social significance of animal studies*, dans G. Lindsey, *Hdb. of Soc. Psych.*, t. 1, Addison-Wesley, 1954, pp. 532-561.
Hediger H. P., *The evolution of territorial behavior*, dans S. L. Washburn, 1961, pp. 34-57.
Heinroth O., *Aus dem Leben der Vögel*, Berlin, 1938.
Hess W. R., *Die Organisation des vegetativen Nervensystems*, Bâle, Schwabe, 1948.
— *Das Zwischenhirn*, Schwabe, 1941 [1], 1954 [2]; trad. de la première édition : *The functional Organisation of the Diencephalon*, Grune-Stratton, 1957.
Hilgard E. R. et D. G. Marquis, *Conditioning and Learning*, Appleton, 1940.
Hilgard E. R., *Human Motives and the Self*, — *Americ. Psychol.*, 1949, pp. 374 ss.
— *Theories of Learning*, Appleton, 1948 [1], 1956 [2], 1966 [3] (avec G. H. Bower).

HITSCHMANN E., *Great Men, Psychoanalytic Studies*, Intern. Univ. Press, 1956.
HOCH P. H. et J. ZUBIN, *Anxiety*, Grune Stratton, 1950.
HORNEY K., *The neurotic personality of our time*, Londres, Kegan, 1937.
— *Neurosis and Human Growth*, Norton, 1950.
HULL C. L., *Principles of Behavior*, Appleton, 1943.
HUNT J. McV., *The effects of infant feeding frustration upon adult hoarding in the albino rat*, — *J. Abnorm. Soc. Psychol.*, 36, 1941, pp. 338-360.
— *Personality and the Behavior Disorders*, Ronald Press, 1944.
HUXLEY A., *L'art de voir*, Payot, 1949.

ITARD J., *Mémoire et rapport sur Victor de l'Aveyron*, (1801, 1806) dans L. MALSON, *Les enfants sauvages, mythe et réalité*, Paris, Union Gén. d'Ed., 1964, pp. 125-246.

JACOB F., *La logique du vivant*, Gallimard, 1970.
JACOBSON E., *The affects and their pleasure-unpleasure qualities in relation to psychic discharge processes*, dans R. M. LOWENSTEIN, *Drives, Affects and Behavior*, I, Intern. Univ. Press, 1953, pp. 38-66.
JACOBSON E., *Progressive Relaxation*, U. of Chicago Press, 1931, 1948 [2].
JAMES W., *What is an emotion?*, dans le *Mind*, 9, 1884, pp. 188-205.
— *Principles of Psychology*, Holt, 1890.
— *Causeries Pédagogiques*, Payot, 1926.
JANET P., *De l'angoisse à l'extase*, t. II, Paris, Alcan, 1928.
— *L'amour et la haine*, Cours du Collège de France, Maloine, 1932.
— *Les débuts de l'intelligence*, Flammarion, 1935.
— *L'intelligence avant le langage*, Flammarion, 1936.
JENKINS R. L., *How Behavior Problems and Juvenile Delinquency result from inadequate marital adjustement*, dans E. W. BURGESS-M. FISHBEIN, *Successfull Marriage*, Doubleday, 1949.
— *Guilt feelings, their function and dysfunction*, dans REYMERT, 1950, pp. 353-361.
JERSILD A. T. et F. B. HOLMES, *Children's fears*, Teachers College Bureau of Publications, N. Y., 1935.
JONES M. C., *A laboratory study of fear : the case of Peter*, — *J. Gen. Ps.*, 31, 1924, pp. 308-315.
— *Emotional Development*, dans C. MURCHISON, *Hdb. Child Psychology*, Clark U. P., 1933, pp. 271-302.
JONES H. E. et M. C. JONES, *A study of fear*, — *Chilhood Education*, 5, 1928, pp. 136-143.

KARDINER A., *Sex and Morality*, Londres, Routledge, 1955.
KATONA G., *Organizing and Memorizing*, Columbia Univ. Press, 1940.

KIMBLE G. A., *Hilgard and Marquis' Conditioning and Learning*, revised, Appleton, 1961.
— *Foundations of Conditioning and Learning*, Appleton, 1967.
KINSEY A. C. et al., *Sexual Behavior in the Human Male*, Philadelphia, Saunders, 1948.
— *Sexual Behavior in the Human Female*, Saunders, 1953.
KLEIN M., *Contributions to Psycho-Analysis*, Hogarth, 1950.
KLUCKHOHN C., *Anthropology and the Classics*, Brown U.P., 1961.
KLÜVER H., *Behavior mechanisms in monkeys*, Univ. Chicago Press, 1933.
KNAPP P. H. (éd.), *Expression of the emotions in Man*, Int. U. P., 1963.
KÖHLER W., *L'intelligence des singes supérieurs*, P.U.F., 1928.
— *Gestalt Psychology*, Liveright, 1947.
KRECHEVSKY I., « *Hypotheses* » versus « *Chance* » *in the pre-solution period in sensory discrimination learning* et *The Genesis of* « *Hypotheses* », dans *Univ. Calif. Publications in Psychol.*, 6, 1932, pp. 27-44 et 45-64.

LA BARRE W., *Some observations on character structure in the Orient : The Japanese*, — *Psychiatry*, 8, 1948, pp. 319-342.
LACHMAN S. J., *Psychosomatic Disorders, a behavioristic interpretation*, Wiley, 1972.
LACROZE R., *L'angoisse et l'émotion*, Paris, Boivin, 1938.
LAFORGUE R., *Psychopathologie de l'échec*, Payot, 1944.
LANDIS C. et W. A. HUNT, *The Startle Pattern*, Rinehart, 1939.
LARGUIER DES BANCELS J., *Introduction à la Psychologie. L'Instinct et l'Émotion*, Payot, 1921.
LAUBRY C. et TH. BROSSE, *Interférence de l'activité corticale sur le système végétatif neurovasculaire. Documents recueillis en Inde sur les yoguis*, — *Presse Médicale*, 83 et 84, 1935-1936.
LAZARUS R. S., *Psychological Stress and the coping process*, McGraw Hill, 1967.
LEEPER R. W., *A motivational theory of emotion, to replace* « *Emotion as disorganized response* », — *Psych. Rev.*, 55, 1948, pp. 5-21.
— *The motivational theory of emotion*, dans G. L. STACEY-M. F. DE MARTINO, *Understanding Human Motivation*, Howard Allen, 1963, pp. 657-65.
LEIGHTON D. C. et C. KLUCKHOHN, *Children of the People : The Navaho Individual and his development*, Harvard U.P., 1948.
LEROI-GOURHAN A., *Le geste et la parole*, t. I, Albin Michel, 1964.
LEWIN B. D., *The psychoanalysis of Elation*, Norton, 1958.
— *Reflections on Affects*, dans M. SCHUR, *Drives, Affects and Behavior*, II, Intern. Univ. Press, 1965.
LEWIN K., T. DEMBO, L. FESTINGER, R. R. SEARS, *Level of Aspiration*, dans J. McV. HUNT, 1944, t. I, pp. 333-378.
LIDDELL H. S., *Conditioned reflex method and experimental neurosis*, dans J. McV. HUNT, 1944, t. I, pp. 389-412.

LINDSLEY B. D., *Emotion*, dans S. S. STEVENS, *Hdb. Exp. Ps.*, Wiley, 1951, pp. 473-516.
— *The rôle of non-specific reticulo-thalamic-cortical systems in emotion*, dans BLACK, 1972, pp. 147-188.
LINTON R., *The cultural background of personality*, Appleton, 1945.
LOOSLI-USTERI M., *De l'anxiété enfantine*, Berne, Huber, 1943.
LORENZ K., *The comparative study of behavior*, dans C. H. SCHILLER, 1957, pp. 239-263.
— *The past twelve years in the comparative study of behavior*, dans C. H. SCHILLER, 1957, pp. 288-310.
— *Evolution and Modification of Behavior*, Univ. Chicago Press, 1965.
— *L'agression*, Flammarion, 1969.
LURIA A. R., *Une prodigieuse mémoire*, Delachaux, 1970.
LYND H. M., *On Shame and the Search for Identity*, Harcourt Brace, 1958.

MCCLELLAND D. C., *Personality*, Sloane, 1951.
MCCLELLAND D. C. et al., *The achievement motive*, Appleton, 1953.
MCCLELLAND D. C. (éd.), *Studies in Motivation*, Appleton, 1955.
MCDOUGALL W., *An Outline of Psychology*, Methuen, 1931 [5].
MCGEOCH J. A., *The Psychology of human Learning*, Longmans Green, 1942 [1], 1952 [2].
MCLEAN P. D., *The limbic brain in relation to the psychoses*, dans BLACK, 1970, pp. 129-146.
MAHL G. F., *Psychological Conflict and Defence*, Harcourt Brace, 1969.
MAIER N. R. F., *Reasoning in humans. II. The solution of a problem and its appearance in consciousness*, — *J. Comp. Ps.*, 12, 1931, pp. 181-194.
— *Frustration, The Study of Behavior without a Goal*, McGraw Hill, 1949.
MAIER N. R. F. et T. C. SCHNEIRLA, *Principles of Animal Psychology*, McGraw Hill, 1935.
— *Mechanisms in conditioning*, — *Ps. Rev.*, 49, 1942, pp. 117-134.
MALINOWSKI B., *La vie sexuelle des sauvages du Nord-Ouest de la Mélanésie*, Payot, 1930.
MALRIEU PH., *Les émotions et la personnalité de l'enfant*, Vrin, 1952, 1967 [2].
— *L'étude génétique des émotions*, — *Bull. de Psych.*, 1958.
— *La vie affective de l'enfant*, Paris, Scarabée, 1963.
MANDLER G., *Emotion*, dans R. BROWN (éd.), *New directions in Psychology*, Holt, 1962, pp. 267-343.
MARCHAND L., *De l'action inhibitrice de certains états affectifs sur les accidents épileptiques*, — *Année Psychologique*, 50, 1951, pp. 705-711.
MARSHALL S. L. A., *Men against Fire*, Morrow, 1947.
MASLOW A. H. et B. MITTELMANN, *Principles of Abnormal Psychology*, Harper, 1941.
MASLOW A. H., *Motivation and Personality*, Harper, 1954.

MASTERS W. H. et V. E. JOHNSON, *Human Sexual Response*, Little Brown, Boston, 1966.
MASSERMAN J. H., *Behavior and Neurosis*, Univ. Chicago Press, 1943.
— *Principles of Dynamic Psychiatry*, Saunders, 1946.
MAY R., *The meaning of Anxiety*, Ronald, 1950.
MEAD M., *Social change and cultural surrogates*, dans C. KLUCKHOHN-H. A. MURRAY, *Personality in Nature, Culture and Society*, Knopf, 1949, pp. 511-523.
— *Some anthropological considerations concerning guilt*, dans M. L. REYMERT, 1950, pp. 362-373.
— *General considerations*, dans P. H. KNAPP, 1960, pp. 318-327.
MENNINGER K., *Love against Hate*, Harcourt Brace, 1942.
METALNIKOV S., *La lutte contre la mort*, N. R. F., 1937.
MICHOTTE A., *La perception de la causalité*, Paris, Vrin, 1946.
MILLER N. E., *Learning of visceral and glandular responses*, — *Science*, 1969, 163, pp. 434-445.
MILLER S. et KONORSKI J., *Sur une forme particulière de réflexes conditionnels*, CR. de la Soc. Biol., Paris, 99, 1928, pp. 1155-57.
MONOD J., *Le hasard et la nécessité. Essai sur la philosophie naturelle de la biologie moderne*, Paris, Seuil, 1970.
DE MONTPELLIER G., *Les altérations morphologiques des mouvements rapides*, Louvain, 1935.
— *Conduites intelligentes et psychisme chez l'animal et chez l'homme*, Paris, Vrin, 1949 [2].
— *L'apprentissage*, dans P. FRAISSE-J. PIAGET, *Traité de Psychologie*, t. IV, P.U.F., 1964, pp. 43-114.
MOWRER O. H., *Preparatory Set (Expectancy) — A determinant in motivation and learning*, — *Ps. Rev.*, 45, 1938, pp. 62-91.
— *On the dual nature of learning* (1947), dans *Learning theory and Behavior Dynamics*, Ronald, 1950, pp. 222-274.
— *Revised two-factor theory and the concept of habit*, dans *Learning theory and Behavior*, Wiley, 1960, pp. 212-252.
MUENZIGER K., *Psychology, The study of behavior*, Harper, 1942 [9].
MURRAY E. J., *Motivation and Emotion*, Prentice Hall, 1967.
MURRAY H. A. et C. D. MORGAN, *A clinical study of sentiments*, — *Genetic Psych. Monogr.*, 32, 1-2, 1945.

NISSEN H. W., *Psychobiology of Primates*, dans PH. HARRIMAN, *Encycl. of Psychol.*, Philos. Libr., 1947.
— *Social Behavior in Primates* dans C. STONE, *Comparative Psychology*, Prentice Hall, 1951 [2], pp. 423-467.
— *The nature of the drive as innate determinant of behavioral organization*, dans M. R. JONES, ed., *Nebraska Symposium on Motivation*, 1954, Univ. of Nebraska Press, pp. 281-322.

ODIER CH., *Les deux sources, consciente et inconsciente, de la vie morale*, Neuchâtel, La Baconnière, 1943.
— *L'angoisse et la pensée magique, Essai d'analyse psychogénétique appliquée à la phobie et à la névrose d'abandon*, Delachaux, 1947.
OLDS J., *Adaptive functions of paleocortical and related structures*, dans HARLOW-WOOLSEY, 1958, pp. 237-262.
— *A physiological study of reward* dans MCCLELLAND, 1955, pp. 134-143.

PAILLARD J., *Réflexes et régulations d'origine proprioceptive chez l'homme*, Paris, Arnette, 1955.
PAPEZ J. W., *A proposed Mechanism of Emotion*, — Arch. Neurol. Psychiat., 38, 1937, pp. 725-743.
PARSONS T. et E. A. SHILS, *Toward a general theory of action*, Harvard U.P., 1951.
PAULUS J., *Le problème de l'hallucination et l'évolution de la psychologie d'Esquirol à Pierre Janet*, Belles-Lettres, 1941.
— *Les deux visages de Stendhal*, dans les *Miscellanea Psychologica Albert Michotte*, Louvain, 1947, pp. 429-439.
— *La notion d'attitude en Psychologie*, — Public. Univ. Élisabethville, t. 3, 1962, pp. 19-29.
— *Les fondements théoriques et méthodologiques de la psychologie*, Dessart, 1965.
— *La fonction symbolique et le langage*, Dessart, 1972 ².
PAVLOV I., *Leçons sur l'activité du cortex cérébral*, Paris, Legrand, 1929.
PENFIELD W. et L. ROBERTS, *Speech and Brain Mechanisms*, Princeton U.P., 1959.
PETERS H. N., *Affect and Emotion*, dans M. H. MARX, éd., *Theories in contemporary Psychology*, MacMillan, 1963, pp. 435-454.
PETERS R. S., *Emotion, Passivity and the place of Freud's theory in Psychology*, (1965) dans PRIBRAM, 1969, IV, pp. 373-394.
— *Motivation, Emotion and the conceptual scheme of common sense*, dans T. MISCHEL (éd.), *Human Action, Conceptual and Empirical Issues*, Academic Press, 1969, pp. 135-165.
PIAGET J., *La causalité physique chez l'enfant*, Alcan, 1928.
— *La construction du réel chez l'enfant*, Delachaux, 1937.
— *La formation du symbole chez l'enfant*, Delachaux, 1945.
— *Les mécanismes perceptifs*, P.U.F., 1961.
PIERS G. et M. B. SINGER, *Shame and Guilt*, Ch. Thomas, 1953.
PLUTCHIK R., *The Emotions : Facts, Theories and a new Model*, Random House, 1962.
PRIBRAM K. (éd.), *Brain and Behavior*, 4 v., Penguin Books, 1969.
RAPAPORT D., *On the psychoanalytical theory of affects*, — Int. J. Psychoanal., 34, 1953, pp. 117-198.
— *The structure of Psychoanalytic theory : a systematizing attempt*, — Psychological Issues, monogr. 6, Intern. Univ. Press, 1960.

REICH W., *The function of orgasm*, Orgone Institute Press, 1942, 1948 [2].
— *Character Analysis*, Ibid., 1949.
RENNEKER R., *Kinetic Research and Therapy*, dans H. KNAPP, 1963, pp. 147-160.
REYMERT M. L., (éd.), *Feelings and Emotions, The Wittenberg Symposium*, Clark Univ. Press, 1928.
— (éd.), *Feelings and Emotions, The Mooseheart. Symposium*, McGraw Hill, 1950.
RICHELLE M., *Le conditionnement opérant*, Delachaux, 1966.
ROHRER J. M. et M. SHERIF, *Social Psychology at the crossroads*, Harper, 1951.
ROSENZWEIG S., *An Outline of Frustration Theory*, dans J. McV. HUNT, 1944, t. I, pp. 379-388.
ROSLANSKI J. D. (éd.), *The uniqueness of man*, North Holland, 1969.
RUWET J. C., *Éthologie : Biologie du Comportement*, Dessart, 1969.

SAHLINS M. D., *The Social Life of Monkeys, Apes and Primitive Man*, dans J. N. SPUHLER, 1959, pp. 54-73.
SCHACHTER S. et J. E. SINGER, *Cognitive, social and physiological determinants of emotional state*, — Psych. Rev., 69, 1962, pp. 379-99.
SCHACHTER S., *The interaction of cognitive and physiological determinants of emotional state*, dans PH. H. LEIDERMAN-D. SHAPIRO, *Psychobiological approaches to social behavior*, Stanford, 1964.
— *Emotion, obesity and crime*, Academic Press, 1971.
SCHILLER C. H., *Instinctive Behavior*, Intern. Univ. Press, 1957.
SCHNEIRLA T. C., *The " Levels " concept in the study of social organization in animals*, dans ROHRER-SHERIF, 1951, pp. 83-120.
SCHULTZ J. H., *Le training autogène, Méthode de relaxation par autodécontraction concentrative*, P.U.F., 1965 [2].
SCHWARZ O., *Sexualpathologie*, Vienne, Weidmann, 1935.
— *Psychology of sex*, Penguin Books, 1949 (trad. fr. F. DUYCKAERTS aux P.U.F.).
SEARS R. R., *Experimental Analysis of Psychoanalytic Phenomena*, dans J. McV. HUNT, 1944, t. I, pp. 306-332.
— *Survey of objective studies on psychoanalytic concepts*, Soc. Sc. Res. Counc., N.Y., 1943.
— *Frustration and Aggression*, dans PH. HARRIMAN, *Enc. of Psychology*, 1946, pp. 215-218.
VON SENDEN M., *Space and sight*, Methuen, 1970.
SÉVERIN T., *Histoire ancienne de l'Orient*, Liège, Dessain, 1927.
SHERIF M. et H. CANTRIL, *The Psychology of ego-involvement*, Wiley, 1947.
SHERRINGTON C. S., *The integrative action of the nervous system*, Yale Univ. Press, 1906 [1], 1947 [2].
— *Man on his nature*, Cambridge Univ. Press, 1940 [1], 1951 [2].
SKINNER B. F., *The behavior of organisms*, Appleton, 1938.

Spranger E., *Types of Men : the psychology and ethics of personality*, Halle, Niemeyer, 1928 [1924].
Spuhler J. N., *Evolution of man's capacity for culture*, Detroit, Wayne State Univ. Press, 1959.
Stellar E., *The Physiology of Motivation*, — *Ps. Rev.*, 61, 1954, pp. 5-22.
Sternbach R. A., *Pain, a psychophysiological analysis*, Acad. Press, 1968.
Sullivan H. S., *Conceptions of Modern Psychiatry*, Washington D. C., The W. A. White Psychiatric Fund, 1940-45.
Symonds P. M., *The Ego and the Self*, Appleton, 1951.

Thorndike E. L., *Animal Intelligence*, Macmillan, 1911.
Thorpe W. H. et O. L. Zangwill, *Current Problems in Animal Behavior*, Cambridge U.P., 1966.
Thurstone L. L., *Attitudes can be measured*, — *Amer. J. Sociol.*, 33, 1928, pp. 529-554.
Tinbergen N., *The Study of Instinct*, Clarendon, 1959.
— *La vie sociale des animaux*, Payot, 1967.
Tinklepaugh O. L., *Le comportement sexuel chez les chimpanzés et les singes inférieurs, considéré comme une solution de substitution consécutive à des troubles émotionnels*, — *Journal de Psychologie*, 30, 1933, pp. 930-954.
Tolman E. C. et C. H. Honzik, " *Insight* " *in rats*, — *Univ. Cal. Publ. Psych.*, 4, 1930, pp. 215-232.
Tolman E. C., *Purposive Behavior in animals and men*, Univ. Calif. Press, 1932.
Tyhurst J. S., *Individual reactions to community disasters*, — *Amer. J. Psychiatry*, 107, 1951, pp. 764-69.

Van Der Veldt J., *L'apprentissage du mouvement et l'automatisme*, Louvain, 1928.
Valentine C. W., *The innate bases of fear*, — *J. Genet. Ps.*, 37, 1930, pp. 394-419.

Wallon H., *Les origines du caractère chez l'enfant*, Paris, Boivin, 1934.
— *La vie mentale*, t. VIII de l'*Encyclopédie Française*, Paris, 1938.
Washburn S. L., *Social Life of Early Man*, Aldine, Chicago, 1961.
— *The evolution of human behavior*, dans J. D. Roslanski, 1969, pp. 165-189.
Waters R. H. et al., *Principles of Comparative Psychology*, McGraw Hill, 1960.
Watson J. B., *The fears of children* (1928), dans Candland, 1962, pp. 17-21.
— *Behaviorism*, Norton, 1924.
Wertheimer M., *Productive Thinking*, Harper, 1945.
Westermarck E., *A short History of Marriage*, N.Y., Humanities, 1969.

WIERZYNSKI C., *La vie de Chopin*, Laffont, 1952.
WINOKUR G., *Determinants of human sexual behavior*, Springfield Ill., Ch. Thomas, 1963.
WOLFE J. B., *Effectiveness of token-rewards for chimpanzees*, — *Comp. Psych. Monographs.*, 12, n° 60, 1936.
WOLFF W., *The expression of Personality : Experimental Depth Psychology*, Harper, 1943.
WOODWORTH R. S., *Le mouvement*, Paris, Doin, 1904.
— *Dynamic Psychology*, Columbia Univ. Press, 1918.
— *Dynamics of Behavior*, Holt, 1958.

YERKES R. M., *Chimpanzees : a laboratory colony*, Yale Univ. Press, 1943.
YOUNG P. T., *Motivation of Behavior, The fundamental determinants of human and animal activity*, Wiley, 1936.
— *Emotion in man and animal, Its nature and relation to attitude and motive*, Wiley, 1943.
— *Emotion as disorganized response, a reply to Professor Leeper*, — *Psych. Rev.*, 56, 1949, pp. 184-191.
— *Motivation and Emotion, a survey of the determinants of human and animal activity*, Wiley, 1961.

ZILBOORG G., *Sigmund Freud*, Scribner's Sons, 1951.
ZUCKERMANN S., *La vie sociale et sexuelle des singes*, N. R. F., 1932.

INDEX

ABRAHAM (K.), 154, 165.
ADLER (A.), 52, 117, 165.
ADORNO (T.W.), 158, 165.
ALEXANDER (F.), 48, 84, 155, 157, 158, 165.
ALLEN (M.), 165.
ALLPORT (G.W.), 79, 120, 156, 165.
ANDERSON (J.), 134.
ANDREANI (T.), 73, 165.
ARISTOTE, 36.
ARNOLD (M.B.), 22, 23, 40, 55, 73, 74, 75, 76, 80, 165.
AUGUSTIN (Saint), 128, 135.
AUSUBEL (D.P.), 157, 165.
AX (A.F.), 28.

BAILEY (P.), 73.
BAIR (J.H.), 19.
BAKER (L.E.), 18.
BALZAC (H. de), 112.
BANHAM BRIDGE (K.M.), 87, 165.
BARD (P.), 25, 73, 74, 85, 165.
BARKER (R.), 156, 165.
BAUDELAIRE (Ch.), 109.
BAZIN (H.), 154.
BEACH (F.A.), 152, 153, 165, 167.
BECHTEREV (V.M.), 142.
BECQUE (H.), 137.
BENEDICT (R.), 34, 71, 157, 165.
BERGSON (H.), 69, 90, 129, 165.
BERLYNE (D.E.), 68.
BETTELHEIM (B.), 157, 158, 165.
BIRDWHISTELL (R.L.), 79.
BLACK (P.), 28, 29, 73, 75, 78, 165, 171.
BLEULER (E.), 133.
BLONDEL (Ch.), 155, 165.
BOILEAU (N.), 109.
BOURBON-BUSSET (J. DE), 154.
BOURGET (P.), 109.
BOURJADE (J.), 87, 158, 165.
BOURLIÈRE (F.), 153.

BOWER (G.H.), 161, 168.
BOWLBY (J.), 140, 159, 165.
BRADY (J.V.), 28, 73, 74, 165.
BRIERLEY (M.), 77.
BRITTON (S.W.), 73.
BROSSE (Th.), 20, 170.
BROWN (R.), 171.
BUCY (P.C.), 74.
BÜHLER (Ch.), 120, 156, 165.
BURGESS (E.W.), 169.

CALVIN (J.), 128.
CANDLAND (D.K.), 28, 73, 85, 87, 166, 175.
CANNON (W.B.), 25, 26, 31, 73, 74, 76, 78, 166.
CANTRIL (H.), 81, 174.
CASANOVA, 108.
CASSIRER (E.), 151, 166.
CATTELL (R.B.), 2.
CERLETTI (U.), 58.
CHANCE (M.R.A.), 153.
CHARCOT (J.M.), 158.
CHARDONNE (J.), 154.
CHATEAUBRIAND (R. DE), 108.
CHOPIN (F.), 135.
CHESELDEN (G.), 94, 151.
CHURCHILL (W.), 129.
COBB (S.), 21, 73, 74, 75, 156, 166.
COLETTE, 154.
COWLES (J.T.), 119, 166.
COX (L.B.), 73.
CUSHING (H.), 73.

DALBIEZ (R.), 100.
DANDIEU (A.), 151, 166.
DARWIN (Ch.), 30, 41, 75, 166.
DAUDET (A.), 107.
DAVIS (R.C.), 75.
DAVITZ (J.R.), 38, 40, 79, 166.

DE GREEFF (E.), 116, 118, 155, 156, 159, 166.
DELAY (J.), 20, 48, 50, 59, 73, 76, 80, 82, 83, 151, 157, 162, 166.
DÉMOCRITE, 60.
DE MARTINO (M.F.), 170.
DEMBO (T.), 156, 165, 170.
DETHIER (V.G.), 1, 17, 152, 160, 166.
DEVORE (I.), 153.
DHORME (E.), 126.
DIDEROT (D.), 107.
DIEL (P.), 50, 166.
DINO (D., duchesse de), 156, 159.
DITTMAN (A.T.), 79.
DOBZHANSKI (T.), 163, 166.
DODDS (E.R.), 128, 157, 166.
DOLLARD (J.), 63, 79, 85, 86, 151, 156, 166.
DONGIER (M.), 158, 166.
DOSTOÏEVSKI (F.), 157.
DUFFY (E.), 23, 40, 73, 75, 76, 166.
DUHAMEL (G.), 116.
DUMAS (G.), 30, 63, 73, 79, 81, 166.
DUNCKER (K.), 161, 162, 166.
DURAND (R.), 20, 40, 167.
DUSSER DE BARENNE (J.G.), 73.
DUYCKAERTS (F.), 174.

EBBINGHAUS (H.), 142.
ECCLES (J.C.), 149, 163, 167.
EINSTEIN (A.), 122, 148.
ENGEL (G.L.), 41, 167.
ENGLISH (A.C.), 50, 167.
ENGLISH (H.B.), 50, 167.
ENGLISH (O.S.), 154, 167.
ESTES (W.K.), 160, 167.
EYSENCK (H.J.), 80, 81, 167.

FABRE (J.H.), 91, 151.
FENICHEL (O.), 32, 77.
FERENCZI (S.), 59, 167.
FESTINGER (L.), 170.
FEUILLERAT (A.), 109.
FISHBEIN (M.), 169.
FLAUBERT (G.), 112.

FOERSTER (O.), 73.
FORD (C.S.), 152, 167.
FRAISSE (P.), 172.
FRANCE (A.), 83, 95, 134.
FREDERICQ (H.), 17, 167.
FREEMAN (G.L.), 75, 167.
FRENKEL-BRUNSWIK (E.), 165.
FREUD (A.), 158, 167.
FREUD (S.), 1, 2, 21, 32, 33, 34, 36, 48, 49, 51, 52, 75, 77, 78, 81, 83, 100, 103, 109, 114, 117, 120, 125, 135, 138, 148, 154, 156, 157, 158, 159, 167.
FROMM (E.), 52, 103, 120, 128, 156, 167.
FULTON (J.F.), 25, 73, 74, 78, 167.
FUNKENSTEIN (D.H.), 28.

GAGEL (O.), 73.
GANTT (W.H.), 84, 156, 167.
GEISSMANN (P.), 20, 167.
GEHUCHTEN (A.v.), 17.
GELLHORN (E.), 17, 26, 27, 39, 64, 73, 74, 75, 79, 82, 83, 87, 167.
GIDE (A.), 109.
GILSON (E.), 135, 158, 167.
GIRAUDOUX (J.), 128, 154.
GLASS (D.C.), 28, 73, 167.
GLOVER (E.), 77.
GOLDSCHMIDT (W.), 155, 167.
GOLDSTEIN (K.), 51, 52, 65, 167.
GOLTZ (F.), 25, 73.
GORER (G.), 82, 157, 167.
GOURGAUD (G.), 82.
GRAMONT (A. DE), 151, 167.
GREENACRE (Ph.), 48, 167.
GRINKER (R.R.), 74, 86, 167, 168.
GROSSMAN (S.P.), 75.
GROUSSET (R.), 155, 168.
GUTHRIE (E.R.), 78, 142, 168.

HALLOWELL (A.I.), 153.
HAMBURG (D.A.), 155, 168.
HAMILTON (W.), 145.

HARLOW (H.F.), 1, 3, 68, 78, 86, 110, 120, 158, 161, 162, 165, 168, 173.
HARTLEY (D.), 142.
HARRIMAN (Ph.), 172, 174.
HARRIS (M.), 162, 168.
HART (B.), 158, 168.
HARTMANN (H.), 148, 168.
HEAD (H.), 31, 93.
HEBB (D.O.), 2, 21, 22, 23, 54, 55, 59, 68, 73, 78, 79, 80, 82, 83, 85, 86, 168.
HEDIGER (H.P.), 118, 141, 155, 168.
HEFFERLINE (R.F.), 20.
HEINROTH (O.), 106, 139, 151, 168.
HÉRACLITE, 123.
HERING (E.), 95.
HESS (W.R.), 25, 26, 73, 74, 78, 168.
HEYMANS (G.), 19.
HILGARD (E.R.), 18, 78, 80, 158, 160, 161, 168.
HINDE (R.A.), 160.
HINGSTON (R.W.), 91.
HITSCHMANN (E.), 154, 168.
HOCH (P.H.), 52, 168.
HOLMES (F.B.), 85, 86, 169.
HONZIK (C.H.), 161, 175.
HORNEY (K.), 52, 169.
HUDGINS (C.V.), 18.
HUGO (V.), 49, 108.
HULL (C.L.), 78, 120, 142, 143, 146, 169.
HUNT (J.McV.), 119, 169, 170, 174.
HUNT (W.A.), 65, 170.
HUXLEY (A.), 20, 169.

INGRAHAM (F.D.), 73.
ITARD (J.), 42, 45, 47, 80, 85, 169.

JACKSON (J.H.), 1, 58.
JACOB (F.), 160, 169.
JACOBSON (Edith), 77, 169.
JACOBSON (Edmund), 17, 20, 40, 75, 78, 169.
JAMES (W.), 18, 19, 30, 41, 69, 76, 169.

JANET (P.), 1, 17, 21, 36, 42, 50, 57, 73, 80, 82, 83, 93, 145, 158, 162, 169.
JANSENIUS, 128.
JENKINS (R.L.), 154, 157, 169.
JERSILD (A.T.), 85, 86, 169.
JOHNSON (V.E.), 83, 84, 172.
JONES (M.C.), 85, 87, 169.
JONES (M.R.), 172.
JONES (H.E.), 85, 169.
JOUHANDEAU (M.), 154.
JUNG (C.G.), 100.

KALLMAN (F.J.), 154.
KARDINER (A.), 52, 109, 169.
KARPLUS (J.P.), 73.
KATONA (G.), 160, 169.
KELLOGG (W.N.), 66.
KETY (S.S.), 28, 29, 78.
KIMBLE (G.A.), 17, 18, 78, 160, 170.
KINSEY (A.C.), 17, 60, 83, 84, 87, 103, 152, 170.
KLEIN (M.), 48, 49, 158, 170.
KLUCKHOHN (C.), 157, 170, 172.
KLÜVER (H.), 74, 161, 170.
KNAPP (P.H.), 28, 73, 75, 79, 167, 168, 170, 172, 174.
KÖHLER (W.), 82, 86, 142, 155, 160, 161, 162, 170.
KONORSKI (J.), 160, 172.
KRÄPELIN (E.), 133.
KRECHEVSKY (I.), KRECH (D.), 142, 144, 161, 170.
KREIDL (A.), 73.
KRETSCHMER (E.), 133, 141.

LA BARRE (W.), 157, 170.
LA BRUYÈRE (J. DE), 130.
LACHMAN (S.J.), 20, 170.
LACROZE (R.), 50, 86, 170.
LAFORGUE (R.), 156, 170.
LANDAUER (K.), 77.
LANDIS (C.), 65, 170.
LARGUIER DES BANCELS (J.), 55, 63, 84, 170.
LAUBRY (C.), 20, 170.

LAWRENCE (D.H.), 109.
LAZARUS (R.S.), 23, 73, 170.
LÉAUTAUD (P.), 109, 159.
LEEPER (R.W.), 23, 55, 73, 80, 170.
LEIDERMAN (Ph.H.), 174.
LEIGHTON (D.C.), 157, 170.
LEROI-GOURHAN (A.), 162, 170.
LEVINSON (D.J.), 165.
LEWIN (B.D.), 48, 77, 170.
LEWIN (K.), 2, 45, 78, 80, 93, 120, 124, 144, 152, 156, 161, 165, 170.
LIDDELL (H.S.), 125, 156, 170.
LINDSEY (G.), 168.
LINDSLEY (B.D.), 23, 25, 73, 76, 171.
LINTON (R.), 87, 115, 152, 153, 154, 162, 171.
LOOFBOURROW (G.N.), 17, 73, 74, 167.
LOOSLI-USTERI (M.), 50, 171.
LORENZ (K.), 10, 18, 44, 53, 80, 81, 82, 100, 104, 106, 114, 120, 135, 136, 139, 140, 141, 148, 151, 152, 154, 155, 157, 158, 171.
LOUIS XIV, 34, 155.
LOWENSTEIN (R.M.), 169.
LURIA (A.R.), 20, 146, 171.
LUTHER (M.), 118, 128.
LYND (H.M.), 157, 171.

McCLELLAND (D.C.), 78, 120, 171, 173.
McDOUGALL (W.), 2, 22, 32, 34, 41, 73, 77, 80, 90, 97, 171.
McGEOCH (J.A.), 142, 171.
McLEAN (P.D.), 31, 74, 83, 171.
MAHL (G.F.), 158, 171.
MAIER (N.R.F.), 1, 58, 59, 65, 75, 124, 125, 131, 136, 142, 143, 144, 151, 156, 160, 161, 171.
MALINOWSKI (B.), 153, 154, 171.
MALMO (R.B.), 75.
MALRIEU (Ph.), 87, 171.
MALSON (L.), 80, 169.
MANDLER (G.), 28, 73, 171.
MARCHAND (L.), 82, 83, 171.
MARQUIS (D.G.), 18, 160, 168.
MARSHALL (S.L.A.), 63, 171.

MARX (M.H.), 173.
MASLOW (A.H.), 18, 52, 87, 120, 156, 158, 171.
MASTERS (W.H.), 83, 84, 172.
MASSERMAN (J.H.), 48, 73, 125, 156, 172.
MATTHIEU (Saint), 130.
MAUGHAM (W.S.), 118.
MAUPASSANT (G. DE), 67, 86, 112, 152.
MAUROIS (A.), 154.
MAY (R.), 52, 172.
MEAD (M.), 120, 154, 156, 157, 172.
MENNINGER (K.), 57, 172.
MENZIES (R.), 18.
METALNIKOV (S.), 13, 20, 143, 172.
MICHOTTE (A.), 18, 96, 172.
MILLER (N.E.), 13, 20, 78, 172.
MILLER (S.), 160, 172.
MISCHEL (T.), 173.
MITTELMANN (B.), 18, 52, 87, 158, 171.
MONAKOV (C.v.), 7.
MONEY (J.), 154.
MONOD (J.), 148, 156, 160, 162, 163, 172.
MONTGOMERY (K.C.), 68.
MONTPELLIER (G. DE), 19, 151, 160, 172.
MORAVIA (A.), 157.
MORGAN (C.D.), 77, 172.
MORGAN (C.T.), 78.
MOUNTCASTLE (V.B.), 74.
MOURGUE (R.), 7.
MOWRER (O.H.), 68, 75, 78, 160, 172.
MUENZIGER (K.), 151, 152, 172.
MURCHISON (C.), 169.
MURRAY (E.J.), 73, 172.
MURRAY (H.A.), 77, 111, 152, 172.
MUSSET (A. DE), 49, 112.

NAPOLÉON, 82, 155, 156.
NISSEN (H.W.), 73, 78, 84, 120, 152, 153, 158, 172.

ODIER (Ch.), 50, 52, 86, 129, 173.
OLDS (J.), 35, 78, 173.

PAILLARD (J.), 19, 20, 75, 173.
PAPEZ (J.W.), 74, 173.
PARSONS (T.), 157, 173.
PAUL (Saint), 128.
PAULUS (J.), 1, 77, 82, 154, 160, 163, 173.
PAVLOV (I.), 97, 124, 125, 142, 156, 161, 173.
PEARSON (G.H.J.), 154, 167.
PÉLAGE, 128.
PENFIELD (W.), 162, 173.
PETERS (H.N.), 41, 73, 80, 173.
PETERS (R.S.), 73, 76, 173.
PIAGET (J.), 18, 53, 100, 151, 152, 172, 173.
PICHOT (P.), 20, 50, 157, 166.
PIERS (G.), 157, 173.
PLATON, 135.
PLUTCHIK (R.), 22, 23, 40, 41, 73, 82, 83, 173.
POE (E.), 67.
POLANYI (M.), 149.
PORTEUS (S.D.), 161.
PRIBRAM (K.), 23, 28, 63, 73, 77, 85, 173.
PROUST (M.), 30, 49, 96, 109, 116, 145.

RACINE (J.), 109, 139.
RANSON (S.W.), 25, 73.
RAPAPORT (D.), 32, 77, 80, 173.
REICH (W.), 75, 83, 174.
RENNEKER (R.), 79, 174.
REVEL (J.F.), 122.
REYMERT (M.L.), 73, 165, 169, 172, 174.
RICHELLE (M.), 20, 160, 161, 174.
RICHET (Ch.), 18.
RICKMAN (J.), 82, 157, 167.
RIESEN (A.H.), 160.
RIOPELLE (A.J.), 160, 162.
RIVIÈRE (J.), 128.
ROBERTS (L.), 162, 173.
ROGER (H.), 18, 97.
ROHRER (J.M.), 81, 174.
ROSENZWEIG (S.), 47, 124, 130, 156, 158, 174.

ROSLANSKI (J.D.), 19, 155, 166, 174, 175.
ROTHMANN (H.), 73.
ROUSSEAU (J.J.), 108, 109, 131, 156.
RUSSELL (B.), 116, 122.
RUWET (J.C.), 152, 174.

SACHS (M.), 157.
SAHLINS (M.D.), 153, 174.
SAMUEL (Livre de), 126.
SANFORD (R.N.), 165.
SARTRE (J.P.), 109.
SAUL (L.), 158.
SCHACHTER (S.), 23, 28, 73, 76, 174.
SCHALTENBRAND (G.), 73.
SCHELER (M.), 103, 135.
SCHILDKRAUT (J.J.), 28.
SCHILLER (C.H.), 152, 158, 171, 174.
SCHLEIDT (W. et M.v.), 151.
SCHNEIRLA (T.C.), 1, 160, 161, 171, 174.
SCHOPENHAUER (A.), 34.
SCHULTZ (J.H.), 15, 20, 40, 174.
SCHUR (M.), 170.
SCHWARZ (O.), 67, 84, 86, 103, 105, 152, 153, 154, 174.
SEARS (R.R.), 151, 156, 158, 170, 174.
SELYE (H.), 74.
SENDEN (M. VON), 151, 174.
SEVERIN (T.), 155, 174.
SÉVIGNÉ (Mme de), 70, 138.
SHAGASS (G.), 75.
SHAPIRO (D.), 174.
SHERIF (M.), 81, 174.
SHERRINGTON (C.S.), 11, 18, 31, 73, 76, 91, 93, 97, 149, 151, 174.
SHILS (E.A.), 157, 173.
SINGER (J.E.), 28, 73, 76, 174.
SINGER (M.B.), 157, 173.
SKINNER (B.F.), 10, 142, 143, 146, 160, 174.
SOLOMON (R.L.), 78.
SPEARMAN (Ch.), 162.
SPIEGEL (J.P.), 86, 168.
SPINOZA (B.), 129.

Spitz (R.), 87.
Spranger (E.), 120, 156, 175.
Spuhler (J.N.), 168, 174, 175.
Stacey (G.L.), 170.
Stellar (E.), 1, 2, 17, 78, 99, 152, 160, 166, 175.
Stendhal, 108, 109, 154.
Sternbach (R.A.), 78, 175.
Stevens (S.S.), 171.
Stevenson (R.L.), 137.
Stone (C.), 168, 172.
Sullivan (H.S.), 52, 175.
Symonds (P.M.), 80, 81, 175.

Talleyrand (Ch. de), 123, 156.
Thomas (Saint), 128.
Thomas (W.I.), 87.
Thompson (W.R.), 73, 168.
Thorndike (E.L.), 35, 142, 160, 175.
Thorpe (W.H.), 160, 175.
Thurstone (L.L.), 2, 77, 175.
Tinbergen (N.), 2, 90, 99, 135, 152, 153, 175.
Tinklepaugh (O.L.), 84, 151, 175.
Tolman (E.C.), 142, 143, 147, 161, 162, 175.
Treich (L.), 87.
Tyhurst (J.S.), 64, 175.

Valentine (C.W.), 68, 85, 175.
Van Der Veldt (J.), 19, 175.
Vernon (P.E.), 79, 156, 165.

Wagner (R.), 83.
Wallon (H.), 21, 50, 63, 67, 73, 75, 76, 82, 86, 175.
Wardrop, 95.
Washburn (S.L.), 19, 153, 155, 168, 175.
Waters (R.H.), 160, 162, 175.
Watson (J.B.), 21, 26, 41, 56, 60, 64, 66, 70, 85, 142, 175.
Weber (M.), 157.
Wertheimer (M.), 161, 175.
Westermarck (E.), 153, 175.
Wheatley (M.D.), 25, 73.
Wierzynski (C.), 158, 176.
Winokur (G.), 153, 154, 176.
Wolfe (J.B.), 119, 176.
Wolff (W.), 79, 176.
Woodworth (R.S.), 2, 11, 19, 68, 120, 143, 152, 176.
Wooley (D.W.), 28.
Woolsey (C.N.), 165, 168, 173.

Yerkes (R.M.), 112, 142, 151, 161, 176.
Young (P.T.), 22, 40, 55, 73, 78, 80, 176.

Zangwill (O.L.), 160, 175.
Zilboorg (G.), 154, 176.
Zubin (J.), 52, 168.
Zuckermann (S.), 153, 176.
Zweig (S.), 108.

TABLE DES MATIÈRES

Introduction 1

Chapitre I : les réflexes 5

   1. — Caractères des réflexes 6
   2. — Les trois classes de réflexes 8
        Les réflexes extéroceptifs 8
        Les réflexes proprioceptifs 11
        Les réflexes intéroceptifs 13

Notes 17

Chapitre II : les conduites émotionnelles 21

   1. — Le syndrome émotionnel 26
   2. — La finalité de l'émotion 36
   3. — Les réactions émotionnelles de base 40
        La joie 42
        L'angoisse 45
        La colère 53
        La réaction épileptique 58
        La réaction sexuelle 60
        La peur 62
   4. — Évolution de l'émotion 69

Notes 73

Chapitre III : les conduites instinctives 89

   1. — Caractères des conduites instinctives 91
   2. — Les conduites instinctives de base 99
        Les conduites préposées à la satisfaction des besoins
        biologiques 101

       Les conduites sexuelles 102
       Les conduites parentaires 110
       Les conduites protectrices 111
       Les conduites sociales 111
       Les conduites d'agression, de domination et de compétition 113
       Les conduites possessives 118
       Les conduites exploratrices 119
       Les conduites humaines supérieures 120

3. — L'issue des conduites instinctives 122
       Le succès et l'échec 122
       La frustration 123
       Les conflits 124
       Les réactions au conflit 130
       Les mécanismes de défense 133

4. — Évolution des conduites instinctives : maturation et apprentissage 139

Notes 151

Bibliographie 165

Index 177

Table 183